A TRAVERS LE MOYEN AGE

PAR

Mʳᵉ NAPOLÉON PEYRAT

> « Éprouvez toutes choses ;
> retenez ce qui est bon. »
> (1 Thes., v., 21.)

PARIS
GRASSART, LIBRAIRE ÉDITEUR
2, RUE DE LA PAIX, ET RUE SAINT-ARNAUD, 4

1865

A TRAVERS
LE
MOYEN AGE

IMPRIMERIE L. TOINON ET Cᵉ, A SAINT-GERMAIN.

A TRAVERS
LE
MOYEN AGE

PAR

Mme NAPOLÉON PEYRAT

« *Éprouvez toutes choses ; retenez ce qui est bon.* »

(I Thes., v, 21.)

PARIS

GRASSART, LIBRAIRE ÉDITEUR

3, RUE DE LA PAIX, ET RUE SAINT-ARNAUD, 4

1865

Tous droits réservés.

A TRAVERS

LE MOYEN AGE

LA REINE RADEGONDE

I

A ce mot de reine, que notre imagination ne fasse pas fausse route. N'allons pas nous représenter une cour brillante et polie, un gouvernement complet, un roi sur son trône, couronne en tête, l'air majestueux et grave, ayant à ses côtés une belle dame parée recevant les hommages de courtisans empressés. Pas d'anachronisme. Nous sommes au sixième siècle et non pas au dix-septième; le roi s'appelle Clotaire Ier et non pas Louis XIV, et le peuple qu'il gouverne est à peine civilisé et à peine chrétien. — A peine chrétien! n'est-ce donc pas Clovis, son père, qui a *établi le christianisme en*

France? — Oui, c'est ainsi que s'expriment les abrégés d'histoire que nous avons eus entre les mains ; là-dessus, nous nous sommes longtemps figuré que le *roi* Clovis, attiré au christianisme par l'exemple de sa femme Clothilde, avait enfin donné tout son cœur à Jésus-Christ, le jour où l'évêque Rémi avait versé sur son front l'eau du baptême ; que, dès lors, il n'avait plus été qu'un apôtre couronné, s'efforçant d'amener à l'Évangile tous ses sujets, et que, lorsqu'il mourut, la France était, par ses soins, devenue chrétienne.

Belles illusions historiques de notre jeune âge, vous vous êtes envolées avec beaucoup d'autres! Nous savons maintenant, à n'en pouvoir douter, que Clovis n'était pas un *roi*, dans le sens moderne, que c'était tout simplement un chef des Franks, qui n'avait, lorsqu'il fut élevé à cette dignité, que cinq mille hommes sous ses ordres, et qu'il n'est parvenu à faire tant de conquêtes, qu'à force de ruse, de crimes, et de persévérance dans son ambition. Il n'était rien moins qu'un saint assurément ; la politique eut une large part dans sa *conversion*, et cette conversion mérite peu ce nom, puisqu'elle ne devint pas le point de départ d'une nouvelle vie consacrée au Seigneur; après, comme avant, il trouva toujours bons tous les moyens qui pouvaient le conduire à son but, même lorsque ces moyens s'appelèrent des trahisons et des assassinats. Pour Clothilde, elle n'était ni douce, ni tendre ; elle n'épousa ce jeune barbare encore païen que dans l'espoir de venger un jour, par lui, le meurtre de sa famille; ce fut la grande préoccupation de sa vie, et n'est-ce pas un étrange christianisme que celui qui laisse subsister dans un cœur la haine et la soif de la vengeance pendant cinquante années?

Quant aux Franks, ils ne devinrent pas chrétiens en masse et tout d'un coup, mais très-lentement; si lentement que, cent ans plus tard, on trouve encore des païens parmi les Franks de la condition la plus élevée, et que, jusque dans le huitième siècle on retrouve l'idolâtrie debout dans la Belgique, parmi les tribus franques qui y étaient restées. Ceux qui se convertirent, c'est-à-dire qui reçurent le baptême, ce qui est très-différent, demeurèrent longtemps encore sauvages, cruels, farouches. Extérieurement, ils professaient le christianisme; ils laissaient l'Église libre; quelquefois ils choisissaient des évêques irréprochables dans leur foi et dans leurs mœurs; parfois même ils écoutaient docilement leurs remontrances. Mais, en se relevant du tombeau de quelque martyr, où ils étaient allés se prosterner, on les voyait revenir à leur nature première, nature violente, indomptée, et effrayer leurs pasteurs par des cruautés de sang-froid ou des emportements inouïs. Il suffit de parcourir l'histoire de Clovis et de ses successeurs pour se faire une idée de ce mélange de religion et de corruption qui a fait dire à M. de Montalembert ce mot qui résume l'état moral de ces barbares : « Il semble qu'en embrassant le christianisme ils n'avaient ni abdiqué un seul des vices païens, ni adopté une seule des vertus chrétiennes.[1] »

Cependant, il y eut toujours des âmes fidèles au Seigneur. Vous vous rappelez que lorsque le prophète Élie se découragea en voyant que son ministère semblait ne porter aucun fruit, Dieu le fortifia en lui révélant que parmi ce peuple, qui paraissait tout entier rebelle et égaré, sept mille hommes n'avaient point fléchi le genou devant Baal, et étaient restés attachés à leur Dieu. Il en a été de même dans tous les âges ; et dans cette période sanglante et troublée du commencement de notre histoire, la femme dont je veux vous entretenir a été certainement une de ces âmes touchées de l'amour divin et appartenant réellement au Seigneur. Est-ce à dire qu'il n'y ait rien à reprendre dans sa vie, et que la foi et le renoncement y brillent d'un éclat uniforme, sans que jamais une ombre ne vienne altérer leur lumière ? Non. Vous verrez que nous ne pourrons pas tout admirer dans la reine Radegonde et que nous devons nous garder de l'imiter en toutes choses ; mais où sont les saints qui ne se sont jamais trompés, qui jamais n'ont cherché, ou désiré, quelque moyen de sortir de la position où Dieu les avait mis, lorsqu'ils trouvaient dans cette position la souffrance et l'angoisse ? Où sont-ils ceux qui ne se sont jamais préoccupés de ce qui leur plaisait, mais uniquement de ce que le Seigneur voulait

---

[1] *Les Moines d'Occident.* Tome II, page 249.

d'eux? En connaissez-vous beaucoup? Moi, je ne connais qu'un seul homme qui ait été obéissant jusqu'à la mort ; c'est Jésus-Christ.

Étudions donc la vie de Radegonde en nous souvenant qu'elle n'était qu'une femme, c'est-à-dire une créature faible et pécheresse. N'oublions pas non plus, tout en la jugeant, de tenir compte du milieu dans lequel elle vivait et des difficultés de sa position.

Clovis avait laissé quatre fils qui s'étaient partagé ses conquêtes en ayant plutôt égard aux productions et aux richesses qu'à une division exacte du sol. Les États de Clodomir avaient pour capitale Orléans ; ceux de Thierry, Metz ; ceux de Childebert, Paris. Soissons était devenu le centre de l'autorité de Clotaire. Ces quatre frères vivaient généralement dans la discorde. Un jour pourtant, Clotaire vint à Paris pour rendre visite à Childebert ; à les voir s'entretenir ensemble, d'une façon tout à fait intime et amicale, on aurait pu croire que leur cœur s'éveillait enfin et qu'ils se souvenaient qu'ils étaient fils du même père et de la même mère. C'était bien, en effet, de leur mère qu'il s'agissait dans leurs longs entretiens, et aussi de trois pauvres petits orphelins qu'elle élevait avec une sollicitude maternelle, les enfants du roi Clodomir, mort récemment dans une guerre contre les Bourguignons. Que voulaient donc faire ces rois? Prendre soin de leurs jeunes neveux et maintenir intact leur héritage, pour le leur rendre plus tard? Non ; les assassiner, de leurs propres mains, et se partager leur royaume d'Orléans! Affreuse tentation, sortie du fond de l'enfer, et accueillie aussitôt, sans une hésitation, sans un scrupule, par ces consciences faussées et endurcies.

Lorsqu'une guerre survenait, les fils de Clovis s'unissaient encore. Tout ce qui était violence, pillage, injustice, servait entre eux de lien. Ce fut ainsi que Thierry et Clotaire allèrent, en 529, faire une guerre d'extermination aux Thuringiens qui habitaient ce que nous appelons aujourd'hui la Saxe. Ils furent vainqueurs, ravagèrent le pays par le fer et par le feu, rendirent les Thuringiens tributaires et se divisèrent le butin et les prisonniers. Dans le lot de Clotaire se trouva une jeune fille de race royale, une enfant plutôt, car elle n'avait que huit ans; mais elle avait déjà tant de grâce et de beauté qu'elle charma également les deux frères et qu'ils furent sur le point de se la disputer les armes à la main. Elle resta au pouvoir de Clotaire, qui résolut de la faire élever et de la prendre plus tard pour femme. Il l'envoya dans un de ses domaines, à Athies, sur la Somme; elle reçut là une éducation tout autre que celle qu'elle aurait eue dans la Thuringe, où l'instruction que l'on donnait aux femmes se bornait à leur enseigner à filer et à monter à cheval. A Athies, au contraire, rien ne fut négligé pour développer son intelligence; elle apprit, en lisant les écrits des Pères de l'Église, à s'intéresser aux choses sérieuses, et son goût se forma par la lecture des poëtes profanes. Bientôt elle s'absorba dans ses études. Cette âme avait été froissée de bonne heure ; la vie ne lui offrait rien qui pût l'attacher. Regardait-elle en arrière, elle frémissait au souvenir de ces scènes de carnage auxquelles elle avait assisté, elle revoyait ses parents égorgés, ses serviteurs dispersés, et elle se revoyait elle-même, toute tremblante, entre ces deux rois barbares qui se disputaient sa possession comme s'il s'était agi de quelque arme de prix. Regardait-elle dans l'avenir, l'avenir n'avait point de promesses de bonheur pour elle, mais seulement cette sombre perspective, pire que la mort, de devenir la femme de Clotaire Ier, c'est-à-dire d'un monstre. Elle se plongea donc tout entière dans le monde idéal dont ses livres lui ouvraient les portes, et ce fut à la religion chrétienne qu'elle demanda l'aliment que son cœur ardent et son imagination exaltée auraient vainement cherché autour d'elle. Sa foi, plus passionnée qu'éclairée, lui faisait même parfois désirer le sort de ces vierges martyres dont elle lisait en pleurant l'histoire.

Cependant les années s'écoulaient, et Clotaire n'oubliait pas que c'était pour lui que cette prisonnière était élevée avec tant de soin. Un jour, la jeune fille fut arrachée brusquement à sa vie d'étude et de contemplation, par un message royal qui ordonnait qu'elle vînt immédiatement à Soissons, où tout était prêt pour son mariage. Une inexprimable terreur la saisit : elle s'enfuit, la nuit, dans une barque, mais elle fut bientôt reprise, conduite de force à son fiancé, et enfin élevée, malgré elle, à cette dignité de reine, achetée si cher.

Malgré elle, ai-je dit. Ici, je m'arrête et je m'étonne. Comment expliquer que cette femme, qui rêvait le martyre, n'ait pas préféré mille fois la mort à un odieux mariage, et que dans cette parole des Écritures : « *Ne vous alliez point avec les infidèles,* » elle n'ait pas su trouver l'énergie de résister au roi frank ? Deux routes s'ouvraient devant elle : l'une l'aurait conduite, par la résistance, à ce martyre qu'elle avait, dit-on, souhaité, car Clotaire n'était pas homme à supporter le dédain d'une captive ; l'autre l'aurait menée, par l'obéissance, à une vie de renoncement, acceptée dans le seul désir de travailler à la conversion de son farouche époux, jour après jour, heure après heure, en implorant constamment l'aide du Seigneur, avec cette persévérance que les obstacles n'arrêtent pas, la persévérance du mince filet d'eau, qui, à force de frapper le rocher, réussit à s'y creuser un bassin où viennent s'abreuver les oiseaux du ciel.

Radegonde n'entra ni dans l'une ni dans l'autre de ces deux voies. Troublée, effrayée, intimidée sans doute par les menaces du roi et de ses seigneurs, elle consentit à devenir la femme de Clotaire ; mais elle ne comprit pas à quoi ce titre l'obligeait et elle ne songea qu'à arranger sa vie à sa guise, de manière à y donner à son mari le moins de place possible et à réserver la plus grande partie de son temps pour ses études favorites et ses occupations aimées.

La maison d'Athies, où s'était écoulée sa jeunesse, lui ayant été donnée en présent de noces, elle en fit un hospice pour les femmes pauvres ; souvent elle alla s'enfermer pendant de longues journées dans cet asile, pansant elle-même les plaies des malades, ne reculant devant aucun des rebutants devoirs d'une infirmière ordinaire, témoignant même de l'affection à ces malheureux lépreux dont le Moyen Age s'éloignait avec tant d'horreur. — « Qui voudra vous embrasser, madame, lui dit dit un jour une de ses servantes, si vous embrassez ainsi les lépreux ! »

Les amusements de la cour de Neustrie ne pouvaient avoir aucun attrait pour Radegonde. Quel plaisir un esprit comme le sien aurait-il pu trouver dans ces luttes guerrières, dans ces chasses effrénées, suivies de banquets bruyants et interminables, ou dans la conversation de ces seigneurs franks dont l'intelligence était aussi peu cultivée que leur voix était rude et leurs manières brusques ! Lorsqu'elle ne pouvait éviter d'assister aux fêtes royales, elle y apportait un visage si triste et un air si fatigué que, plus d'une fois, Clotaire s'écria avec humeur : « Ce n'est pas une reine que j'ai épousée, c'est une nonne ! » Toutefois ces moments d'impatience étaient courts ; ce roi n'était pas homme à s'affliger du dégoût qu'il inspirait ; pourvu que sa femme demeurât dans son palais, il lui importait très-peu que son esprit fût ailleurs et qu'elle cherchât dans ses lectures et dans ses bonnes œuvres l'oubli momentané d'un état qui lui était odieux. Il ne lui venait pas à la pensée de s'irriter de ce que cette éducation délicate et cette instruction variée qu'il avait fait donner à sa captive, dans l'espoir de jouir du charme qu'elles ajouteraient à sa personne, tournaient maintenant contre lui, et ne servaient qu'à creuser toujours plus l'abîme qui les séparait sans retour.

La charité, cependant, aurait dû jeter un pont sur cet abîme. Il n'en fut rien. Cette femme chrétienne, si douce aux affligés, si tendre pour les lépreux, si courageuse lorsqu'il s'agissait de faire démolir sous ses yeux les temples païens qu'elle rencontrait dans ses promenades à cheval ; cette reine si gracieuse et si aimable lorsqu'elle recevait dans son palais un évêque pieux et lettré, avec qui elle pouvait échanger des idées ; cette femme enfin qui recherchait ensuite avec tant d'ardeur les austérités, les veilles à genoux sur la dalle froide, et tout ce qui répugne à la chair, changeait complétement de manière d'être aussitôt qu'il s'agissait de son époux ; elle n'avait pour lui que de rares et froides paroles, et ne paraissait point se soucier de cette âme perdue, aussi souillée par ses passions que les temples païens par leurs idoles ; elle ne cherchait même pas à lui cacher l'horreur que lui causait sa vue, et ce n'était jamais qu'après plusieurs avertissements qu'elle se décidait à venir s'asseoir, près de lui, à la table commune. Ses longues prières pendant la nuit ne lui donnaient pas la force de charger courageusement sur ses épaules cette croix, qu'elle ne trouvait si lourde que parce qu'elle s'obstinait à la traîner.

Pendant six années, Clotaire et sa femme vécurent ainsi ; lui, continuant à l'aimer ; elle, toujours plus lasse de lui.

Un frère de Radegonde avait aussi grandi parmi les Franks, qui l'avaient gardé comme ôtage de la nation thuringienne. Un jour, quelques paroles de regrets patriotiques, ou peut-être quelques menaces imprudentes de ce jeune captif, furent rapportées à Clotaire. Il n'en fallut pas davantage pour que sa condamnation fût, dans le premier moment de colère royale, décidée, prononcée, exécutée.

Radegonde aimait tendrement ce frère, qui représentait pour elle, à lui seul, sa famille égorgée ou dispersée, son pays, et les premières années de son enfance ; la nouvelle de sa mort la jeta dans une amère douleur. Dès lors sa résolution est prise ; elle ne restera pas unie plus longtemps à un homme tel que Clotaire ; elle rompra violemment ces liens violemment formés ; les obstacles sont immenses, mais elle les surmontera avec l'énergie que donnent les situations désespérées, l'énergie du matelot, qui, après avoir lutté pendant toute une nuit contre la tempête, sous un ciel sans étoiles, épuisé et près de laisser tomber la rame, retrouve une vigueur nouvelle en apercevant à l'horizon une lueur qui lui dit que là se trouvent le port, la famille, le bonheur.

Pour Radegonde, le port, c'était le cloître. Le cloître ! songez à tout ce que ce mot devait dire à ce cœur froissé, et avec quelles couleurs cette imagination exaltée devait le peindre ! Le cloître ; c'est-à-dire, l'éloignement irrévocable d'un être odieux, le repos dans la solitude, les longues heures penchée sur les livres préférés, les prières et les méditations dans lesquelles elle plongerait son âme, sans jamais craindre que l'appel de quelque rude voix ne vînt la faire retomber, toute meurtrie, du monde idéal dans le monde réel. Le cloître ; c'est-à-dire les longs entretiens avec ces pieux évêques, entrevus trop rarement à la cour de Neustrie, et la société habituelle de cœurs qui comprendraient le sien, qui partageraient ses aspirations, ses jouissances intellectuelles, ses transports de foi et d'amour. Le cloître enfin ; c'est-à-dire le matin de l'éternité, et les premiers rayons du soleil mystique qui brille pour les élus dans la splendeur du ciel !

Ainsi pensait sans doute Radegonde ; elle partit donc ; mais elle se garda bien de dire à son mari son intention secrète ; elle feignit de désirer seulement qu'il lui fût permis d'aller chercher auprès de l'évêque de Noyon les consolations dont son âme était altérée, et Clotaire, ennuyé des larmes qu'elle ne cessait de verser depuis la mort de son frère, lui accorda, presque avec joie, l'autorisation qu'elle sollicitait.

Une nombreuse escorte de seigneurs et de guerriers franks accompagna la voyageuse. Lorsqu'elle arriva dans l'église de Noyon, l'évêque officiait à l'autel ; elle courut à lui, et se jetant à ses pieds elle s'écria, avec toute l'ardeur d'un désir longtemps comprimé : « Très-saint prêtre, je veux quitter le siècle et changer d'habit ! Très-saint prêtre, je t'en supplie, consacre-moi au Seigneur ! » L'évêque Médard était un homme grave et pieux, d'un intrépide prosélytisme, et d'une sainteté de vie qui avait étendu au loin sa renommée. A ce cri de détresse de la reine, mille sentiments divers s'agitèrent en lui ; il se troubla, il hésita, et demanda le temps de réfléchir. Il ne s'effrayait pas des menaces des seigneurs franks, qui, en entendant la prière de leur reine, s'étaient jetés sur lui et lui enjoignaient, avec la violence de langage des barbares, de se garder d'enlever à Clotaire une femme qu'il avait solennellement épousée ; mais, sans doute, la parole du Seigneur : « *Que l'homme ne sépare pas ce que Dieu a uni* » était la cause des incertitudes et des angoisses du vieillard. Il était là, ne sachant à quel parti s'arrêter, lorsque Radegonde, qui s'était réfugiée dans la sacristie avec ses femmes, reparut dans l'église, revêtue d'un habit de religieuse ; s'avançant rapidement vers Médard, elle lui dit : « Si tu tardes à me consacrer, si tu crains plus un homme que Dieu, le bon Pasteur te demandera compte de l'âme de sa brebis ; » l'évêque, touché de compassion, n'hésita plus et rompit le mariage royal, en imposant les mains à Radegonde, la consacrant ainsi au Seigneur.

Alors la nouvelle religieuse déposa sur l'autel ses bracelets, ses agrafes de pierreries, ses ornements de tête, et brisa, dans un transport de joie, sa ceinture d'or massif, en s'écriant : « Je la donne aux pauvres. » Puis, il lui fallut songer à se mettre, par la fuite, à l'abri des poursuites de Clotaire. Pendant quelque temps elle mena la vie agitée des proscrits, se réfugiant de basilique en basilique, et craignant aussitôt qu'elle en sortait d'être surprise par des seigneurs franks envoyés à sa recherche. Clotaire ne pouvait, en effet, se résigner à perdre cette femme, qu'il aimait avec passion ; c'était en vain qu'elle lui écrivait lettre sur lettre, pour obtenir qu'il consentit à la laisser paisiblement accomplir ses vœux dans quelque monastère ; c'était en vain aussi que les évêques essayaient d'user pour elle de leur influence sur lui. Une fois même, il vint jusqu'à Tours pour la reprendre, mais il fut arrêté là par les remontrances de l'évêque Germain, et, de guerre lasse, il consentit enfin à permettre à celle qui avait été sa femme de fonder à Poitiers un couvent où elle pût achever sa vie. C'était en 544. Radegonde avait alors vingt-trois ans. Malgré son empressement d'entrer dans ce cloître tant désiré, et malgré l'assistance que lui prêta l'évêque de Poitiers Pientus, six années s'écoulèrent avant que le monastère fût achevé. Son aspect extérieur avait quelque chose d'étrange : d'épaisses murailles flanquées de tours l'entouraient, comme des remparts qui protégent une cité ; dans l'intérieur, c'était une villa romaine où rien ne manquait, les portiques, les salles de bains, les vastes jardins et l'église, où, disaient les spectateurs de ces préparatifs, la reine et ses compagnes devaient venir, *comme dans une arche nouvelle, chercher un refuge contre le déluge des passions et les orages du monde.*

Le jour où Radegonde entra dans son monastère, les places et les rues de la ville de Poitiers ne pouvaient contenir la foule immense qui se pressait pour voir passer ce cortége de jeunes filles, conduites par une jeune femme qui avait préféré à l'éclat du diadême et aux honneurs qui l'accompagnent, la retraite et le renoncement absolu.

Était-ce bien un renoncement absolu?... Non. Radegonde ayait, il est vrai, jeté au pied de l'image de son Sauveur ses ornements royaux et ses bracelets ; mais quelque chose avait manqué à cette offrande. Radegonde avait gardé dans son cœur sa volonté propre ; en entrant dans le cloître, où nous allons maintenant la suivre, elle choisissait sa vie ; elle ne l'acceptait pas de la main du Seigneur. Pour aller trouver le bonheur, qui l'attendait peut-être derrière ces épaisses murailles, elle repoussa le devoir, qui lui barrait le chemin en lui disant d'une voix grave : « *Que l'homme ne sépare pas ce que Dieu a uni!* » et qui ajoutait tout bas : « Que sais-tu, femme, si tu n'aurais pas sauvé ton mari? »

II

Parmi les deux cents jeunes filles, pour la plupart gauloises et de condition élevée, qui suivirent Radegonde dans le monastère de Poitiers, il s'en trouvait une, nommée Agnès, qui avait grandi sous ses yeux ; Radegonde la fit élire pour abbesse et ne voulut pour elle-même que le rang de simple religieuse. Toutefois, ce ne fut qu'après avoir organisé son monastère sur le modèle de la célèbre abbaye que l'évêque Césaire avait fondée à Arles cent ans auparavant, qu'après avoir tout prévu, tout ordonné, qu'elle se dessaisit de son autorité ; mais elle resta supérieure en réalité, car Agnès lui était entièrement dévouée et lui était attachée par la reconnaissance pour les soins dont elle avait entouré son enfance.

La vie de ces religieuses tenait tout à la fois de la vie mondaine et de l'austérité des cloîtres ; c'était comme un pont jeté entre les deux et traversé incessamment. Radegonde avait changé son costume, mais pas assez ses habitudes ; elle s'était surtout débarrassée des choses et des gens qui lui déplaisaient.

Plusieurs heures étaient chaque jour consacrées à l'étude ; le reste du temps était donné à la prière et à la lecture des saints livres, qu'une sœur faisait à haute voix pendant que ses compagnes filaient, cousaient, et brodaient autour d'elle. D'autres, plus intelligentes ou moins disposées au travail à l'aiguille, se réunissaient pour copier des manuscrits, seul moyen de multiplier les livres alors que l'imprimerie n'était pas inventée. A côté de ces occupations intellectuelles, il y en avait d'un tout autre genre : la règle ordonnait à chaque sœur de faire à son tour la cuisine, de balayer, de porter l'eau et le bois, et Radegonde n'était point exemptée de ces obligations A propos de ces soins matériels, notons un détail les bains étaient permis, et de vastes piscines d'eau chaude étaient toujours ouvertes aux religieuses. Ceci mérite d'être signalé en un temps où les ordres monastiques commençaient à regarder la saleté comme une de leurs vertus essentielles, et les soins de propreté comme des piéges de Satan. Toutefois, l'étude, la prière, le soin de la maison, et la sollicitude pour les pauvres, n'occupaient pas uniquemeent Radegonde et ses filles ; il y avait aussi du temps pour les plaisirs. Parfois une table somptueuse se dressait pour recevoir des étrangers de distinction, prêtres ou laïques; Radegonde ne prenait point part, il est vrai, à ces splendides festins, car la règle de Césaire ordonnait l'abstinence de la viande et du vin, mais elle les présidait avec cette grâce bienveillante qu'elle avait eue jadis pour les hôtes pieux et lettrés que Clotaire accueillait à sa cour. A certaines époques même, des jeunes filles du dehors étaient admises dans le cloître pour jouer avec les novices de grandes scènes dramatiques.

On s'étonne que Radegonde ait souffert de tels divertissements et qu'elle n'ait pas compris qu'il y a toujours du danger pour l'âme à sortir d'elle-même, à se nourrir de chimères, à rechercher les émotions, et à s'efforcer de comprendre et d'exprimer des sentiments autres que ceux qu'elle éprouve. Dépenser son intelligence à rendre agréables des choses inutiles est un étrange emploi du temps pour des chrétiennes !

Il est à croire qu'un public d'élite, admis par grande faveur, assistait à ces représentations, comme plus tard les courtisans de Louis XIV accoururent à Saint-Cyr pour voir les protégées de madame de Maintenon jouer *Esther* et *Athalie*. Le couvent de Poitiers n'était d'ailleurs pas le seul où ces récréations-là fussent permises ; les communautés lettrées commençaient à les introduire parmi elles, et pendant longtemps elles les conservèrent. Les récits bibliques fournissaient le sujet de ces scènes. L'art dramatique n'était alors qu'un enfant qui bégayait et qui faisait ses premiers pas ; mais il sortit peu à peu de l'ombre des cloîtres et il osa, plus tard, se montrer dans le demi-jour des églises, devant une foule moqueuse et superstitieuse tout ensemble, qui prit plaisir à voir ses prêtres représenter pour elle les événements de la vie du Seigneur, en s'adjoignant même parfois les animaux qui figurent dans les saints récits; le bœuf mugissait, l'âne brayait, le coq chantait, et le peuple applaudissait. Ce ne fut qu'au quinzième siècle qu'une troupe d'acteurs s'organisa pour représenter, hors des églises, des drames ennuyeux et monotones, mais toujours tirés de l'Écriture. C'était ainsi que dans la Grèce païenne le théâtre était sorti des mystères du culte des faux dieux. Triste rapprochement, triste ressemblance! Aujourd'hui l'art dramatique n'en est plus à se cacher au fond d'un monastère de femmes, à s'essayer timidement sous les arceaux d'une cathédrale gothique, ou à faire un premier début sérieux sur les planches de quelque tréteau; il a conquis son droit de cité; il a de somptueux édifices où la foule s'empresse. Il ne lui montre plus des scènes de la vie du Seigneur; il l'habitue doucement à regarder en souriant le vice, le vice bien vêtu, bien disant, aimable, séduisant, qui mêle et qui confond les idées justes et les idées fausses, qui n'appelle peut-être pas le bien mal, mais qui certainement appelle le mal de toutes sortes de nom, excepté du seul nom que le Dieu saint lui connaisse, le péché.

Quinze années s'étaient écoulées depuis que les portes du cloître s'étaient refermées sur l'ancienne épouse de Clotaire Ier, lorsqu'un poëte italien, nommé Fortunatus, voulut visiter ce monastère déjà fameux dans le monde chrétien. Il avait été élevé à Ravenne;

l'accomplissement d'un vœu l'avait amené à Tours auprès du tombeau de saint Martin et il ne se hâtait point de quitter la Gaule ; il allait de ville en ville, partout fêté, tant à cause de son talent que de la célébrité relative qu'il donnait dans ses vers à tous ceux qui l'accueillaient, leur rendant ainsi leur hospitalité en éloges.

Radegonde reçut Fortunatus avec sa bienveillance ordinaire et bientôt une amitié solide s'établit entre eux ; outre le charme qu'elle devait trouver dans la société d'un homme intelligent et instruit comme l'était Fortunatus, il y avait encore pour elle un grand soulagement d'esprit dans l'aide qu'il lui apportait pour la direction des biens du monastère ; car dans ce temps-là, c'était tout une affaire que de défendre ses propriétés contre des attaques tantôt violentes, tantôt déguisées, et sans cesse renouvelées.

Fortunatus ne songea plus à retourner dans son pays ; il se fixa pour toujours à Poitiers et devint, longtemps après, évêque de cette ville. A l'époque où nous sommes il n'était que le secrétaire de la reine et l'intendant des biens du couvent. On trouve dans les vers qu'il a laissés de nombreux détails sur Radegonde, sur son caractère, sur sa vie, sur la tendresse qu'elle témoignait aux jeunes religieuses, qu'elle consolait, dirigeait, exhortait, comme une mère aurait pu le faire, et pour lesquelles elle trouvait dans son cœur des mots charmants de grâce et d'affection :

« O mes filles, leur disait-elle, jeunes plantes que

j'ai choisies, jeunes fleurs que j'ai plantées, vous êtes mes yeux, ma vie, mon repos et tout mon bonheur. » Elle oubliait auprès d'elles les souvenirs mondains de sa vie de reine. Un soir, vers le déclin du jour, une troupe de musiciens passa sous les murs du monastère. Radegonde était en prières avec deux de ses sœurs ; une d'elles interrompit brusquement son oraison en s'écriant : « Je reconnais les airs que chantent ces musiciens ! Madame, les avez-vous entendus ? - Eh quoi, répondit la reine, tu trouves encore du plaisir, toi qui es au Seigneur, à écouter des chansons profanes ! — Mais, madame, reprit la religieuse, c'est que ce sont des chansons que j'ai moi-même composées. — Eh qu'importe ! dit Radegonde, dois-tu seulement y songer ? Quant à moi, je prends Dieu à témoin que je n'ai même pas entendu une seule note de toute cette musique. »

Toutefois, elle savait, lorsqu'il le fallait, intervenir dans les affaires du monde. Elle s'efforça souvent de mettre la paix entre les princes mérovingiens constamment en lutte ; efforts stériles qu'elle recommença toujours. « La paix entre les rois est ma victoire, » disait-elle. - Hélas ! Radegonde, pourquoi l'avez-vous compris si tard ! Vous auriez fait auprès de votre époux ce que vous faites auprès de ses fils, et lorsqu'à son lit de mort il s'est écrié, dans l'effroi du désespoir : « Quel est donc ce Roi du ciel qui fait ainsi mourir les puissants de la terre ? » il aurait entendu la voix qu'il aimait lui répondre : « Ce Roi du ciel peut encore être pour toi, si tu l'en supplies, le Sauveur miséricordieux dont le sang purifie de tout péché. »

Malgré les nombreuses années qui la séparaient de son enfance, Radegonde en conservait un souvenir que le temps et l'éloignement semblaient plutôt accroître qu'affaiblir; souvent elle disait à Fortunatus : « Je suis une pauvre femme enlevée, » et elle lui racontait longuement les scènes de violence dont elle avait été témoin et victime; sa pensée s'arrêtait tout particulièrement sur un de ses cousins, réfugié à Constantinople, qui ne devait plus être alors qu'un vieillard à cheveux blancs, mais qu'elle revoyait jeune, beau, aimable, comme au temps où il partageait ses jeux dans la Thuringe. La trace de ses mélancoliques regrets se retrouve dans les écrits de Fortunatus et surtout dans une pièce de vers qu'elle avait, à ce qu'on assure, dictée elle-même au poëte italien. En voici quelques fragments :

« Lorsque le vent murmure, j'écoute s'il m'apporte quelque nouvelle; mais, de tous mes proches, pas même une ombre ne se présente à moi... Et toi, Amalafroy, doux fils du frère de mon père, est-ce qu'aucun souci de moi ne vient mordre ton cœur? As-tu oublié ce qu'était pour toi Radegonde dans tes premières années ?... Tout un monde gît maintenant entre ceux qui s'aimaient et qui jadis ne se quittaient jamais... Pourquoi suis-je oubliée ?... En quel lieu es-tu ? Je le demande au vent qui siffle, aux nuages qui passent; je voudrais qu'au moins quelque oiseau m'apportât de tes nouvelles. Si la sainte clôture de ce monastère ne me contenait, tu me verrais arriver tout d'un coup auprès de toi... En te revoyant, je nierais jusqu'aux périls de la traversée; et si je me noyais en route, tu me ferais une tombe dans le sable, et tu pleurerais, morte, celle que tu oublies, vivante. »

Il n'est peut-être pas inutile de rappeler ici que Radegonde n'avait que huit ans lorsque Clotaire conquit la Thuringe, et qu'elle n'avait partagé avec son jeune cousin que les premiers jours de sa captivité; évidemment ces élans si passionnés et ces regrets si poignants venaient moins de son cœur que de son esprit. Il en était de même pour Fortunatus lorsqu'il exprimait dans ses vers, en l'exagérant beaucoup, son amitié pour Agnès et pour Radegonde. L'imagination jouait un très-grand rôle dans le monastère de Poitiers. Était-ce un bien? était-ce un mal?... Il ne faut dire de l'imagination ni trop de mal ni trop de bien; elle est redoutable et elle est désirable; elle est un charme et elle est un danger; elle embellit tout et elle gâte tout. C'est un coursier qui emporte aussi aisément son cavalier dans les profondeurs de l'abîme que dans la splendeur du ciel; c'est un hôte qui répand l'animation et la grâce dans la maison qui le reçoit, mais qui met tout en désordre aussitôt qu'on lui donne la chambre d'honneur; c'est un peintre qui a d'éclatantes couleurs sur sa palette, mais à qui il manque un crayon pour tracer le contour de ses figures. Il faut que ce coursier soit tenu en bride, que cet hôte ne se donne point des airs de maître, et que ce peintre permette à la raison d'esquisser son œuvre. — Radegonde n'a pas toujours pris tant de précautions; aussi a-t-elle ajouté elle-même beaucoup d'amertume à ses souffrances et de difficultés à sa vie.

Le 13 août 587, deux hommes se rencontrèrent à mi-chemin de Poitiers et de Mairé. Ils étaient tous les deux porteurs d'un message funèbre : l'un allait annoncer à la fondatrice du monastère de Sainte-Croix la mort de Junien, abbé de Mairé ; l'autre allait avertir l'abbé de Mairé du départ de Radegonde. La jeune épouse de Clotaire et le riche seigneur poitevin avaient, à la même époque, quarante ans auparavant, quitté la cour de Neustrie pour le cloître. Junien était devenu le père spirituel d'une nombreuse famille de moines de l'ordre de Saint-Benoît; sa charité active et ingénieuse avait répandu la consolation et le soulagement parmi les pauvres paysans qui entouraient son abbaye. Il n'avait jamais porté d'autres vêtements que les habits de laine que Radegonde avait filés pour lui, et ils s'étaient promis de toujours prier l'un pour l'autre. Le même jour, à la même heure, l'Ange de la mort avait interrompu leurs prières.

Grégoire, évêque de Tours, vint célébrer à Poitiers les obsèques de l'ancienne reine de Neustrie. Les religieuses, ses sœurs, ne l'accompagnèrent pas à sa dernière demeure, comme elles l'avaient jadis suivie lorsqu'elle avait franchi pour la première fois le seuil du monastère; la règle de saint Césaire leur interdisait de sortir du couvent; mais elles se pressèrent aux fenêtres, sur les tours et sur les créneaux, pour suivre du regard la dépouille mortelle de leur mère bien-aimée.

Avant de quitter ce monde, la royale fondatrice avait recommandé son cher monastère aux évêques et aux rois, dans une sorte de testament, où elle n'avait voulu prendre, en présence de la mort qui s'approchait, que la seule qualification que puissent alors conserver tous les hommes. *Radegonde pécheresse,* tels étaient les mots par lesquels commençait ce dernier écrit.

Quelles que soient les imperfections de la vie et de la foi de Radegonde, elle demeure une belle et douce figure qui se détache brillante sur le fond sombre de son époque barbare et troublée. Après tout, pouvons-nous juger les cœurs, et savons-nous bien toutes les raisons qui ont pu la déterminer à fuir la cour de Neustrie...? Où l'histoire a laissé une ombre, n'essayons pas de mettre une lumière; mais soyons indulgents pour cette jeune femme, qui, dans une heure d'angoisse et d'extrême affliction n'eut pas le courage de demeurer à la place où Dieu la voulait. Elle crut que le Seigneur serait plus près d'elle dans la solitude que dans le monde; elle se trompa; mais n'est-ce pas la même illusion qui avait un jour arraché au roi-prophète ce gémissement que tant d'âmes ont répété : « *Qui me donnerait les ailes de la colombe! Je m'enfuirais bien loin, et je me tiendrais au désert.* »

Ah! qu'importe le chemin! Désert, vallon, montagne, plaine, précipice, lumière, ténèbres, tout est bien, pourvu que nous laissions notre main dans la main du Seigneur qui veut nous conduire, et que nos yeux restent attachés sur le bienheureux pays où il veut nous faire entrer.

LE CHOIX D'UNE CROIX

(IMITATION D'UNE POÉSIE D'ALBERT VON CHAMISSO, DIE KREUZSCHAU)

Un jeune homme gravissait péniblement une montagne. Il portait sur ses épaules une croix qui ne paraissait pas bien lourde. Cependant, à chaque minute il s'arrêtait pour essayer de la placer d'une autre façon. Il la prenait alors entre ses mains, la tournait, l'examinait, la retournait encore, comptait toutes ses aspérités une à une, mesurait sa longueur, et puis soupirait profondément et se remettait en marche les yeux obstinément fixés sur le sol. Que regardait-il? Je ne sais. Ce n'était toujours pas le fin gazon qui tapissait ces pentes abruptes, ni les bruyères pourpres qui les égayaient. D'autres voyageurs se baissaient parfois pour cueillir une de ces douces fleurs qui brillaient dans ces solitudes comme un rayon d'espérance dans une âme desséchée; ils l'admiraient, et se la montraient tout charmés les uns aux autres, tandis que leur compagnon les foulait toutes d'un pied dédaigneux et qu'il prenait en grande pitié cette joie naïve qu'il ne voulait pas partager.

Il n'était pourtant qu'au commencement de son voyage. Bien haute était la montagne ; sa cime touchait aux nuages. A mesure qu'on montait, les fleurs devenaient plus rares, le gazon ne se montrait plus qu'en petites touffes clair-semées, et le roc grisâtre se dévoilait dans sa sauvage nudité. Chose étrange, les voyageurs qui étaient parvenus à ces sommets arides semblaient marcher d'un pas plus ferme que ce jeune homme ! Dans un moment celui-ci leva les yeux et les aperçut au dessus de lui par une échancrure des rochers. Alors son visage s'assombrit et on l'entendit murmurer : « Ils ont une croix si légère ceux-là ! Mais moi, que deviendrai-je avec la mienne lorsque j'atteindrai ces escarpements ? Je trébucherai, je tomberai. Autant vaut m'arrêter tout de suite. » Il s'assit, laissa glisser sa croix à côté de lui, et se mit à regarder dans la profondeur de la vallée.

Quelque chose de plus fort que lui le retenait là, près de son fardeau abandonné. Il ne voulait pas le reprendre ; il ne voulait pas avancer ; mais il n'osait pas non plus retourner sur ses pas. Celui qui lui avait dit le matin même : « Toi, suis-moi, » avait une voix si tendre et son regard était si doux qu'il aurait fallu un immense effort pour l'oublier si vite. Indécis, troublé, le voyageur sentait une angoisse indicible lui monter au cœur, et plus il se reposait, plus il se trouvait las.

Une telle situation ne pouvait pas se prolonger.

« O toi qui m'as appelé, s'écria-t-il, où donc te caches-tu? Pourquoi m'as-tu laissé? Tu m'avais promis de me tenir par la main, et tu m'as quitté. Tu m'avais dit que ce fardeau était léger, et maintenant il m'écrase. Je n'ai pas la force de gravir cette montagne au sommet de laquelle tu m'as promis que cette croix tomberait d'elle-même et que tu me consolerais des fatigues du chemin. Donne-m'en une autre, je t'en supplie. Celle-ci est trop lourde pour moi. Aie compassion de ma faiblesse. » A peine eut-il achevé ces mots qu'il se sentit saisi par une invisible main qui le transporta en moins de temps qu'il n'en faut pour le dire dans un lieu désert, que jamais pied d'homme n'avait foulé, loin, bien loin de la montagne. Sur le sol gisaient des croix de toutes les dimensions. Les unes étaient si petites qu'elles semblaient des jouets d'enfants; d'autres étaient si grandes qu'on les aurait cru faites pour des géants. « Choisis, » cria une voix mystérieuse.

Tremblant d'émotion, le jeune homme prit une de ces petites croix qui l'avaient tout d'abord frappé, et la plaça sur son épaule. Mais bientôt il la rejeta vivement. Une inexprimable sensation de douleur l'avait fait frissonner. Il se souvint alors d'avoir entendu un voyageur qui en portait une toute semblable s'écrier par trois fois en passant près de lui : « Qui me délivrera de ce souvenir? » Une voix lui avait répondu : « *Ma grâce te suffit.* » Et il avait continué sa route.

Il en prit une autre. Elle était toute hérissée de pointes. Il la laissa. Il alla vers une troisième, très-unie, soigneusement rabotée. De quel bois était-elle donc faite? Il ne put même pas la soulever. Enfin il en aperçut une qui était exactement proportionnée à sa taille. Elle offrait, il est vrai, plusieurs aspérités, mais qui semblaient devoir s'en détacher d'elles-mêmes à la longue. Elle était assez lourde pour qu'on la sentît, mais pas assez pour qu'on fût obligé de ralentir le pas en la portant. « Voilà ce qu'il me faut! s'écria le jeune voyageur. Mon Jésus, donne-moi cette croix-là, et je te suivrai tout joyeux sans jamais la quitter. » — « Prends! » répondit la même voix mystérieuse.

Il la prit. Soudain il poussa un cri de surprise, et tomba à genoux en disant : « Pardon ! »

Il venait de la reconnaître. C'était la croix qu'il avait laissée, tout découragé, sur le bord du chemin.

LES PREMIERS MOINES DE LA GAULE

I

Si les habitants de la Gaule du sixième siècle pouvaient revenir dans la France du dix-neuvième, quel ne serait pas leur étonnement! La locomotive ardente s'élance à toute vapeur au travers des pâturages qui ont remplacé les halliers de ronces et d'épines, et ce joli village est assis au pied d'une colline là où s'étendaient jadis de sombres forêts, de ces forêts comme on n'en voit plus qu'en Amérique dans ce siècle où : Guerre aux arbres ! semble être le mot d'ordre universel. Maintenant, lorsque vous vous mettez en route, vous savez ce que vous rencontrerez et vous pouvez apprécier, à un mètre près, la distance que vous allez parcourir ; le programme de vos impressions de voyage est comme fixé d'avance. Jadis il n'en était pas ainsi. Le voyageur qui s'aventurait dans ces impénétrables massifs allait au devant de l'inconnu; il ne pouvait avancer que lentement, arrêté qu'il était, à chaque pas, par les buissons et les longues branches qui interceptaient son chemin ; et dans ces solitudes des ennemis l'attendaient. C'étaient le buffle, l'élan, le bison, l'auroch ; d'autres encore, dont l'espèce a disparu de nos contrées et dont le nom est presque oublié. La nature animée et la nature inanimée semblaient ainsi liguées contre lui. Les marais et les tourbières lui présentaient une surface unie, afin de l'attirer et de l'engloutir ; quant aux cours d'eau, qui auraient dû le conduire, ils ne se frayaient eux-mêmes que difficilement un passage parmi les pierres, les racines, et les troncs d'arbres, qui se précipitaient dans leur onde. Il pouvait marcher longtemps, bien longtemps, sans rencontrer un visage humain, car la tyrannie romaine d'abord, puis, les invasions des Barbares, avaient déplacé les populations, et les campagnes abandonnées étaient redevenues la proie de cette végétation sauvage qui s'empare des lieux déserts depuis que Dieu a dit à Adam : « *La terre sera maudite à cause de toi ; elle te produira des épines et des chardons, et tu mangeras ton pain à la sueur de ton front.* »

Il y eut pourtant des hommes qui allèrent, de leur propre mouvement, braver les dangers que leur présentaient ces *déserts*. Ce furent les anachorètes, et, plus tard, les moines travailleurs. Mais, comme depuis le deuxième siècle, époque à laquelle le christianisme pénétra dans la Gaule avec saint Pothin et saint Irénée, jusqu'au quatrième, il n'y eut pas, à proprement parler, d'institut monastique dans notre pays, nous nous occuperons d'abord des anachorètes. — Que voulaient-ils? — Fuir les hommes pour mieux servir Dieu. Un monde corrompu les entourait ; on n'y voyait qu'injustices, mensonges, rapines, violences ; les chrétiens mêmes, confondant le baptême et la conversion, se croyaient suffisamment en règle avec Dieu lorsque l'eau sacramentelle avait coulé sur leur front ; enfin, les choses étaient alors ce qu'elles sont aujourd'hui, avec cette différence qu'on ne connaissait pas encore l'art détestable de parer, de farder, de parfumer le vice ; les hommes se montraient farouches, orgueilleux, indomptables, et les âmes éprises de l'idéal et de la sainteté s'enfuyaient bien loin d'eux, pour ne plus rien voir qui blessât leurs regards et pour échapper à leur pernicieuse influence.

D'ailleurs, si vous avez quelque désir de vous faire une idée exacte de ce qu'était un véritable anachorète, je vais vous en montrer un. Venez en Italie, à cinquante milles de Rome, dans un massif de montagnes abruptes au fond duquel coule l'Anio : nous allons trouver une caverne, si sombre que le plus gai rayon d'un soleil de printemps ne parviendrait pas à l'éclairer, et si étroite d'ouverture qu'un homme ne pourrait s'y glisser qu'à grand peine. C'est là qu'a vécu saint Benoît, le père des ordres monastiques de l'Occident. En fuyant Rome et ses tentations, il rencontra cette tanière, et pensa avoir trouvé l'idéal des cellules. Il y passa trois années, pendant lesquelles un moine, seul confident de sa retraite, lui tendait chaque jour, au bout d'un bâton, un peu de nourriture. Aucun de vous ne sera sans doute surpris d'apprendre que des pâtres, descendus ou tombés dans cet antre, faillirent y mourir de peur en apercevant cet être étrange dont les ongles s'étaient transformés en griffes allongées, et dont les cheveux et la barbe étaient aussi hérissés que le poil des animaux qui lui avaient fourni son vêtement. Ils crurent, dit-on, se trouver en présence de quelque animal inconnu jusqu'alors.

Tous les anachorètes ne vivaient pourtant pas dans un isolement aussi complet. Il y en avait qui se construisaient une cabane avec des branchages ou des roseaux, et qui, loin de fuir les hommes, s'efforçaient d'amener à la repentance tous ceux qui passaient auprès d'eux. Tels furent Séquanus et Ebrulphe, qui, après avoir converti des brigands dont le repaire était proche de leur cellule, renoncèrent à leur désir de solitude absolue pour vivre avec ceux qu'ils avaient amenés à pleurer sur leurs péchés, et pour se consacrer avec eux au travail de la terre et au soulagement des pauvres. Tel fut encore Marculphe, qui fortifia les Bretons effrayés par une invasion de pirates saxons, en leur rappelant comment Dieu avait délivré son peuple de la tyrannie de Pharaon. Mais ces exceptions étaient rares. Le véritable anachorète fuyait tout visage humain. Évidemment il y avait là une grande erreur. Ce n'est pas ainsi qu'a vécu le Seigneur. Les vertus chrétiennes supposent la société ; pour pratiquer la charité, vous m'accorderez qu'il faut être deux au moins. Ah ! sans doute, on comprendrait mieux cet exil volontaire s'il suffisait de se séparer du monde pour échapper aux tentations! Mais en est-il bien ainsi, et cette erreur des anachorètes ne ressemble-t-elle pas quelque peu à celle de ces prétendus sages du dernier siècle, qui assuraient que l'homme naissait bon et que c'était la société civilisée qui le pervertissait? Or, nous savons à quoi nous en tenir sur les vertus des sauvages, et lorsque nous lisons l'histoire des solitaires de la Thébaïde ou de la Gaule, nous voyons bien qu'ils ont essayé vainement de mettre les montagnes, les forêts, les déserts, entre eux et le péché. Satan et leur propre cœur n'ont jamais cessé de leur faire la guerre.

Les admirateurs quand même du Moyen Age auront beau dire : ils ne feront pas qu'il n'y ait pas eu un fond d'égoïsme dans une vie passée à se contempler soi-même et à compter les battements de son cœur, tandis qu'il y avait dans le monde des âmes qui souffraient, qui pleuraient, qui se perdaient, faute de connaître Celui qui est à la fois la source de toute consolation et l'auteur de tout salut.

Dans le quatrième siècle, saint Martin fonda, près

de Tours, le premier monastère régulier de la Gaule, l'abbaye de Marmoutier. Ses disciples en établirent d'autres, et lorsque, dans le sixième siècle, les religieux de saint Benoît vinrent dans notre pays, ils y trouvèrent toute une pacifique armée de moines. — Que faisaient-ils? Comment employaient-ils leur temps? — Ils priaient. Ils travaillaient. Ils étudiaient.

Ils priaient. Ils se regardaient comme une puissance d'intercession ; et c'était ainsi que chacun les considérait, depuis le plus humble paysan jusqu'au farouche roi mérovingien, qui allait leur demander leur intervention auprès de Dieu lorsqu'un nouveau crime avait souillé sa vie. Certes il y a là quelque chose de profondément touchant : « Ce prodige des prodiges qui revêt l'homme de la toute-puissance de Dieu, » comme le dit Bossuet dans un langage que nous trouverions hardi si nous n'avions pas entendu Jésus lui-même nous dire; » *Quoi que vous demandiez en mon nom, je le ferai;* » cette force de la prière, ce n'est pas nous qui en douterons ! Mais le danger était de croire que les moines seuls savaient prier. Le monde n'était que trop disposé à prier par procuration, à se décharger sur eux de ce fardeau qui ne devient léger qu'après avoir semblé lourd, de ce travail qui ne devient un repos qu'après avoir été une fatigue, et il n'aurait répété que trop volontiers après Chrysostome : « La bienfaisance du moine est plus que royale. Le roi, s'il est bon, peut soulager l'indigence du corps ; mais le moine, par ses prières, affranchit les âmes de la tyrannie du démon. L'homme atteint d'une douleur morale passe devant un roi comme devant un corps sans vie, et court à la demeure des moines, comme le paysan effrayé par la vue d'un loup se réfugie auprès du veneur armé du glaive. » Pendant des siècles on vit les peuples et les rois abriter leur paresse spirituelle derrière cette confiance. « Ne craignez rien, disait Philippe-Auguste aux matelots qui voguaient avec lui vers la Terre Sainte, la tempête va s'apaiser. Il est minuit, c'est l'heure où les religieux de Clairvaux se lèvent pour chanter matines. Ils vont prier pour nous. »

Mais les moines travaillaient aussi. Ils furent les grands défricheurs du sol. Il y aurait de l'ingratitude à l'oublier. Ces forêts redoutables dont je vous parlais tout à l'heure, ils les percèrent, les divisèrent, les éclaircirent. Les rustiques populations disséminées autour d'eux se joignirent à eux, et, pendant que tous ensemble labouraient péniblement, après avoir arraché les racines, abattu les arbres, rasé les taillis et défoncé le sol, les moines s'efforçaient d'extirper de ces âmes incultes les mauvaises passions, et d'y creuser des sillons capables de recevoir la bonne semence de l'Évangile. Ils cherchaient ou plutôt ils trouvaient aisément des enseignements dans tout ce qui les entourait, car ils avaient ce vif sentiment de la nature qui ne se contente pas de l'admirer et qui sait y voir une grande parabole. La nature est aussi une révélation : mais pour la comprendre, comme pour comprendre la révélation écrite, la Bible, il faut avoir le Saint-Esprit dans le cœur.

Il en est de l'intelligence de la nature comme des symphonies de Beethoven, où ceux-ci n'entendent qu'une succession d'accords parmi lesquels ils cherchent vainement une phrase qu'ils puissent retenir, tandis que ceux-là y distinguent des voix mystérieuses venant du ciel, de la terre, de l'enfer, qui prient, qui pleurent, qui se désolent, qui s'appellent et se répondent, tout un drame enfin, qui émeut et qui transporte plus que toute parole d'homme ou de poëte. Ainsi, pendant que l'homme absorbé par ses préoccupations terrestres ne voit dans la forêt que le bois qui pétillera l'hiver dans son foyer, dans les champs de blé qui ondulent au vent que le pain qui le nourrira, et dans la fleur parfumée que le breuvage qui apaisera ses nerfs excités, le chrétien entend sortir de toutes ces choses des voix qui l'exhortent, l'instruisent, le consolent. Pour lui, ce point noir, qui apparaît soudain au milieu d'un ciel noyé dans la clarté, c'est un épervier sans doute, mais c'est surtout l'image de ces mauvaises pensées qui surgissent tout à coup dans une âme inondée de foi et d'amour divin ; et ce nuage qui vient, en voilant le soleil, d'attrister tout le paysage et de jeter de larges ombres sur les prairies qui resplendissaient naguère, c'est le péché, le péché qui, seul, a répandu sur la vie de l'homme la mélancolie et le deuil. « Voyez là-bas cette pauvre petite biche poursuivie par des loups, disait à ses compagnons le moine Laumer. Voilà bien comment le diable, le plus féroce des loups, court toujours après quelque âme de l'Église du Christ pour l'étrangler et la dévorer. »

On étudiait aussi dans les monastères. C'était là que se conservait le goût des lettres et que se retrouvait la vie intellectuelle, dans ces siècles d'ignorance et de barbarie.

Vous le voyez, les moines de ce temps étaient bien différents de ce qu'ils sont devenus plus tard. On n'avait pas encore songé à glorifier systématiquement l'inaction et à prendre au rebours cette parole de saint Paul, que se redisaient les uns aux autres les intrépides défricheurs : *Celui qui ne veut pas travailler ne doit pas manger*. Il fallait attendre bien des siècles pour entendre l'abbé de Rancé prescrire aux religieux de la Trappe, de rudes défricheurs, eux aussi, un absolu silence vis-à-vis des populations qui les entouraient. On n'avait pas encore imaginé de mettre les vœux monastiques sous la garde des lourdes portes de fer et des terribles verrous derrière lesquels on devait enfermer les carmélites et les religieuses de Picpus. Saint Benoît aurait dit, en voyant un tel luxe de précautions, ce qu'il dit un jour à un solitaire qui s'était attaché au pied, dans l'étroite caverne où il s'était retiré, une chaîne dont l'autre extrémité était fixée dans le roc :
« Si tu es vraiment serviteur de Dieu, sois contenu

non par une chaîne de fer, mais par la chaîne du Christ. » Aucune contrainte matérielle ne retenait alors le moine dans le cloître ; dans certains couvents on conservait même avec soin les vêtements qu'il avait apportés avec lui en quittant le monde, pour les lui rendre s'il voulait y retourner. On ne croyait pas non plus, ou, du moins, on n'osait pas dire tout haut que le sacrifice du Calvaire n'était pas pleinement suffisant, et qu'à côté de la croix de Jésus le pécheur devait planter la sienne, sur laquelle il devait souffrir pour l'expiation de ses péchés. Il semble qu'en fuyant le monde et en embrassant cette rude vie de travail excessif, de longues prières et de privations volontaires, les premiers moines n'aient cherché que les moyens de discipliner leur corps et leur âme pour les rendre plus aptes à combattre sous la sainte loi du Sauveur. « Interrogez le Seigneur, dit saint Benoît dans le préambule de la règle qu'il écrivit pour ses religieux, puis écoutons ce que le Seigneur répond... Ceux qui reposeront en la sainte montagne de Dieu seront ceux qui, fidèles dans la crainte du Seigneur, ne s'exaltent pas de leur louable observance, mais qui, considérant qu'ils ne peuvent rien faire par eux-mêmes et que Dieu fait en eux ce qu'ils ont de bon, glorifient le Seigneur. Ceignons donc nos reins de la foi et de l'observance des bonnes œuvres, et les pieds chaussés pour suivre l'Évangile, marchons sur la trace de ses pas. »

Enfin, on se souvenait que Jésus avait consacré

par son exemple les saintes amitiés et on ne songeait pas alors à les interdire comme des infidélités faites à Dieu. Il y eut dans les monastères des âmes qui s'aimèrent en Dieu tendrement, profondément, j'allais dire passionnément. Et pourquoi ne le dirais-je pas? La passion, c'est la vie même des grandes âmes; c'est la flamme qui les réchauffe. Lorsque cette flamme s'est allumée dans le ciel, elle n'est pas à redouter. « Je vous en conjure, écrivait un moine à son ami absent. visitons-nous souvent par lettres et par messages, et que la longue distance qui nous sépare ne triomphe pas de ceux qu'unit l'amour du Christ. » — « Aspirons, très-cher frère, écrivait un autre, à être rassasiés des fruits de la sagesse et arrosés des eaux de la source divine, afin qu'un même paradis nous reçoive et nous fasse jouir de la liberté du royaume céleste. Si tu le veux, nous aurons beau être divisés par de vastes territoires, nos tribulations sont les mêmes et nos prières peuvent nous fortifier par l'union de nos âmes. » Au douzième siècle encore on retrouve dans les lettres des moines la même vivacité de sentiments : « Ames très-aimées de mon âme, écrivait saint Anselme à deux de ses parents, mes yeux désirent ardemment vous contempler; tout ce qu'il me reste de vie se consume à vous attendre. . Parle-leur, ô bon Jésus! Dis-leur de tout quitter et de te suivre. Ne sépare pas de moi ceux à qui tu m'as enchaîné par tous les liens du sang et du cœur... Sois mon témoin, Seigneur, toi et ces larmes qui coulent pendant que j'écris. »

Il est aisé de comprendre comment, en quelques siècles, les monastères ont tant changé d'esprit et d'habitudes. La première erreur avait été de croire que la sainteté serait plus facile dans un cloître que dans la famille ; c'était, sans qu'on s'en rendît compte, diminuer la misère de l'homme, qui est partout la même, puisqu'elle est dans son cœur, et amoindrir la grâce divine, dont la puissance n'est pas limitée par les circonstances extérieures. De là à penser que cette vie exceptionnelle aurait un mérite particulier devant Dieu, il n'y avait qu'un pas ; l'orgueil aida l'homme à le faire. Puis, comme cette vie ne pouvait être accessible à tous, on arriva nécessairement à croire qu'il y avait deux chemins pour parvenir au ciel ; on apprit à distinguer dans l'Évangile les *commandements* des *conseils*, distinction que ne connaissait pas Jésus-Christ lorsqu'il disait *à tous : Soyez parfaits comme votre Père qui est dans les cieux est parfait.* Luther parle d'un tableau qui représentait l'Église sous la forme d'un vaisseau solidement construit qui conduisait au *port du salut* les prêtres et les moines, commodément assis sur le pont, pendant que les laïques, rois, paysans, pères, mères, enfants, ballottés par les flots, à demi engloutis, se cramponnaient aux cordes que leur tendaient les religieux. Ce tableau symbolisait naïvement l'opinion populaire au seizième siècle, comme dans la légende de saint Antoine et du cordonnier se reflétait celle du troisième. Écoutez cette légende, et jugez de la différence.

Saint Antoine, étant un jour dans sa cellule, entendit une voix qui lui disait : « Va à Alexandrie, et tu y verras un homme qui est plus saint que toi. » Il quitta à regret sa chère retraite et se dirigea vers la grande ville. Arrivé à la maison qui lui avait été indiquée, il fut bien surpris de se trouver en présence d'un humble cordonnier. « Raconte-moi donc, lui dit-il, tes bonnes œuvres merveilleuses. — Je ne me connais aucune bonne œuvre, répondit l'artisan. Je me dis chaque matin que tous les habitants de cette ville sont meilleurs que moi, et que seul je mériterais les peines éternelles à cause de mes péchés, si je ne croyais à la miséricorde de Dieu en Jésus-Christ. — En vérité, s'écria saint Antoine, je suis loin d'être digne de me comparer à toi, malgré ma vie passée au désert et les rigueurs de ma pénitence. »

Mais nous bornerons-nous à signaler des erreurs? De ces tombes abandonnées, de ces cloîtres déserts, de ces chapelles envahies par les feuillages grimpants dont la nature décore les ruines, ne sortira-t-il pas une voix qui nous enseigne? N'admirerons-nous pas le travail persévérant, le courage devant le danger, et surtout cette énergie morale, cette volonté de se vaincre qui ne reculait devant aucun moyen, quelque dur qu'il fût, pour parvenir à la domination de soi-même? Certes nous pouvons bien décrire la vie des premiers moines sans craindre de donner à beaucoup de personnes l'envie de les imiter ! Dans notre temps ce n'est pas par l'énergie morale que l'on brille; on voudrait bien accomplir le devoir, mais sans souffrance, comme ces malades qui ne consentent à se laisser faire une opération salutaire qu'à la condition qu'on emploiera le chloroforme. On ne peut pas non plus reprocher à nos contemporains de vivre trop repliés sur eux-mêmes; que de gens qui savent mieux ce qui se passe au pôle Nord ou dans les astres que ce qui s'agite dans l'âme immortelle qui est en eux! On n'est guère disposé (que vous en semble?) à faire vœu de pauvreté, ou seulement à simplifier les ajustements et à se débarrasser des besoins factices que crée l'habitude d'une vie molle. Quant à se relever la nuit pour chanter matines, qu'on ne craigne rien; lorsqu'on dit que Luther donnait chaque jour trois heures à la prière, les chrétiens mêmes paraissent plus étonnés que désireux de suivre son exemple. Aucun de mes lecteurs n'ira donc, après avoir lu ces lignes, se mettre en quête d'un ermitage... Soit. Restons dans le monde, mais soyons la lumière du monde. *Éprouvons toutes choses et retenons ce qui est bon,* comme nous le conseille saint Paul. *Ce qui est bon* dans le cloître, nous pouvons tous le pratiquer. Qui nous empêche de nous exercer chaque jour au renoncement? Qui nous empêche de discipliner notre intelligence, notre cœur, et même notre vie spirituelle? Qui nous empêche d'avoir en nous comme une cellule close de toutes parts, où nous nous retirerons pendant de longues et douces heures pour parler au Seigneur, pour l'écouter, pour le contempler?

II

L'un des premiers besoins de la foi est l'expansion. *Malheur à moi si je n'évangélise!* a dit saint Paul. Cette parole a trouvé de tout temps un écho dans le cœur des chrétiens. C'était elle qui avait conduit Pothin et Irénée dans la Gaule. Ce fut elle qui, trois siècles plus tard, envoya Patrice en Irlande. Ce fut elle encore qui fit de l'Irlandais Colomban un des plus intrépides missionnaires qu'aient jamais accueillis la Gaule, l'Allemagne et l'Helvétie.

Patrice était parent de saint Martin de Tours. A l'âge de seize ans il fut enlevé par des pirates, emmené par eux en Irlande et vendu comme esclave, car dans ce temps-là on pratiquait la traite des blancs comme on devait plus tard pratiquer en Afrique celle des noirs. Après six années de captivité, il parvint à s'échapper. Il revint en Gaule, où il embrassa la vie monastique; mais il ne pouvait pas trouver la paix. Il croyait toujours entendre des voix plaintives qui lui criaient: « Reviens parmi nous!

Viens nous annoncer l'Évangile. » Il partit donc pour conquérir à Jésus-Christ cette *verte Érin* dont les fils enthousiastes et passionnés le reçurent si bien, qu'après trente-trois ans d'apostolat il laissa l'Irlande presque entièrement convertie et toute couverte de monastères.

Dans ces communautés religieuses on étudiait beaucoup plus que dans toutes celles du continent, aussi avaient-elles une renommée littéraire particulière. Pendant qu'à Rome, et dans tous les pays où dominait son influence, on rejetait avec horreur les souvenirs de l'antiquité païenne, même dans les chefs-d'œuvre qu'elle a produits, les écoles monastiques d'Irlande lisaient et copiaient les poëtes latins et se plongeaient avec transport dans l'étude des philosophes grecs. La première de ces tendances se trouve caractérisée par quelques paroles du pape Grégoire le Grand à un évêque : « Mon frère, lui écrivait-il, songez combien il est grave, combien il est affreux qu'un évêque s'occupe de choses que doit ignorer même un laïque. J'ai appris, et je ne puis le répéter sans douleur et sans honte, que vous avez cru devoir enseigner la grammaire à quelques personnes. » La grammaire ! N'est-ce pas, lecteur, que vous ne vous attendiez guère à la voir paraître au milieu de si graves remontrances, et que jamais vous ne vous seriez douté qu'elle pût offrir le moindre danger spirituel? Plus tard, saint Ouen, le biographe de saint Éloi, ne se contenta pas de proscrire l'étude des auteurs anciens, qu'il énumera dans un pêle-mêle qui ferait craindre qu'il ne connût d'eux que leurs noms, confondant sous la qualification de *poëtes scélérats*, les législateurs, les philosophes, les orateurs et les historiens, plaçant Virgile avec Solon, Aristote près de Démosthènes, et Tite-Live à côté d'Homère. Il alla plus loin encore : « Quand les enseignements de l'Église auraient à leur disposition le charme de l'éloquence, s'écria-t-il, ils devraient le fuir ! »

La tendance littéraire disait, au contraire, comme Trithémius, abbé de Spanheim : « Savoir, c'est aimer; » et avec l'Irlandais saint Luan, qu'on avertissait de se garder de l'orgueil intellectuel : « Si j'avais la science de Dieu, je n'offenserais jamais Dieu; car ceux-là seuls lui désobéissent qui ne le connaissent pas. »

Il serait facile de suivre à travers les âges ces deux courants opposés. Il y a toujours eu des âmes qui ont voulu couper les ailes de l'imagination et dire à l'enthousiasme : « Calmez-vous donc ! » qui ont prié l'éloquence d'appeler tout simplement les choses par leur nom le plus vulgaire, et qui auraient dit volontiers de l'art d'arranger les mots et de ne mettre ensemble que ceux qui se conviennent :

Qu'ils s'accordent entre eux ou se gourment, qu'importe ?

qui, enfin, auraient voté avec élan la suppression de tous les livres, comme ce calife qui brûla la bibliothèque d'Alexandrie, parce qu'il trouvait que le Coran valait seul la peine d'être lu... Mais est-il sage de proscrire l'usage pour éviter l'abus, et de demander aux âmes ardentes une mutilation impossible? Il en est de l'imagination, de l'enthousiasme, de l'intelligence, de l'éloquence, comme de ces poisons qui donnent la mort, ou qui raniment la vie défaillante, selon la mesure dans laquelle ils sont pris. Tous ces dons charmants et dangereux ne sont plus à craindre lorsqu'ils se trouvent dans une âme résolûment consacrée au Seigneur. « Aimez, disait saint Augustin, et faites ce que vous voudrez » En effet, tout est là. Lorsque c'est le Seigneur qui est la grande passion, e souverain amour, le centre de la vie, c'est Lui qu'on cherche dans l'histoire, c'est Lui qu'on écoute dans la nature, c'est Lui, toujours Lui, qu'on voit en toutes choses. L'imagination laisse inachevés les palais de nuages qu'elle construisait sur le sable mouvant de ce monde; elle va contempler en Lui son idéal, et lorsqu'elle redescend sur la terre, elle s'appelle l'enthousiasme de tout ce qui est pur et beau, de tout ce qui lui rappelle son Dieu, ce Dieu qui n'est la souveraine beauté que parce qu'il est la suprême sainteté.

Cet enthousiasme-là, il le connaissait bien le grand missionnaire que l'Irlande envoya à la Gaule, et qui est une des plus intéressantes figures de l'époque que nous étudions. En 573, le roi de Bourgogne, Gontran, vit arriver dans ses États une douzaine de moines au costume étrange, conduits

par un homme d'une trentaine d'années, beau de
visage, à l'air austère et énergique. C'était Colomban.
Il sortait du célèbre monastère de Bangor, un de
ceux où les fortes études étaient le plus cultivées en
Irlande. La voix mystérieuse qui avait autrefois parlé
à Patrice s'était fait entendre à lui. Guidé par elle, il
était parti pour la Gaule. Le roi Gontran l'accueillit
bien et le pria avec instances de ne pas songer à
convertir d'autres contrées avant d'avoir évangélisé
les Francs et les Bourguignons. Ce roi, le moins
mauvais des petits-fils de Clovis (ce qui n'est pas un
grand éloge), parlait sagement en ceci. Certes, tous
ces barbares avaient bon besoin d'être évangélisés.
C'étaient de pitoyables chrétiens; nous l'avons déjà
dit, le christianisme n'adoucissait que par intervalles
leur violence naturelle. Ils étaient, comme toutes les
natures passionnées dont une foi vivante ne modère
pas les élans, toujours dans les extrêmes. Lorsqu'ils
étaient repris par les accès de dévotion qui succédaient à leurs fureurs et à leurs crimes, la foi même
ne leur suffisait plus; il leur fallait des superstitions. On les voyait, par exemple, se disputer, les
armes à la main, le bras ou la tête d'un moine à qui
l'opinion populaire, seule autorité alors en matière
semblable, avait décerné le titre de saint, et renouveler la scène étrange qui avait eu lieu après la mort
de saint Martin de Tours. On avait vu, ce jour-là,
les Tourangeaux réclamer le cadavre aux Poitevins,
qui s'obstinaient à le garder, parce que le bienheu-

reux était mort sur leur territoire; finalement, la maison avait été cernée, assiégée, et le corps lancé par la fenêtre à quelques Tourangeaux résolus qui l'avaient emporté en triomphe.

Colomban s'établit d'abord dans le vieux château romain d'Annegray, que lui abandonna Gontran. Bientôt cette étroite enceinte ne put contenir les nombreux disciples qui vinrent se ranger autour de lui; une portion de la nouvelle communauté dut se transporter au pied des Vosges, à Luxeuil, lieu qui avait été célèbre par les établissements que les Romains y avaient élevés auprès des eaux thermales qui s'y trouvaient, mais qui, à cette époque, était redevenu désert. Au bout de quelques années, Colomban eut sous sa direction trois monastères, qu'il gouverna avec une fermeté qui alla quelquefois jusqu'à la rudesse. Cet homme énergique ne pouvait tolérer ni même comprendre la moindre défaillance du corps ou de l'âme. Non-seulement tous les moines devaient mener de front les études littéraires, la copie des manuscrits et les plus pénibles travaux de défrichement, mais les malades eux-mêmes n'avaient pas la permission de se reposer. Ils devaient aller au moins battre le blé sur l'aire, si leurs souffrances les empêchaient absolument de labourer ou de faucher. Aussi, après quelques années de ce travail incessant, les sauvages contrées qui entouraient Luxeuil se trouvèrent transformées en champs fertiles et en gras pâturages.

Colomban organisa la prière comme le travail. Les religieux furent divisés en groupes, et toujours quelqu'un de ces groupes était en oraison, la nuit aussi bien que le jour. La tradition raconte un trait qui montre sous son enveloppe légendaire que Colomban connaissait la vraie prière, celle qui lutte avec le Seigneur, comme Jacob, et qui ose lui dire : *Je ne te laisserai point aller que tu ne m'aies béni.* Un moine qu'il aimait tout particulièrement était à l'agonie. Pendant qu'il se débattait dans les angoisses dernières, ne pouvant ni mourir ni vivre, un ange tout resplendissant de lumière lui apparut et lui dit : « Je viens chercher ton âme ; mais tant que Colomban priera pour toi, elle ne pourra pas se séparer de ton corps. » Le mourant fit appeler l'abbé. « O mon père, lui dit-il, je te supplie de ne pas me retenir plus longtemps sur cette terre de douleurs. Cesse tes oraisons et laisse-moi entrer dans la gloire des cieux » Colomban, ému de compassion, cessa de demander la guérison de son ami ; il lui donna le dernier baiser, et pendant que l'ange emportait dans le ciel l'âme rachetée, il entonna courageusement le chant des morts.

La légende prétend aussi que, lorsque le moine irlandais s'enfonçait seul dans les forêts pour prier, les loups s'écartaient respectueusement pour le laisser passer, les écureuils accouraient se réfugier dans les plis de son manteau, et les oiseaux voltigeaient autour de sa tête en chantant leurs plus douces mélodies. Elle exprime ainsi naïvement son influence sur les populations et l'ascendant extraordinaire et irrésistible qu'il exerçait sur tous ceux qui s'approchaient de lui. Toutefois, cette influence ne s'étendait pas jusqu'au clergé gallo-romain. Les évêques surtout supportaient mal les remontrances que leur adressait cet étranger et ses exhortations perpétuelles.

L'esprit de Colomban était trop fortement trempé pour pouvoir se perdre dans les mille petits détails dont saint Benoît avait encombré ses ordonnances monastiques, au risque de comprimer les élans de l'âme à force de l'enserrer dans des prescriptions minutieuses. La règle qu'il donna aux moines de Luxeuil prenait toutes choses de plus haut. Elle se composait principalement de passages bibliques, et même de sentences philosophiques, qui exposaient à grands traits les devoirs des religieux. De plus, il avait sur l'époque de la célébration de la Pâque, et sur quelques autres coutumes, des idées particulières dont il poursuivait le triomphe avec cette opiniâtreté que les natures énergiques sont tentées de mettre en toutes choses, même dans celles qui n'ont qu'une importance secondaire. On ne connaît pas les détails de la lutte de Colomban avec les évêques, mais on peut aisément recomposer cette page de sa vie en lisant la lettre qu'il écrivit à un concile assemblé pour examiner les questions débattues. Il se plaint de la variété des traditions, de l'oubli de certaines observances, et aussi de ce que les évêques ne se réunissent pas assez souvent pour s'occuper des intérêts de l'Église. Il parle de la persécution qu'on lui fait endurer et qui pousse la violence jusqu'à vouloir le chasser de la Gaule. « Je ne vous demande qu'une seule grâce, dit-il : laissez-moi vivre avec vous, dans cette Gaule où nous sommes, puisque nous devons vivre les uns avec les autres dans le ciel. Malgré notre tiédeur, nous suivons de notre mieux les canons, les préceptes du Seigneur et des apôtres. Ce sont là nos armes, notre gloire, notre bouclier. A vous, pères saints, de voir ce que vous voulez faire de quelques pauvres pèlerins, et s'il ne vaut pas mieux les réconforter que les troubler... A Dieu ne plaise que nous réjouissions nos ennemis par des luttes entre chrétiens... Il y a beaucoup de gens qui suivent la voie large ; s'il y en a quelque peu qui se dirigent par la porte étroite qui mène à la vie, il vaudrait mieux pour vous les encourager que les arrêter. »

On sait aussi que Colomban écrivit plusieurs fois à l'évêque de Rome ; une seule de ces lettres a été retrouvée ; il semblerait, d'après elle, que Rome avait désapprouvé l'abbé de Luxeuil tout aussi fortement, plus fortement encore peut-être, que le clergé gallo-romain. « Votre orgueil, écrit fièrement Colomban, revendique une autorité et une puissance dominatrice sur tous les autres dans les choses divines. » Et il ajoute : « Votre puissance durera autant que votre raison sera droite. »

Le pape à qui s'adressaient ces paroles était ce même Grégoire que nous avons entendu censurer si vertement un évêque qui s'occupait de grammaire. Qu'aurait-il dit s'il avait lu les vers corrects et faciles dans lesquels Colomban citait, comme preuves des maux que l'amour de l'or a souvent causés, l'histoire de la Toison d'or, la redevance exigée par le sombre batelier Caron pour le passage du fleuve infernal, et même certaines anecdotes peu édifiantes de la vie privée des dieux? Il est de fait que ces souvenirs mythologiques étaient déplacés sous la plume d'un chrétien; mais est-il donc si étonnant que dans ce temps-là ils fussent encore présents dans les esprits, lorsque notre époque, que treize cents ans de plus séparent de Rome païenne, parle bien encore quelquefois des lauriers d'Apollon, de la balance de Thémis, du char de Bellone, et qu'il y a certainement parmi nous des gens qui nommeraient plus facilement les neuf Muses que les seize prophètes ou les quatre évangélistes!

Cependant, la persécution dont Colomban était l'objet resta dans le domaine des paroles, des remontrances, des tracasseries; elle ne se traduisit par aucune improbation solennelle. Tout en luttant contre lui on le laissa, finalement, libre d'agir comme il l'entendait. Et l'Église romaine confirma dans la suite le titre de *saint* que lui donnèrent ses contemporains. Il est permis de croire que quelques siècles plus tard, au dix-neuvième, par exemple, on ne l'aurait plus trouvée disposée à poser une auréole sur le front d'un homme aussi indépendant vis-à-vis de l'autorité papale.

Toute la vie de Colomban ne fut qu'une longue lutte. Nous l'avons vu aux prises, d'abord avec la nature sauvage, ensuite avec le clergé ; suivons-le maintenant à la cour des Mérovingiens. Là encore nous le verrons combattre sans frayeur et sans défaillance pour la justice et pour la sainteté.

La colonie monastique de Luxeuil s'élevait à l'extrémité septentrionale du royaume des Burgondes. Le roi Gontran, qui avait si bien accueilli Colomban, avait laissé ses États à son neveu Childebert II, déjà roi d'Austrasie. Lorsque ce dernier mourut, son fils Théodebert II lui succéda en Austrasie, et son second fils, Thierry II, prit pour lui la Bourgogne. Alors la Gaule se trouva pendant quelque temps sous la domination de deux femmes : Frédégonde gouverna la Neustrie au nom de son fils Clotaire II, et Brunehaut commanda à l'Austrasie et à la Bourgogne pendant la minorité de ses petits fils. Cet état de choses ayant fini par lasser les seigneurs austrasiens, Brunehaut dut se résigner à ne faire la loi que dans la Bourgogne. Elle avait été honorée dans sa jeunesse des éloges publics du pape Grégoire le Grand ; l'historien des Mérovingiens, Grégoire de Tours, parle de sa beauté, de son affabilité, de sa charité et de sa conduite irréprochable ; cependant, à côté de toutes ses qualités était un penchant dangereux qui devait l'égarer dans sa vieillesse ; elle avait un de ces impérieux besoins de domination qui conduisent, lorsqu'on s'y abandonne, à des actions que la droiture et la vertu réprouvent. Ainsi, cette reine dont la vie avait été sans tache en était arrivée, au moment où nous nous trouvons, à redouter tellement l'influence qu'une femme aimée aurait pu prendre sur le jeune Thierry, qu'elle avait obtenu de lui le renvoi d'une princesse visigothe qu'il avait épousée, et qu'elle l'encourageait à vivre dans la polygamie.

Colomban ne put voir sans horreur une conduite aussi opposée à la sainteté de l'Évangile. Il adressa de vives remontrances au roi chaque fois que celui-ci vint le visiter. Toujours Thierry promettait de s'amender, et toujours il retombait sous l'influence de son aïeule. Enfin Colomban alla trouver Brunehaut elle-même et lui reprocha publiquement de corrompre son petit-fils. L'orgueilleuse reine ne lui pardonna jamais cet outrage, ou plutôt cette vérité; à partir de ce moment, elle devint son ennemie acharnée. Elle commença par établir une sorte de blocus autour de Luxeuil, en enjoignant expressément aux moines de ne pas franchir l'enceinte sacrée et aux populations de ne leur venir en aide d'aucune manière. Colomban en appela à Thierry; mais il ne voulut pas passer le seuil du palais, et il refusa avec une telle indignation le repas somptueux envoyé pour lui par le roi, que, dit la légende, tous les vases qui contenaient les viandes se brisèrent au même instant. Ce qui est plus sûr, c'est que Thierry et Brunehaut, effrayés par les malédictions du moine, vinrent se jeter à ses pieds en lui demandant pardon. Thierry promit encore de changer de vie. Colomban s'apaisa, et Luxeuil redevint libre.

Mais le faible roi oublia bientôt ses engagements solennels. Alors Colomban ne se contenta plus de lui adresser des exhortations; il le menaça de l'excommunication. Brunehaut, furieuse, excita contre lui les seigneurs bourguignons, et même les évêques, qui n'étaient que trop disposés à blâmer ce qui se faisait à Luxeuil. Thierry, troublé par tout ce qu'il entendait, finit par ne plus avoir conscience de sa position et par se croire offensé, tant il est vrai que les situations fausses obscurcissent le jugement. Il se rendit à Luxeuil, non pas comme un pénitent, mais comme un censeur, et il demanda hardiment à Colomban pourquoi il s'écartait des usages adoptés dans les autres communautés religieuses. Il n'en obtint que cette réponse : « Si tu es venu ici pour détruire les couvents des serviteurs de Dieu et pour troubler la règle, tu verras bientôt la ruine de ton royaume, et tu périras avec ta lignée royale — O moine, s'écria Thierry, tu espères en vain que je te donnerai la couronne du martyre! Je ne suis pas assez fou pour cela. Seulement, puisque tu te sépares de tous par ta manière de vivre, tu n'as qu'à t'en aller par où tu es venu, et jusque dans ton pays. » Aussitôt Colomban fut saisi et mené de force à Besançon, pendant que ses religieux étaient soigneusement gardés dans leur cloître.

A Besançon, où sa réputation de sainteté l'avait précédé, il ne se trouva personne qui osât le surveiller. Un matin, il profita de sa liberté pour gravir la colline qui domine la ville ; de cette hauteur il aperçut la route qui conduisait à Luxeuil ; le souvenir de son cher monastère lui monta au cœur, et il résolut d'y rentrer, malgré Thierry et malgré Brunehaut. Entre le projet et l'exécution, il y avait pour Colomban peu d'intervalle. Bientôt après, son abbaye en deuil se réjouissait de lui rouvrir ses portes.

Le roi n'entendait pas être ainsi bravé. Il envoya des soldats à Luxeuil avec l'ordre de se saisir de l'audacieux abbé. Lorsqu'ils pénétrèrent dans le cloître, Colomban priait dans l'église. « Homme de Dieu, lui dirent avec respect ces hommes, nous vous prions d'obéir aux volontés du roi. — Non, répondit-il, j'ai quitté ma patrie pour le service de Jésus-Christ, et je suis persuadé que mon Créateur ne veut pas que j'y retourne. » Alors ils se jetèrent à ses pieds et le supplièrent de ne pas les exposer, par sa résistance qu'ils n'osaient forcer, à la colère de Thierry. Par compassion pour eux, Colomban céda ; il consentit à sortir de ce monastère, où il avait passé vingt années, et qu'il ne devait jamais revoir. Ses religieux pleuraient et se lamentaient en lui disant adieu ; tous auraient voulu l'accompagner, mais les ordres de Brunehaut étaient formels : les moines irlandais seuls avaient la permission de suivre leur abbé.

Il ne s'agissait plus seulement d'un exil à Besançon. Les proscrits devaient être embarqués pour l'Angleterre. Thierry pensait qu'il ne pourrait jamais mettre une trop grande distance entre lui et son austère censeur. Ils traversèrent Avallon, Auxerre, Nevers. A Orléans, il n'y eut personne qui osât vendre des vivres aux exilés; les églises même se fermèrent devant eux. Seule, une femme syrienne, venue dans la Gaule avec une colonie d'Orientaux, leur offrit l'hospitalité comme une autre Rahab.

En passant devant la ville de Tours, Colomban voulut s'arrêter pour prier sur le tombeau de saint Martin. L'évêque de Tours, ému par la vue de cette noble infortune, le reçut chez lui. Pendant qu'on était à table, un seigneur bourguignon essaya timidement de dire à Colomban qu'avec plus de douceur dans les formes il serait peut-être arrivé au cœur de Thierry. « Ne vaut-il pas mieux, ajouta-t-il, abreuver les gens de lait que d'absinthe? — Puisque tu es son ami, répliqua vivement Colomban, va dire à ce chien de Thierry que dans trois ans il sera mort, ainsi que tous ses enfants, et que sa postérité sera déracinée par la main de Dieu. » Cette violence n'a rien qui doive nous surprendre beaucoup; à cette époque-là, on ménageait peu ses expressions. Il en fut longtemps ainsi. Au seizième siècle encore les théologiens catholiques adressèrent aux docteurs protestants, qui les leur rendirent bien, des injures dont notre siècle a désappris l'usage, mais qui alors ne scandalisèrent personne. On était habitué à cette brutalité de langage.

Cependant, il faut bien le dire, Colomban manquait souvent de mansuétude, et on ne peut guère se le représenter prêchant à la façon de saint Césaire, le fondateur du monastère d'Arles, *qui menaçait, en pleurant, des supplices éternels.* Il était sans pitié pour le pécheur, comme sans indulgence pour le péché. Pourtant il y avait en lui de l'effusion et de la tendresse; il avait, comme le Sauveur, des caresses et des bénédictions pour les petits enfants que leurs mères lui amenaient, et il a des accents doux et touchants lorsqu'il écrit aux chers disciples qu'il a quittés. Il les nomme « ses très-doux fils, ses très-chers écoliers; » il envoie un baiser à un frère qu'il n'avait pu revoir avant de s'éloigner de Luxeuil; il adresse au moine Attale, qu'il avait mis à la tête de la communauté, des conseils, des encouragements, des exhortations, qui se pressent et se mêlent sous sa plume, et dans lesquels on sent battre son cœur; on dirait un père qui cherche à prévoir toutes les difficultés de ses enfants pour aplanir d'avance leur chemin. « Mon bien-aimé Attale, dit-il, j'ai eu l'âme déchirée; je me suis fié à tout le monde et j'en suis devenu presque fou. Sois donc plus sage que moi; je ne veux pas te voir soulever le fardeau sous lequel j'ai versé tant de sueurs. » Un peu plus loin il lui rappelle un grand principe que ne doivent jamais oublier ceux qui ont charge d'âmes : « Tu adapteras les préceptes à chacun ; tu tiendras compte de la diversité des caractères. Tu te diversifieras donc toi-même, tu te multiplieras pour le bien de ceux qui t'obéiront avec foi et amour. » Puis, se souvenant que la tristesse et le découragement sont contagieux, il refoule par un suprême effort sa douleur tout au fond de son âme, afin de ne pas troubler ses disciples. « Il ne sied pas à un soldat, s'écrie-t-il, de pleurer en face du combat. Après tout, ce qui nous arrive n'a rien de bien nouveau. N'est-ce pas ce que nous prêchions tous les jours ?... Les évangiles n'ont-ils pas été écrits pour enseigner aux vrais disciples du Christ crucifié à le suivre avec leur croix ?... Sans adversaires, point de lutte, et sans lutte, point de couronne. Là où il y a lutte, il y a courage, vigilance, ferveur, patience, fidélité, sagesse, fermeté, prudence. Ainsi donc, sans lutte, point de couronne ! »

Quelles belles et fortes paroles ! et que nous voilà loin de ces prédicateurs qui jettent un voile sur les angoisses et les déchirements de cœur que renferme la vie chrétienne, pour ne montrer que le côté lumineux de la foi : la paix, la joie, l'amour ; de telle sorte que les âmes qui traversent ensuite ces déserts dont on ne leur a jamais parlé se troublent, s'étonnent et se figurent être en dehors du salut.

Enfin Colomban arriva à Nantes, où il devait s'embarquer. Le navire qui devait le transporter en Angleterre essaya vainement pendant trois jours de quitter le rivage; toujours les vagues le repoussèrent sur la plage. Le pilote, effrayé, crut voir là une intervention directe de la Providence; il refusa de garder à son bord ces moines étrangers et les déposa sur la grève. Aussitôt le vent gonfla les voiles du vaisseau, et les flots apaisés lui permirent de s'éloigner.

Colomban se dirigea alors vers la Neustrie; par haine pour Thierry, Clotaire II le reçut bien; il voulut même le retenir à sa cour, mais le moine n'accepta de lui qu'une escorte qui lui permit de gagner en sûreté l'Austrasie. Le roi Théodebert, qui était en querelle avec son frère Thierry, accueillit avec empressement les proscrits et essaya à son tour de les décider à demeurer auprès de lui. Ce fut en vain. Colomban voulait aller prêcher l'Évangile aux nations voisines du Rhin. Il s'embarqua sur ce fleuve, non loin de Mayence, et après avoir séjourné quelque temps sur les bords du lac de Zurich, il alla se fixer à Bregentz, sur le lac de Constance. Il se trouva là au milieu de populations entièrement païennes. Les Suèves et les Allemands, qui occupaient l'ouest de l'Helvétie, étaient bien, il est vrai, soumis aux Francs depuis que Clovis avait remporté sur eux la victoire de Tolbiac, mais ils étaient restés idolâtres. Leur violence de caractère ne put effrayer l'intrépide missionnaire ; au milieu de leurs cérémonies sacrées, il venait renverser les chaudières dans lesquelles ils faisaient bouillir la bière qu'ils offraient à leur dieu Woden ; il mettait le feu à leurs temples ; il jetait leurs idoles dans le lac ; et, malgré les imprécations et les menaces de ces païens, il leur annonçait fidèlement Jésus Christ. Quelques âmes seulement furent touchées par sa prédication, les autres lui demeurèrent hostiles. Il fut réduit, ainsi que ses compagnons, à se nourrir de racines et de fruits sauvages, les indigènes leur refusant tout secours. Parfois un de ses disciples préférés, nommé Gall, homme savant et éloquent, montait le soir dans une petite barque et allait jeter les filets que son maître avait lui-même tissés. Une nuit qu'il veillait dans sa nacelle, en pensant aux humbles pêcheurs du lac de Génézareth qui avaient vaincu le monde par leur foi, il crut entendre deux démons qui se parlaient tout bas. « Viens avec moi, disait l'un ; aide-moi à chasser ces étrangers qui nous ont expulsés de nos temples. — Nous n'y réussirons jamais, répondit l'autre, *car ils prient toujours!* »

Colomban aurait voulu porter plus loin encore la connaissance de l'Évangile. Sa charité embrassait le monde, et les années semblaient augmenter sa vigueur au lieu de la diminuer. Une nuit qu'il était tout préoccupé de son désir d'aller parmi les Slaves, il vit en songe un ange qui lui dit. « Ne t'écarte pas de ta route, si tu veux recueillir le fruit de tes travaux. » Il crut que Dieu voulait par cet avertissement le détourner de son dessein, et il ne pensa plus à quitter Bregentz. Une seule fois il s'en était éloigné pour aller visiter Théodebert, qu'il avait encore trouvé en guerre avec Thierry; éclairé par un mystérieux pressentiment, il l'avait engagé à cesser cette lutte et à prévenir les violences de son frère en se réfugiant dans un cloître. « Un roi mérovingien est-il jamais devenu moine de son plein gré ! » s'étaient écriés les seigneurs austrasiens, surpris et irrités d'un tel conseil. « Eh bien, avait répondu Colomban, s'il ne veut pas l'être de bon gré, il le sera de force. » En effet, ce fut bientôt ce qui arriva. Les deux frères se rencontrèrent à Tolbiac; Théodebert fut vaincu, et Brunehaut, qui ne lui avait pas pardonné d'avoir consenti à son exil en Bourgogne, fit couper ses longs cheveux, signe de sa royauté, le fit revêtir de l'habit monastique et ordonna sa mort.

Thierry devint de cette manière roi d'Austrasie, et Colomban se retrouva sur le territoire de son persécuteur. Une seconde fois il dut s'éloigner. D'ailleurs, les habitants de Bregentz avaient tellement pris en haine les missionnaires, qu'ils leur tendaient de continuelles embuscades et que déjà deux religieux avaient péri assassiné. « Le Dieu que nous servons nous conduira bien ailleurs, » dit Colomban, et il partit pour l'Italie, accompagné d'un seul de ses disciples, nommé Attale. Gall aurait bien voulu le suivre, mais au moment du départ il fut saisi d'un violent accès de fièvre. « Te voilà donc déjà dégoûté de nos travaux ! » lui dit assez durement l'infatigable Colomban. Gall ne méritait pas ce reproche, car il continua avec persévérance dans l'Helvétie l'œuvre d'évangélisation commencée.

Colomban se rendit à travers les Alpes chez le roi des Lombards, Agilulfe, qui lui donna des terres situées entre Gênes et Milan. On nommait ce lieu Bobbio. Bientôt un monastère s'éleva à côté d'une église à demi ruinée qui fut soigneusement réparée. Colomban travaillait avec les ouvriers ; on le voyait, malgré son âge, descendre les sentiers abruptes des montagnes en portant sur ses épaules de lourdes poutres de sapin.

Dans le même temps Thierry mourut subitement, et Clotaire II, appelé par les Austrasiens, qui lui livrèrent la vieille reine Brunehaut et les jeunes fils de Thierry, devint en un jour le seul roi des Francs. Il se souvint alors que l'ancien abbé de Luxeuil lui avait prédit, à son passage en Neustrie, qu'il deviendrait le souverain de la Bourgogne et de l'Austrasie ; il voulut le revoir. Mais Colomban refusa de se rendre à cet appel ; il se contenta d'adresser dans une lettre de sérieux avertissements à ce roi, dont les mains étaient teintes du sang de Brunehaut et de celui des enfants de Thierry II.

Enfin, le 21 novembre 615, Colomban termina paisiblement dans le monastère de Bobbio son existence agitée. L'hostilité qu'il avait trouvée parmi les évêques persista après sa mort. Cinquante ans plus tard, le concile d'Autun ne reconnut et ne recommanda que la règle de saint Benoît, qui avait la sanction de Rome, et qui, peu à peu, domina dans tous les monastères, même dans ceux qu'avaient fondés Colomban et ses disciples.

Il y a quelque chose de mélancolique à penser que le souvenir d'un homme tel que saint Colomban s'est si vite effacé de la mémoire de ses contemporains, et on se sent disposé à répéter les paroles, j'allais dire les gémissements, qu'il laissa échapper devant ses religieux dans un des jours de son exil : » O vie mortelle, combien tu en as trompés, séduits, aveuglés ! Tu fuis et tu n'es rien. Tu apparais et tu n'es qu'une ombre. Tu montes et tu n'es qu'une fumée. Tu es la voie des mortels et non leur vie. Tu commences au péché et tu finis à la mort. Tu n'es qu'un chemin. Il faut donc, ô misérable vie humaine, te sonder, t'interroger, mais ne pas se fier à toi. Il faut te traverser sans séjourner. Nul ne demeure sur un grand chemin ; on ne doit qu'y marcher, afin d'atteindre la patrie. »

Le secret de l'activité merveilleuse et de l'indomptable énergie de Colomban nous est révélé dans ces derniers mots. Il n'a fait de grandes choses que parce qu'il a vraiment *fait profession*, lui aussi, *d'être étranger et voyageur sur la terre*. C'est pour cela que son exemple peut nous être salutaire et que nous n'aurons pas perdu notre temps en interrogeant sa vie. Si nous ne cherchions pas *des âmes* dans l'histoire, vaudrait-il la peine de l'étudier ? Nous intéresserait-elle beaucoup, si elle ne devait être pour nous qu'une galerie de portraits qui nous retraceraient froidement les traits des personnages d'une époque écoulée, les moindres détails de leur costume, et jusqu'aux moulures des meubles de leur appartement, sans illuminer leur front d'un reflet de leurs pensées intimes ? Mais comme tout change, si nous demandons à ces âmes de nous laisser pénétrer dans leur vie intérieure et de nous permettre d'assister à leurs combats et à leurs victoires ! Nous nous mettons alors à aimer les serviteurs de Dieu disparus, et à les suivre avec émotion dans le lointain des âges ; nous souffrons avec eux ; nous prions avec eux ; avec eux aussi nous nous enflammons de ce saint enthousiasme qui fait les héros de la foi. Leur contact nous fortifie. Nous sommes semblables à un homme qu'on aurait arraché à l'atmosphère étouffante d'une grande cité pour le transporter au sommet de quelque pic des Alpes, d'où il dominerait les brumes épaisses qui le glaçaient naguère.

D'où vient donc que parfois aussi notre cœur est soudainement oppressé par un indéfinissable sentiment de tristesse, et que nous retombons sur nous-mêmes, découragés, abattus, sans force et sans parole ?... Ah ! c'est que nous avons jeté un regard sur notre propre vie, et que nous avons été justement effrayés de nous trouver si languissants, si timides.

si attachés aux mille vanités du monde, si heureux enfin dans l'exil, que nous avons presque peur de retourner dans la patrie !

Relevons-nous. Il y a encore des Thierry et des Brunehaut. Il y a encore des âmes qui n'ont du Christ que le nom. Il y a toujours un ciel et un enfer, et Jésus est aujourd'hui, comme autrefois, *le seul nom qui ait été donné aux hommes, par lequel ils puissent être sauvés.* Relevons-nous ! Ce que Colomban fit dans son siècle, nous pouvons le faire dans le nôtre. Les armes de Colomban, notre Dieu nous les donnera, si nous voulons les lui demander. Elles s'appellent la foi et l'amour.

LE MOINE ET L'OISEAU

LÉGENDE

Il y avait une fois un moine...
— A quelle époque vivait-il ? demande un lecteur curieux. De quelle couleur étaient ses cheveux et ses yeux ? Savez-vous toutes les particularités de son caractère ?
— Lecteur, vous voudriez, je le vois, une photographie de mon moine. Sachez-le bien, les légendes n'en disent pas si long que les romans contemporains. Un mot, une indication leur suffisent, et elles nous laissent le soin de recomposer sur ces frêles renseignements le caractère complet du héros, comme Cuvier reconstruisait, avec quelques débris d'ossements, le squelette des animaux qui peuplaient la terre avant le déluge. Mais, si vous le voulez, et quoique je ne sois pas un Cuvier, j'essayerai de combler les lacunes de la légende, tout en lui restant fidèle dans son esprit général.

Ceci bien établi, je me sens à l'aise et je recommence.

Il y avait une fois un moine nommé Pierre Forschegrund. Il était exact aux offices, se levait pour chanter matines sans se faire prier, n'oubliait point de dire ses heures, et, malgré tant de vertus monastiques, n'était aimé de personne. La raison en était bien simple : il n'aimait pas lui-même. Toujours plongé dans ses méditations, semblait-il à ceux qui l'entouraient, — dans ses raisonnements, dirons-nous, nous qui le connaissons mieux, — il n'était animé que d'un seul désir, expliquer l'inexplicable, pénétrer les mystères, transformer la foi en vue. A force de raisonner, trop souvent on déraisonne. A force de se pencher sur un abîme, le vertige vous prend et vous pousse au fond. Ce fut ce qui lui arriva. Un jour il s'aperçut qu'il ne pouvait plus croire. Les Écritures s'enveloppèrent pour lui d'un voile d'obscurité, si épais que son œil ne pouvait plus le percer, si pesant que sa main ne pouvait plus le soulever. Une seule déclaration des saints livres lui revenait obstinément à la mémoire, comme ces idées fixes qui s'emparent de vous dans les heures de fièvre, comme ces insectes qui bourdonnent à vos oreilles et vous harcèlent les jours d'orage. C'était cette parole du Psalmiste : *Mille ans sont devant toi comme un jour et un jour comme mille ans !* — « O mystère, de l'éternité qui te sondera ! » s'écriait-il, et tout bas il ajoutait : « De quoi donc, Seigneur, rempliras-tu nos moments dans ton ciel, pour que sa sainte monotonie ne soit pas un supplice mille fois plus affreux que l'enfer? »

Dieu ne lui répondait plus. Que faire?

« Si j'interrogeais la nature, se dit-il, peut-être me parlerait-elle! » Il sortit donc de son couvent et s'enfonça dans la forêt voisine.

Le soleil resplendissait au ciel. « O soleil, s'écria le moine, toi qui animes toutes choses lorsque tu t'élèves dans l'espace, ne réchaufferas-tu pas la pâle éternité de la lumière? » Le soleil poursuivit sa course sans paraître se soucier de la supplication qui montait vers lui.

Un ruisseau murmurait sous les grands chênes. Il venait de loin et semblait chercher à ralentir sa course; il coulait plus doucement sous ces ombrages séculaires qui le protégeaient, et entre ces rives de gazon aux mille fleurettes qui se penchaient souriantes pour se mirer dans ses ondes. « O ruisselet, soupira Forschegrund, toi aussi tu as peur d'arriver. Tu sais que bientôt tu seras entraîné dans des profondeurs qui t'effrayent, et que les vagues du sombre Océan t'enseigneront à redire sans fin avec elles leur chant qui ressemble à un sanglot! » Le ruisseau se troubla; les fleurettes frissonnèrent mais nulle voix ne répondit.

Un papillon d'un bleu céleste (on aurait dit une fleur envolée) voltigeait autour d'un buisson de roses printanières que le chèvre-feuille et la clématite ennaçaient de leurs festons. « Hélas! dit Pierre, il n'y aura dans le paradis qu'une seule fleur, la fleur radieuse de l'arbre de vie. Mais ne nous lasserons-nous jamais de son parfum ? » Le papillon s'envola à ces mots.

« Quoi ! pas un être n'aura pitié de mon angoisse ! s'écria le moine. Pas un ne me donnera, à défaut d'une lumière, une parole de sympathie! Toi, du moins, petite abeille toujours active, tu me comprendras. Dis-moi ce que tu penses de cette inaction de l'éternité dont la seule idée me glace de terreur. Toujours chanter, toujours prier, toujours adorer, sans fin, sans trêve, sans merci ! Vaut-il bien la peine de tant souffrir, pour obtenir ce désolant bonheur ? »

En parlant ainsi, Pierre se laissa tomber au pied d'un arbre et s'abandonna à sa douleur. « O mon Dieu, dit-il enfin, pardonne-moi ! et révèle-moi, je t'en supplie ardemment, le mot mystérieux que je cherche, le secret de la félicité du ciel. »

Alors le ruisseau s'arrêta, le papillon revint s'abriter sous une rose, l'abeille oublia qu'on l'attendait à la ruche, et dans la profondeur des cieux le soleil même sembla contempler, immobile, un tout petit oiseau qui venait de se poser sur l'églantier. Il se mit à chanter. Dès les premières notes qui sortirent de son frêle gosier, le moine leva sur lui ses yeux humides de larmes. A ce premier mouvement de curiosité succéda une sérieuse attention, puis une émotion profonde, puis un ravissement indicible. Et les heures s'écoulèrent sans qu'il y prît garde.

Virtuose merveilleux, que lui disiez-vous donc ? Ah ! je le sais. Vous chantiez l'amour de Jésus, vous chantiez le bonheur du ciel !

L'oiseau s'envola ; il retourna unir sa voix à celle des anges dans le paradis. Aussitôt le vent apporta jusqu'au fond de la forêt le son de la cloche du monastère qui appelait les moines à la prière du soir. Pierre reprit tout joyeux le chemin de son couvent.

Tout souriait autour de lui. L'abeille lui dit en passant : « Dans le ciel tu seras occupé à faire avec les saints anges la volonté du Seigneur. » — Le papillon quitta l'églantine rosée pour murmurer à son oreille : « Il y a plus d'une fleur à l'arbre de vie. L'éternité ne sera pas trop longue pour admirer les perfections de Celui qui est la souveraine beauté. » — Le ruisseau éleva à son tour sa voix argentine : « Insensé, qui me plaignais tout à l'heure, tu ne savais ce que tu disais ! Cet Océan qui m'attend là-bas change à chaque instant d'aspect sous la lumière qui le transfigure ; de même, sous le regard de Dieu, l'éternité sera incessamment variée dans sa bienheureuse uniformité. » — Les fleurettes s'inclinèrent, et le rayon de soleil qui se jouait parmi elles vint glisser sur le front du moine en lui disant : « Je ne suis qu'une pâle image de l'amour éternel qui réchauffera et vivifiera à jamais les âmes des élus. O Pierre Forschegrund, tu n'avais jamais compris l'amour de Dieu ! »

« Tu n'avais jamais compris l'amour de Dieu, répétèrent ensemble le ruisseau, le papillon, l'abeille, les fleurettes et les grands chênes. Et tu croyais que nous écouterions tes supplications désolées ! Tu ne savais pas que le Saint-Esprit seul peut faire comprendre notre langage au cœur de l'homme. Mais désormais interroge-nous ; tu le peux. Nous répondons à ceux qui aiment. »

Cependant le moine avançait toujours. Enfin il aperçoit l'enceinte consacrée qu'il avait quittée le cœur brisé et où il rentrait plein d'espérance et de foi. Il sonne à la porte. Le frère portier vient lui ouvrir.

— Qui êtes-vous ? lui demande-t-il.

— Pierre Forschegrund... Et vous-même ? Depuis quand êtes-vous ici ? Ce matin vous n'étiez pas parmi nous. De quelle communauté venez-vous ?

Le religieux ne répondait pas

— Pierre Forschegrund, Pierre Forschegrund, disait-il tout bas d'un air surpris et presque effrayé. Depuis ce moine incrédule qui s'échappa du cloître il y a mille ans, personne de ce nom n'a paru, m'a-t-on dit, dans cette sainte maison.

— O mon Dieu, s'écria Forschegrund, sois béni ! Je comprends maintenant qu'un jour puisse être devant toi comme mille ans, et mille ans comme un jour. Si un petit oiseau venant de ton ciel a pu me faire ainsi oublier les heures, que sera-ce lorsque je te contemplerai face à face et que je serai plongé dans ton amour! Je ne t'aimais pas parce que je n'avais jamais regardé la croix; mais maintenant, ô Dieu-Sauveur, je sens que ce ne sera pas trop de toute l'éternité pour te rendre grâces, et pour t'adorer !

UNE EXCURSION AU CHATEAU DE MONTSÉGUR

I

LE CASTELLAR DE PAMIERS

Une des plus grandes jouissances qu'on puisse avoir est certainement de parcourir un beau pays avec la seule préoccupation, non pas d'arriver, mais au contraire de savourer lentement toutes les petites surprises de la route : fleurettes penchées sur le bord des fossés, fraîches chansons rustiques qui éclatent en notes sonores derrière les buissons, ruisseau murmurant qui chemine avec vous en continuant de babiller avec les cailloux luisants qu'il entraîne ; et puis, le clocher à jour qui s'élance au-dessus d'un massif de verdure, et les pauvres églises de village en ruines, auxquelles les années et l'abandon ont apporté la poésie qui leur manquait, alors que sur leurs murailles nues et sur leur toiture de tuiles ne serpentaient pas encore les clématites sauvages et les lierres toujours verts.

Toutefois, il y a peut-être quelque chose de plus doux qu'un voyage, — c'est le souvenir qu'il laisse. Vous le savez bien, il y a dans le souvenir, comme dans l'espérance, plus de charme que dans la joie obtenue ou désirée. Cela vient de ce que, si désillusionné qu'on se prétende, on a toujours une merveilleuse facilité et un secret penchant à mettre le factice, — l'idéal, si vous aimez mieux, — à la place du réel. Ainsi, quand on regarde dans l'avenir pour y chercher un événement heureux qu'on attend, on a grand soin de ne pas voir les ombres du tableau; et ces ombres disparaissent également lorsqu'on se reporte à des heures écoulées et regrettées. C'est pour cela, voyez-vous, qu'il n'y a dans les cimetières que des modèles de toutes les vertus, si l'on en croit les épitaphes. C'est pour cela aussi que lorsqu'on est commodément assis au coin du feu, dans une chambre bien close, et qu'on songe à un voyage passé, on oublie le vent qui vous rudoyait, la poussière qui vous aveuglait, le soleil qui vous grillait, et au bout de tout cela, l'aubergiste qui vous rançonnait; sans compter les terreurs paniques, les pacifiques vaches laitières prises pour des taureaux furieux, et les honnêtes paysans attardés dans lesquels on a cru voir des brigands des Abruzzes. Il y a plus; on trouve les petits malheurs amusants dès qu'on en est délivré; ce sont eux qui donnent du piquant, du relief aux souvenirs et aux récits. On aime toujours un peu à jouer aux héros d'aventures. On ne serait peut-être qu'à demi satisfait si la voiture n'avait pas failli s'en aller droit dans un ravin par une nuit sombre !

Oh ! les voyages ! combien je les aurais aimés ! Mais ce n'est que dans mes heures de rêverie que j'ai vu les grands lacs et les glaciers transparents de la Suisse, les ruines antiques de l'Italie, le ciel étincelant de Naples, et les dentelles de pierre de l'Alhambra. — Rassurez-vous, lecteur, ce n'est pas de ces voyages fantastiques que je viens vous entretenir. Nous perdrions tous les deux notre temps. Je veux seulement retourner de quelques années en arrière, et retrouver les vives impressions, non encore effacées, d'une excursion dans les Pyrénées.

Il ne s'agissait pas de gravir le pic du Midi, ce qui est encore une de mes ambitions, mais tout simplement d'aller visiter, sur un rocher sauvage et nu, les quatre murailles du château de Montségur, célèbre dans l'histoire du treizième siècle par le long séjour qu'y firent les Albigeois. Il y avait là pour nous un double attrait : d'abord, parcourir un admirable pays et aller voir de près ces montagnes qui se déroulaient sous nos yeux, à dix lieues de notre demeure, comme une longue muraille sombre gardant une cité de géants ; et puis, retrouver à chaque pas les souvenirs d'une époque où l'histoire avait les allures d'une épopée et l'intérêt d'un roman.

Nous nous rendîmes premièrement à Pamiers, une des métropoles du département de l'Ariège ; métropole fort peu animée, vous pouvez m'en croire : tout y est triste ; les maisons ont un air mélancolique ; les rues sont silencieuses ; une diligence qui passe met en émoi les paisibles habitants, pour qui tout est un événement dans cette ville aussi morne que le couvent de Carmélites qui s'élève à l'une de ses extrémités. Cet aspect *moyen âge* est d'autant plus frappant qu'il contraste avec l'animation qui règne autour de la cité. A peine a-t-on dépassé la dernière maison des faubourgs qu'on se trouve en face de l'Ariège, la plus impétueuse petite rivière qu'on puisse imaginer. Elle vient de la montagne et elle n'a pas encore perdu ses allures sauvages et indomptées. D'énormes pierres cherchent souvent à l'arrêter ; mais elle ne s'intimide pas pour si peu ; elle fait des sauts, des bonds, des cascades, et elle s'enfuit, en grondant bien fort, sous les grands arbres qui la couvrent de leur ombre. Chemin faisant, elle fait tourner des moulins avec un grand fracas, pendant que les marteaux des usines font entendre, à des intervalles réguliers, un bruit sourd qui ressemble de loin à l'accompagnement monotone d'une mélodie originale et sombre.

Pamiers est dominé par un monticule au sommet duquel s'élevait jadis le *Castellar* des comtes de Foix : on y arrive par une allée en spirale, bordée de gigantesques marronniers d'Inde. Le point culminant n'offre plus le moindre vestige du château féodal, qui a été démoli sous le ministère de Richelieu. A sa place on trouve des bosquets de rosiers, d'acacias, et de cytises aux longues grappes dorées.

Nous nous assîmes là et nous songeâmes à Esclarmonde de Foix.

Lorsqu'elle devint veuve, cette noble châtelaine se retira à Pamiers, où elle embrassa l'*albigéisme*, le *catharisme*, comme on disait dans les premiers siècles, et où elle fonda des écoles et des hospices. C'est une remarquable figure que celle d'Esclarmonde. Son esprit était aussi capable de comprendre les questions théologiques les plus ardues que son cœur était sympathique à toutes les souffrances. Elle se donna tout entière à la cause albigeoise, quoiqu'elle pressentît les orages que ses nouveaux frères auraient à affronter, car elle n'était pas femme à s'effrayer de la lutte.

En attendant le jour des combats, elle se mit à guerroyer en paroles avec les évêques catholiques. Elle voulut voir le catholicisme aux prises avec la religion dont elle était une sorte de papesse. Des conférences eurent lieu dans son château de Pamiers entre Diégo, évêque d'Osma, et saint Dominique, son compagnon, représentants de l'Église romaine, et Guillabert de Castres, suffragant de l'évêque cathare de Toulouse. Plus d'une fois elle plaça son mot dans les discussions, sans tenir compte des remontrances d'un certain frère Étienne de la Miséricorde, qui la renvoyait dédaigneusement *à ses fuseaux*.

Que se passa-t-il dans ces conférences? Qu'était-ce donc que ces doctrines cathares qui enthousiasmaient si fort la savante châtelaine? — Pour pouvoir les exposer avec une parfaite exactitude, il faudrait consulter les livres qui les contenaient. Mais comment faire? L'inquisition a tout détruit. On ne sait sur cette religion disparue que ce que ses juges en rapportent... et lorsque ces juges sont des inquisiteurs, il est permis de se tenir sur ses gardes en examinant leurs procédures... Ne vous est-il jamais arrivé de frissonner tout d'un coup en lisant quelque long réquisitoire d'un avocat général habile à saisir les nuances, à grouper les détails, à interpréter les gestes, les exclamations, et jusqu'au silence d'un accusé? N'avez-vous pas alors pensé, malgré vous, à cette parole de Richelieu : « Donnez-moi quatre lignes de l'écriture d'un homme, et je le ferai pendre? » Or, souvenons-nous que nous n'avons même pas quatre lignes de l'écriture des Albigeois, et cherchons à retrouver la vérité au milieu des accusations portées contre eux.

Il paraît tout d'abord, disent ceux qui ont interrogé tous ces documents oubliés sous la poussière des bibliothèques, que le catharisme n'était point une branche du christianisme, et que c'est bien à tort qu'on l'a nommé parmi les ancêtres de la glorieuse Réformation du seizième siècle. Les philosophies de l'Égypte, de la Perse et de l'Inde, et les enseignements de Platon et de Pythagore semblent avoir concouru à sa formation. Il s'y était mêlé des éléments évangéliques, et de tout cela était résultée une religion étrange, qui, tout en suivant une route bien différente de celle de l'Église romaine, arrivait à professer plusieurs de ses principes.

Au fond du catharisme il y avait, comme au fond de toutes les religions, le sentiment du péché, et la conviction que l'âme souillée ne peut pas se présenter devant Dieu avant que ses fautes soient effacées d'une façon ou d'une autre. Mais, pendant que le christianisme disait : « *Le sang de Jésus-Christ purifie de tout péché. Crois au Seigneur Jésus, et tu seras sauvé* », et qu'il ajoutait : « *Nous sommes créés en Jésus-Christ pour les bonnes œuvres* », les cathares prenaient la fin pour le commencement, le but pour le moyen, la sanctification pour la justification ; ils confondaient le Sauveur avec le Saint-Esprit, ou plutôt c'était le Saint-Esprit qui était leur Sauveur et non pas le Christ, dont ils faisaient un être divin inférieur à Dieu, qui était bien venu sur la terre, mais qui n'avait point habité dans un corps semblable au nôtre ; ceux qui avaient cru à son humanité parce qu'ils l'avaient vu agir parmi eux comme un homme, avaient été victimes d'une illusion de leurs sens imparfaits ; ce corps qui avait servi d'enveloppe à la Sagesse de Dieu était, disaient les cathares, tissu de lumière et de rayons. Aussi le sacrifice du Calvaire n'était-il point pour eux ce qu'il est pour nous ; comment le Christ aurait-il pu souffrir réellement à notre place, puisqu'il n'était pas véritablement homme? Ils n'avaient donc pas le sacrement de la communion, qui dans leur système n'aurait plus eu de signification. Ils n'avaient pas non plus le baptême. Leur sacrement unique était le *Consolament*, c'est-à-dire la transmission du Saint-Esprit, le *Consolateur* promis par Jésus. Pour le recevoir, l'entremise des évêques était nécessaire; eux seuls, et les laïques déjà parvenus à la perfection cathare, avaient le droit de poser les mains sur le front des fidèles agenouillés, et d'appeler sur leur âme l'effusion de l'Esprit de Dieu.

Pour se préparer à ce sacrement, qui plaçait ceux qui le demandaient au rang des *parfaits*, il fallait passer par tous les degrés de la perfection, telle que devaient nécessairement l'entendre des hommes qui croyaient que le monde matériel était entièrement mauvais, ou plutôt qu'il n'avait qu'une apparence fantastique... Ceci peut vous sembler incompréhensible, et même absurde, lecteur; ce n'est pas moi qui me chargerai de vous expliquer cette idée étrange. Je conviens volontiers avec vous que, s'il nous fallait croire, malgré le témoignage de nos sens, que le petit enfant que nous pressons dans nos bras n'a pas réellement un corps, que la fleur que nous respirons n'est qu'une illusion embaumée, et que l'univers n'est qu'un rêve dont nous sommes les pâles fantômes errants, le vertige nous prendrait bien vite ; nous tomberions je ne sais où, dans la folie peut-être. Aussi bien était-ce une folie, celle du raisonnement à outrance et de la logique poussée jusque par delà les limites de l'intelligence humaine, qui avait conduit les cathares à cette doctrine.

Si le monde est un cauchemar, il faut se soustraire à son influence. C'était donc ce qu'essayaient les Albigeois. Pour s'élever à Dieu, ils s'efforçaient de rompre tous les liens qui les tenaient captifs : par la *pauvreté*, ils se séparaient du monde ; par le *jeûne*, un jeûne presque continuel, ils tâchaient d'oublier leur corps ; par le *célibat*, ils s'isolaient de la famille. Cela fait, ils étaient préparés, pensaient-ils, à recevoir le Saint-Esprit.

Il y avait bien dans le catholicisme quelque chose d'analogue, quant aux idées que l'on s'y faisait de la perfection. Mais pendant que dans les monastères on se figurait souvent pouvoir se sauver soi-même à demi, ou aux trois quarts, quitte à recourir à Jésus-Christ pour ce qu'on ne pouvait pas achever, le catharisme croyait que l'homme était entièrement l'auteur de son salut. Nous venons de le voir, c'était lorsque le cathare était arrivé à la perfection qu'il recevait le Saint-Esprit ; et non pas avant, pour y parvenir avec son secours. Le Saint-Esprit n'était même pas pour lui ce qu'est au voyageur son bâton de voyage sur les monts escarpés qu'il veut franchir. Il était la récompense des efforts accomplis plutôt que l'appui de la faiblesse.

Cependant les cathares avaient été forcés de reconnaître qu'il leur restait toujours quelque habitude de péché, quelque inclination mauvaise. Comme ils avaient une juste idée de la parfaite sainteté de Dieu qui ne peut pas souffrir la moindre souillure chez ses enfants, ils en étaient venus à penser que ce que l'homme ne fait pas dans ce monde-ci il le fait dans des existences postérieures ; et qu'après avoir quitté cette terre, il s'en va d'astre en astre continuer et parachever l'œuvre de sa purification, jusqu'à ce qu'il soit digne de *rentrer* dans le ciel.

Quant à l'enfer, vous comprenez qu'il disparaissait complétement dans ce système. Les âmes qui faisaient fausse route dans ce monde retrouvaient leur chemin dans une planète voisine de la nôtre, et tout était dit. Ou bien, si elles s'égaraient encore, elles en étaient quittes pour subir quelques existences de plus. Le salut était une affaire de temps. Satan lui-même, qui avait entraîné dans sa révolte contre Dieu toutes ces âmes d'anges lancées sur la terre, Satan devait aussi rentrer un jour dans le sein de Dieu, comme un exilé dans sa patrie. — Ces âmes d'anges, ai-je dit. C'est qu'en effet le catharisme plaçait le premier péché dans le ciel et non pas dans l'Eden, et qu'il croyait que les hommes étaient des anges déchus expiant sur la terre les fautes qu'ils avaient commises dans le ciel, à l'instigation de Satan.

Vous vous souvenez bien de ce vers célèbre d'un des plus grands poëtes de notre siècle :

L'homme est un dieu tombé qui se souvient des cieux,

et de la paraphrase qui le suit peu après :

> Tout mortel est semblable à l'exilé d'Éden :
> Lorsque Dieu l'eut banni du céleste jardin,
> Mesurant d'un regard les fatales limites,
> Il s'assit en pleurant aux portes interdites.
> Il entendit de loin, dans le divin séjour,
> L'harmonieux soupir de l'éternel amour,
> Les accents du bonheur, les saints concerts des anges,
> Qui, dans le sein de Dieu, célébraient ses louanges ;
> Et, s'arrachant du ciel, dans un pénible effort,
> Son œil avec effroi retomba sur son sort.

Peut-être vous est-il arrivé, comme à moi, d'admirer sincèrement, dans un jour de jeune enthousiasme, cette pensée si harmonieusement développée, sans faire attention que vous étiez à mille lieues de l'Evangile, et sans savoir que vous vous trouviez en pleine théologie cathare ! Ce qui prouve combien facilement nous nous laissons captiver par la mélodie sans prendre garde aux idées qu'elle exprime. Donc, défions-nous de la musique, ou de la poésie comme celle-là, — ce qui est la même chose. — C'est la sirène qui se joue sur les flots avec une grâce charmante, et dont les accents ont une douceur incomparable, mais qui entraîne dans les abîmes du sombre Océan les pêcheurs imprudents qui l'écoutent trop longtemps.

Ainsi que nous l'avons dit plus haut, les cathares avaient puisé leurs dogmes dans les philosophies orientales, et... dans les écrits de l'apôtre saint Jean... Ceci vous étonne?... et moi aussi, je vous assure! O sainte Parole de Dieu, combien d'erreurs se sont réclamées de toi, de toi la vérité éternelle! L'homme a été de tout temps habile à te mutiler, à te torturer, à t'étouffer, ou à te rendre d'hypocrites hommages pour mieux voiler aux regards des croyants ses audacieux projets. Que de baisers de Judas tu as reçus!

Il paraît certain que les Albigeois n'acceptaient de toute la Bible que les écrits de saint Jean, c'est-à-dire son évangile et ses épîtres. Quant à l'Apocalypse, il y a doute. Il est surprenant qu'ils aient su concilier les déclarations de l'apôtre avec leurs propres doctrines. Comment donc n'admettaient-ils pas tout l'Ancien Testament, puisque dans l'évangile de saint Jean les prophéties sont souvent rappelées, citées [1], et qu'il rapporte ce commandement précis de Jésus lui-même : « *Sondez les Écritures, car c'est par elles que vous croyez avoir la vie éternelle, et ce sont elles qui rendent témoignage de moi* [2]. » Certes, il ne favorise pas l'idée que le Christ n'a eu qu'un corps fantastique, car si dans cet évangile la divinité éternelle du Sauveur apparaît toute resplendissante, son humanité, semblable en tout à la nôtre, se dégage aussi très-clairement de tous les récits. Nous y voyons Jésus partager plusieurs fois les repas de ses

---

[1] Jean, I, 23, 45; II, 17; V, 46; VI, 31; VII, 38, 42; XII, 38, etc.
[2] Jean, V, 39.

disciples[1], même après sa résurrection[2]. Nous l'y voyons descendre aux petits détails de la vie vulgaire, et donner, après le miracle de la multiplication des pains, une leçon d'ordre à ses apôtres[3]. Il frémit, il pleure, sur le tombeau de Lazare[4], et loin de regarder les liens de la famille comme des obstacles au perfectionnement de l'âme, il fait son premier miracle au milieu des fêtes nuptiales de Cana, qu'il sanctifie par sa présence[5].

Quant à enseigner qu'il n'y a point de condamnation à redouter, écoutez la terrible déclaration du Précurseur, rapportée par l'apôtre bien-aimé : « *Celui qui ne croit pas au Fils ne verra pas la vie, mais la colère de Dieu demeure sur lui*[6]. » D'ailleurs relisez vous-même l'évangile de saint Jean, et ses épîtres, si imprégnées du sentiment de la misère de l'homme, si remplies aussi de la doctrine de l'expiation par le sang du Christ; puis comparez-les aux dogmes albigeois, et vous serez tout surpris qu'on ait pu y chercher un point d'appui pour de telles rêveries.

Une chose non moins étonnante, c'est que les cathares menaient une vie remarquablement sainte. Cela ferait presque croire que ceux qui ont été à la fois leurs juges, leurs bourreaux, et leurs historiens,

---

[1] Jean, II, IV, XII, XIII.
[2] *Id.*, XXI.
[3] *Id.*, VI, 12.
[4] *Id.*, XI, 33, 35.
[5] *Id.*, II.
[6] *Id.*, III, 36.

leur ont attribué des doctrines qui n'étaient pas les leurs; car il est certain que lorsqu'on pense qu'on a plusieurs existences devant soi, et qu'on ne peut absolument pas être, finalement, autre chose que sauvé, on doit être souvent fort tenté de renvoyer au lendemain les sacrifices que Dieu demande. Quand on est si sûr d'arriver on ne doit pas, semble-t-il, craindre de s'arrêter un peu en chemin.

Eh bien, non. Les cathares ne faisaient pas l'école buissonnière; il faut leur rendre cette justice. Ils marchaient résolûment en avant. Ils se distinguaient parmi tous leurs contemporains par leur douceur, leur charité active, et la délicatesse de leurs sentiments, qui contrastait avec la grossièreté d'une époque où le clergé lui-même était, généralement du moins, plus corrompu qu'on n'oserait le dire. Ils fondaient partout des hospices, des écoles, des asiles. Ils enseignaient, ils consolaient, et il n'y avait point chez eux de cloîtres; ils voulaient rester dans le monde pour le purifier. Aussi étaient-ils aimés des populations, qui ne les appelaient que les *Bonshommes*. Cette épithète de *bon* semble avoir été alors inséparable du titre de cathare; la reconnaissance du peuple sans doute la joignait à leurs noms: *Bonvilain*, *Bonami*, *Bonfils*, étaient des noms communs chez les Albigeois.

On dit qu'il y avait quelque chose de languissant dans leur façon de parler et de mélancolique dans leur attitude. Tels qu'ils étaient, ils fascinaient les âmes. Les nobles dames se passionnaient pour cette nouvelle religion, qui leur rendait dans les conférences théologiques la place qu'elles avaient occupée naguère dans les concours poétiques des troubadours, tandis que l'Église romaine les tenait toujours à distance, et ne leur permettait pas de s'immiscer dans les questions de doctrine. Quant aux seigneurs, ils détestaient le principe, proclamé par Grégoire VII, de l'autorité souveraine du pape et de l'Église sur tout ce qui concernait les biens temporels des rois et des princes; car c'était en vertu de ce principe que les évêques et les moines, abusant de leur influence religieuse, accaparaient les domaines féodaux. Or, le catharisme n'avait ni pape ni moines; il ne voulait rien de la terre; sa devise était : *Lumière et pauvreté*. En l'embrassant, les seigneurs n'avaient pas à craindre de lui des envahissements territoriaux. C'était déjà une raison de l'aimer, indépendamment de l'attrait poétique qu'il exerçait par ses aspirations à une perfection plus qu'humaine.

Nous songions à toutes ces choses lorsque nous étions assis parmi les massifs fleuris qui ont remplacé le château de la docte Esclarmonde. — Peut-être trouvez-vous que nous y sommes restés bien longtemps, et peut-être aussi pensez-vous que si nous faisons souvent de telles haltes, nous n'arriverons jamais au château de Montségur.

Je vous l'ai dit tout d'abord, je n'aime par les trains *express*. N'est-ce pas assez de se hâter constamment dans la vie de tous les jours ? Que du moins il soit permis d'oublier l'heure en voyage.

II

LES RUINES DE MIREPOIX

La route de Pamiers à Mirepoix n'offre rien de remarquable. Je la trouvai pourtant charmante, parce qu'elle nous conduisait à ces montagnes qui m'attiraient si fortement. Parfois elles disparaissaient à nos yeux, et puis, à un détour du chemin, nous les apercevions de nouveau, plus rapprochées de nous, et nous commencions à distinguer les troupeaux qui se détachaient au soleil sur leurs flancs abruptes, comme des flocons de neige éparpillés.

Une élégante et svelte flèche gothique, qui se dressait à l'horizon au-dessus d'une masse noire et confuse, nous avertit que nous n'étions plus bien éloignés de Mirepoix. En effet, nous ne tardâmes pas à voir des lignes lumineuses se dessiner sur ce fond sombre pour en faire ressortir les maisons régulières de la petite ville; elle s'épanouit au bord de l'Ers, dans une enceinte de verdure qui a remplacé les sévères murailles féodales des temps passés.

Nous nous dirigeâmes vers les ruines de l'antique

manoir des Bélissen. Elles couronnent une colline qui ondule en face de la cité, dont elle est séparée par la rivière de l'Ers. Autrefois la ville se trouvait au pied même du château, qui la couvrait de son ombre protectrice ; mais aujourd'hui les champs de maïs ont remplacé les habitations, et la charrue trace de profonds sillons là même où se pressait la population cathare, car après la croisade, les vainqueurs voulant l'éloigner autant que possible du château, dont ils étaient devenus les maîtres, la contraignirent de s'établir sur l'autre rive de l'Ers.

Un chemin étroit, brisé en zigzags, parfois effacé sous de longues herbes, et tout encombré par endroits de débris roulés du manoir, nous conduisit au sommet de la colline. Le château a été rebâti sous François Ier ; ses fenêtres en croix l'attestent. Un large fossé, aujourd'hui comblé, le séparait du donjon situé sur un mamelon plus élevé, au bord même de l'escarpement du coteau. Ce donjon, à demi détruit par le temps, a certainement assisté à la croisade. Nous vîmes sur son portique en ogive de grossières peintures rougeâtres. Des fragments de sculptures détachés de la tour gisent sur le sol. L'un de ces débris, mieux conservé que les autres, a été incrusté au-dessus de la porte d'une maison toute moderne qui s'élève entre le donjon et l'ancien château ; c'est une pierre où sont sculptées les armes de Toulouse, la brebis surmontée d'une croix.

Nous errâmes longtemps parmi ces ruines, mélancoliques témoins des siècles écoulés ; nous ne nous lassions pas de les examiner en tout sens et de les interroger. Nous espérions toujours y trouver, — quoi ? — ce qu'on cherche dans les ruines, une date, un nom, une porte mystérieuse qui s'ouvre sous la pression d'une main un peu tremblante, et qui vous conduit dans de vastes salles souterraines où l'on découvre des tombeaux dont les inscriptions illuminent le passé. — Mais, vain espoir ! nous ne vîmes que l'entrée probable du souterrain qui descend, dit-on, en longues spirales jusqu'aux grèves de l'Ers. Les plâtras la recouvrent si bien que nous fûmes obligés de croire sans rien voir et de nous contenter des révélations de l'histoire. Elles sont d'ailleurs assez complètes sur tout ce qui concerne Mirepoix, pour qu'il soit facile de recomposer dans son esprit les scènes qui s'y sont passées.

Avant la croisade, ce château était la demeure de la famille des Bélissen. Pierre-Roger de Mirepoix, son chef, après avoir été le compagnon de l'aventureux Richard Cœur-de-Lion, se fit remarquer parmi les brillants chevaliers des cours de Foix et de Carcassonne. Il embrassa le catharisme, et ses nombreux vassaux suivirent presque tous son exemple. Mirepoix devint une petite cité cathare, un diminutif des grandes métropoles albigeoises.

Lorsque le pape Innocent III s'effraya des progrès croissants de la nouvelle Église et qu'il contraignit le comte de Toulouse d'expulser les Albigeois de sa capitale, ceux-ci cherchèrent un asile sur les terres de Ramon-Roger, comte de Foix, et Gaucelm, évêque cathare de Toulouse, se réfugia au château de Mirepoix.

On est étonné de trouver un sacerdoce dans une Église dont le Saint-Esprit était le chef. Il est probable que dans l'origine il n'y en eut pas, mais que, peu à peu, le besoin d'une autorité visible, d'un centre autour duquel on pût se grouper, amena ce changement, que nous pourrions appeler la monopolisation du Saint-Esprit par le clergé; car, nous l'avons déjà vu, la transmission du Saint-Esprit se faisait par l'entremise des évêques, ou des *parfaits*, qui ne pouvaient le communiquer que parce qu'ils l'avaient eux-mêmes reçu de leurs conducteurs spirituels. Au sommet de la hiérarchie cathare se trouvaient les patriarches, qui, en souvenir du Christ et de ses douze apôtres, avaient autorité sur un groupe de douze évêques. Les patriarches et les évêques étaient assistés par des *fils majeurs* et des *fils mineurs*, leurs grands vicaires, dirions-nous aujourd'hui. Les diacres et les sous-diacres formaient les degrés inférieurs du clergé, qui se recrutait parmi les parfaits.

Quant au culte, il était fort simple; il se composait d'une lecture de l'Évangile, paraphrasé par un diacre; d'une confession des péchés faite par un laïque au nom de l'assemblée, et de la bénédiction

donnée par l'officiant ; le tout en langue vulgaire.
On ne chantait pas dans le culte, mais on faisait
beaucoup de prières et de génuflexions. Chose singulière ! on répétait l'Oraison dominicale, quoiqu'elle ne se trouve pas dans l'évangile selon saint
Jean ; seulement, au lieu de demander le *pain quotidien*, on demandait *le pain de l'âme*.

Les femmes avaient une grande place dans l'Église
cathare : les *parfaites* exerçaient le sacerdoce inférieur ; il leur était permis de parler et d'enseigner
dans les assemblées, et de donner le *Consolament*. On
les divisait en *diaconesses revêtues* et en *diaconesses
couronnées* ; les unes et les autres étaient soumises à
une archidiaconesse.

A peine arrivé à Mirepoix, l'évêque Gaucelm tint
un synode dans le manoir. Des laïques et des membres du clergé albigeois s'y trouvèrent réunis, et ils
furent unanimes à reconnaître qu'il était urgent de
préparer au sacerdoce cathare un asile plus sûr que
Mirepoix. On pensa au château de Montségur, alors
en ruines, et on chargea une députation d'évêques,
de diacres, et de chevaliers, d'aller demander sa reconstruction à Ramon de Pérelle, seigneur de Montségur. Cette requête fut favorablement accueillie
par ce châtelain, qui fut évidemment en cette occasion le mandataire secret du comte de Foix, souverain du pays, et de la vicomtesse Esclarmonde, dont
les revenus viagers étaient assignés sur Montségur.

Pendant cinq ans, de 1204 à 1209, on travailla

sans relâche à rebâtir l'édifice qu'on destinait à être l'arche de salut du catharisme menacé.

III

LE CHATEAU DE MONTSÉGUR

De Mirepoix, nous partîmes pour Lavelanet ; nous suivions le même chemin que la députation cathare qui alla demander la reconstruction de Montségur. A mesure que nous avancions, nous trouvions un sol plus tourmenté ; les monticules devenaient des collines ; les collines s'élevaient peu à peu, et à l'horizon, au lieu d'une longue chaîne tout unie, telle que nous l'imaginions quelques heures auparavant, alors que la distance rapprochait les groupes de montagnes les uns des autres en jetant de larges ombres sur les intervalles qui les séparent, nous distinguions plusieurs chaînes d'inégale hauteur, des monts boisés et cultivés jusqu'au sommet, et d'autres arides et nus, tout hérissés d'énormes crêtes de roc grisâtre. Enfin, à un détour de la route les ruines de Montségur nous apparurent par une échancrure des montagnes, fièrement assises sur la cime qu'elles couronnent de leur masse carrée. Mais ce ne fut qu'une vision d'un moment. C'était le soir : le soleil, qui empourprait ces hauteurs et leur donnait un air de fête, descendait rapidement pendant que des brumes légères s'élevaient des ravins; elles vinrent flotter à la base du vieux manoir, qui nous sembla suspendu dans les airs, et puis tout disparut dans la nuit sombre.

Lavelanet, où nous devions coucher, est un bourg manufacturier traversé par un torrent qui met en mouvement les machines de ses filatures; à lui tout seul il anime encore la petite cité lorsque les ouvriers ont terminé leur tâche quotidienne, que les ateliers sont fermés, et que les roues et les cylindres semblent aussi se reposer de leur longue journée de labeur. D'ailleurs, nul souvenir encore debout de la croisade albigeoise. Le château féodal a été rebâti au seizième siècle; il n'a pas vu les proscrits s'acheminer tristement vers le suprême asile qui leur avait été préparé à deux lieues de là.

Le lendemain matin, nous quittâmes Lavelanet, et nous nous dirigeâmes vers Montferrier, où nous devions laisser le véhicule qui nous transportait, j'allais dire, qui nous secouait depuis deux jours.

Montferrier est précisément ce village qu'on rêve quand on se prend à désirer quelque coin du monde bien éloigné de tout bruit, où l'on filerait des jours, sinon d'or et de soie, du moins de calme absolu; où l'on n'aurait à craindre ni les préoccupations du lendemain ni les regrets de la veille; où l'on ne serait pas toujours pressé; où l'on pourrait regarder couler la rivière, suivre des yeux les nuages errants, et écouter un peu tout ce que l'imagination dit à ceux qui n'ont rien à faire. — Mais c'est un rêve d'égoïste! — C'est possible, c'est même certain. Je vous confesse pourtant que je le recommençais pendant que, penchés sur le parapet qui borde la place où s'élève l'église de Montferrier, nous voyions écumer le torrent qui gronde au fond d'une étroite gorge de verdure. C'était le seul bruit qui vînt jusqu'à nous. Par intervalles seulement il était couvert par des voix d'enfants qui chantaient des cantiques dans l'église. Des heures auraient pu se passer ainsi sans que nous en eussions conscience.

Hélas! tout finit, surtout les rêves. Les chants religieux cessèrent; les enfants se dispersèrent sur la place, et au bout de quelques instants leurs jeux devinrent si bruyants qu'ils ressemblèrent à des querelles. C'étaient peut-être des querelles, en effet; on s'y trompe quelquefois, surtout dans le Midi; cette langue si accentuée donne, avec ses intonations vibrantes, une physionomie fâchée à la phrase la plus inoffensive et aux intentions les plus amicales. Toujours est-il que nous quittâmes notre retraite envahie, en nous disant que le paradis terrestre n'était décidément pas plus dans les Pyrénées que sous les beaux ombrages de Saint-Germain, et qu'il fallait prendre bravement notre parti de ne trouver nulle part en ce monde la tranquillité absolue; heureux du moins de savoir qu'il y a, dans la cité permanente, « *un repos pour le peuple de Dieu.* »

Nous nous mîmes en quête d'un moyen de transport pour moi, car les voitures ne peuvent pas s'aventurer dans ces routes de montagnes sans cesse ravinées par les pluies, et jamais réparées. Je voudrais vous dire que je montai à cheval ; c'est une noble monture ; mais la vérité m'oblige de vous avouer que je ne trouvai qu'un âne très-modestement harnaché. D'ailleurs, je n'ai que du bien à en dire. Après quelques tentatives pour le faire marcher au milieu du chemin, je le laissai trotter sur l'extrême bord qu'il affectionnait ; j'avais bien un peu peur de temps en temps, quand je mesurais du regard la profondeur des ravins que nous longions ; que faire? il ne semblait pas se douter que celui qui aime le péril périra. Je me décidai à lui laisser une liberté entière : c'est le seul moyen de vivre en paix avec les entêtés. Je ne vous recommande pas ce principe-là en éducation! Mais ici il s'agit d'un âne, et je n'avais pas mission de réformer son caractère. J'aimais bien mieux admirer les montagnes qui nous entouraient.

A notre droite le mont Ferrier étincelait au soleil comme si vraiment il eût été formé du métal dont il rappelle le nom, et dont il avait alors les teintes. La neige avait partout disparu. Je me souviens cependant d'une large tache blanche que je voyais sur un sommet, et qui me faisait grande envie par cette chaleur de juin qui nous suffoquait ; je pensais que rien ne serait plus délicieux que de plonger nos mains dans cette neige et d'en rafraîchir nos fronts. Nous trouvions bien, de temps en temps, quelque mince filet d'eau limpide qui s'efforçait de prendre des airs de torrent, mais cette belle neige lointaine me semblait toujours préférable. Il faut qu'il y ait un charme secret dans tout ce qui est impossible, car c'est l'impossible qui nous attire le plus.

Après avoir cheminé pendant une heure, nous vîmes de nouveau le vieux château au fond de la gorge déchirée qu'il domine. Il était tout près de nous, mais il paraissait inabordable sur ce pic escarpé, et, semblait-il, isolé de toutes parts. Là, le sentier descend brusquement par une pente très-rapide dans un bassin formé par trois montagnes aux flancs recouverts de noirs sapins. Dans cet abîme on est tout surpris d'apercevoir un village; non pas un village d'opéra-comique, aux maisons blanches et riantes tapissées de fleurs grimpantes, mais un vrai hameau des Pyrénées, un ramas d'habitations délabrées, reliées entre elles par quelques ruelles tortueuses encombrées par le fumier, et par une boue si épaisse qu'elle ne semblait pas pouvoir être séchée par le soleil qui dardait sur elle des rayons brûlants. Nous laissâmes là mon coursier aux longues oreilles et nous remontâmes le chemin que nous venions de descendre, pour aller visiter les ruines.

Tout en marchant, nous regardions une montagne

qu'on appelle l'*Aire de l'Espagnol;* elle est séparée de celle qui porte le château par deux kilomètres au moins, et nous nous étonnions de la crédulité des gens du pays, qui répètent de père en fils, avec une gravité tout espagnole, que pendant la construction de la forteresse les maçons se tendaient d'une cime à l'autre la truelle et le marteau. Les légendes merveilleuses abondent dans ce petit coin de terre. On nous avait aussi parlé de gouffres insondables et quelque peu sorciers qui se trouvent dans les environs, et qui sont les réservoirs des tempêtes, des orages, de tout ce qui bouleverse et de tout ce qui détruit.

Il faut croire quelque chose, voyez-vous. Quand on n'a pas la foi, on a des superstitions. N'avez-vous pas remarqué que moins on croit à l'Évangile, plus on croit aux loups-garous? que moins on lit la Bible, plus on est tenté de demander des renseignements aux esprits? Ah! quel gros livre on pourrait faire sur la crédulité des incrédules!

Il semble tout d'abord, comme je vous l'ai dit, que le château n'est pas accessible. Mais vers le sud-ouest le rocher s'abaisse vers le col de la montagne. Arrivés au pied de ce talus encore extrêmement escarpé, à la distance d'un kilomètre environ des ruines, nous commençâmes notre ascension. Le chemin primitif est effacé; il était construit en maçonnerie, ce qui permettait aux mulets chargés d'arriver jusqu'au manoir: à présent, nul sentier que celui des troupeaux qui viennent brouter là des racines de fougère et des rejets de hêtre.

Le voiturier qui nous avait conduits à Montferrier nous avait accompagnés à Montségur. Il était censé me soutenir. En réalité nous nous rendions mutuellement ce service, car nous avions le pied aussi peu montagnard l'un que l'autre. Pendant que je riais de mes continuels soubresauts et des affaires que je me faisais avec toutes les ronces que je rencontrais, il disait à demi-voix : « Ce n'est pas un chemin pour les chrétiens, ça ! C'est bon pour des chèvres. » Et puis il reprenait tout haut : « Il faut qu'il y ait de bien belles choses là-haut, pour que vous ayez tant envie d'y monter. Hum ! nous allons voir. Il faut que ce soit bien curieux. » Notre admiration pour le pays que nous avions parcouru ensemble l'avait déjà fort surpris les jours précédents ; pour lui la terre promise c'était sans doute Paris, son macadam, sa poussière, son tumulte. Les montagnes, les sapins, les torrents ne lui disaient absolument rien ; c'étaient de vieilles connaissances d'enfance dont il était lassé ; il aurait voulu du nouveau. Faut-il s'en étonner ? Le besoin de changement est une des maladies de l'espèce humaine, il y a beau temps qu'on le sait.

Mais bientôt je n'admirai plus rien du tout. Il me sembla que les montagnes s'ébranlaient sur leur base et se balançaient autour de nous, que le sol même qui nous portait glissait sous nos pas, et que les ruisseaux qui serpentaient dans les vallées, et qui ne nous apparaissaient plus que comme des sillons argentés, se mettaient à tracer dans les herbages des arabesques fantastiques toujours nouvelles. C'était un vertige complet qui m'avait saisie. J'avançais péniblement, les yeux attachés sur la terre, et me gardant bien de porter au loin mes regards. Je me demandais avec effroi comment je redescendrais si cet état d'hallucination persistait. Enfin, peu à peu le calme se fit ; les montagnes parurent rentrer dans leur immobilité première ; les ruisseaux reprirent leur cours, et en me hasardant à lever la tête je vis que j'étais tout près de la porte du château. Il y a là un énorme amas de blocs anguleux qui sont probablement le reste des matériaux employés à la construction ; on dirait une petite carrière abandonnée. Sans doute les proscrits arrivèrent dans la forteresse avant qu'on eût eu le temps d'en déblayer les abords.

Ce qui nous frappa le plus en franchissant le seuil du manoir, ce fut son exiguïté relative ; il n'a guère plus de cent pas de longueur sur vingt de largeur ; on est tout surpris que trois ou quatre cents personnes aient pu vivre là. Il est vrai qu'au Moyen Age on ne connaissait pas les raffinements de bien-être dont notre époque use et abuse, ce qui simplifiait les choses. Assurément aucune belle dame de Paris ne s'accommoderait de la demeure et des habitudes des châtelaines du treizième siècle. Les étroiles fenêtres qui devaient laisser passer plus de froid que de clarté, les larges salles pavées, les sièges de bois sculpté point du tout rembourrés, les énormes cheminées où l'on ne pouvait se chauffer qu'en se mettant dans la cendre et presque dans la flamme, tout cela a besoin d'être vu à distance et d'être transfiguré par la poésie.

A l'angle intérieur du sud on trouve un creux carré plein de gravois, où commence, dit-on, un escalier qui descend dans de profonds souterrains qui devaient servir de greniers, de magasins, d'arsenal ; cela agrandissait beaucoup le château. Un second escalier, construit dans l'épaisseur du mur occidental, montait du souterrain au donjon et allait jusqu'à la plate-forme. On en voit encore des vestiges. Maintenant on ne parvient plus au donjon que de la grande salle, par la meurtrière dégradée pratiquée dans le mur de séparation. La voûte de la plate-forme est tombée ; les crénelures même ont partout disparu, sauf sur le donjon.

Nous étions très-fatigués ; nous nous assîmes à l'angle oriental du manoir, sur le bord de l'escarpement, et nous restâmes pendant quelque temps dans une muette contemplation devant ce magnifique horizon pyrénéen. A droite, au fond de la vallée, le village de Montségur aux maisons couvertes de tuiles rouges ; à gauche, le ravin de l'Abès, où paissaient des vaches blanches qui ne nous paraissaient pas plus grandes que des agneaux ; dans le lointain, Lavelanet; en face, vers le sud, un pic triangulaire sans autre végétation que des buissons de rhododendrons qui s'écartaient près de la cime, tout autour de l'ouverture noire et béante d'une profonde grotte. L'Ers, que nous avions déjà vu à Mirepoix, coule au pied de cette montagne. Nous pouvions le suivre du regard dans son cours, depuis les gorges sauvages d'où il descend jusqu'à la forêt de Bélestar, où il nous semblait le voir s'égarer parmi les sapins qui se dessinaient vaguement sur des lointains vaporeux. Le plus brillant soleil éclairait ce paysage; le ciel avait l'air d'une voûte de cristal bleu; aucun bruit de la terre n'arrivait à nous. Nous aurions voulu arrêter le temps et prolonger ces heures charmantes. Elles ont passé bien vite cependant; mais nous avons souvent évoqué leur doux souvenir.

Quant à notre voiturier, il allait de tous les côtés, regardant, furetant, et ouvrant de grands yeux étonnés. Il cherchait « ces belles choses » qu'il s'attendait à admirer avec nous. Quand il vit... qu'il ne voyait rien, que quatre murailles nues, sans autre toiture que le ciel, et sans autres ornements que quelques rares touffes de fleurs sauvages, il vint à nous d'un air moitié désappointé, moitié fâché, et nous dit : « Voilà ce que c'est pourtant que d'avoir étudié dans les livres ! Vous voyez ici toutes sortes de choses, vous deux, et vous êtes bien contents. Moi, je ne vois que des pierres, et si j'avais su cela je ne me serais pas mis tout en nage pour une vieille masure dont les corbeaux ne voudraient pas ! » Ce brave homme nous rappela ce grognard de la vieille garde qui, lorsqu'il racontait qu'il avait entendu de ses propres oreilles le mot fameux de Bonaparte en Égypte : « Soldats ! du haut de ces pyramides quarante siècles vous contemplent, » ne manquait pas d'ajouter, en manière de parenthèse : « Nos généraux les voyaient bien, eux, mais non pas nous autres. » Il aurait été trop long de lui retracer toute l'histoire des Albigeois ; nous nous contentâmes de lui dire en quelques mots ce qui s'était passé à Montségur six siècles auparavant ; et pendant que j'écoutais le récit animé des événements qui avaient amené à deux reprises dans cette forteresse de longues bandes de proscrits, il s'endormit paisiblement. Sans doute il n'avait pas de sang cathare dans les veines.

Voulez-vous que je vous fasse à mon tour ce récit ? Je ne serai qu'un écho très-affaibli, mais, je l'espère, un écho fidèle.

En juillet 1209, la croisade déchaînée par le pape Innocent III contre l'hérésie albigeoise vint du Nord sur le Midi, en trois colonnes qui se réunirent devant Béziers ; les évêques et les principaux seigneurs du Nord avaient tenu à honneur de prendre part à cette guerre. Béziers fut détruit ; il y eut là un épouvantable massacre pendant lequel le légat Arnaud-Amalric, abbé de Citeaux, prononça une de ces cruelles paroles que le fanatisme seul peut inspirer. On lui demandait à quel signe on pourrait distinguer les hérétiques. « Tuez toujours, répondit-il froidement, Dieu reconnaîtra les siens. » De Béziers, l'armée marcha sur Carcassonne, qu'elle assiégea, mais qu'elle ne put prendre que par trahison ; le jeune et vaillant vicomte Roger-Ramon fut invité à une conférence où il se rendit avec confiance, et où il fut déclaré prisonnier.

Carcassonne prise et Roger-Ramon jeté au fond d'une tour, on voulut donner la vicomté à un chef de la croisade. Les princes du Nord refusèrent cet héritage acheté par une félonie, et le légat l'adjugea, au nom du pape, à Simon de Montfort, un favori du roi de France, Philippe-Auguste. Maître de Carcassonne, Montfort se dirigea sur Mirepoix, puis sur Pamiers, dont l'abbé lui ouvrit les portes ; il donna Mirepoix à son lieutenant, Gui de Lévis, et lui tailla un fief qui s'étendait entre Pamiers et les sources de l'Ers ; c'était un territoire d'une quinzaine de lieues. Alors la maison de Bélissen, tous les châtelains dépossédés, et les sommités du clergé cathare se réfugièrent à Montségur, dont on venait de terminer la reconstruction. Il est probable que Philippa, comtesse de Foix, et sa belle-sœur Esclarmonde, emmenèrent leurs écoles et leurs ouvroirs dans la forteresse. Gaucelm, évêque de Toulouse, et son archidiacre, Guillabert de Castres, accompagnèrent les proscrits.

Quelques mois après, Enguerrand de Boves, un des lieutenants de Montfort, prit Lavelanet et vint assiéger Montségur. Remon de Pérelle et les chevaliers, ses hôtes, défendirent vaillamment la forteresse cathare, qui demeura le seul point du midi qui ne fût pas au pouvoir de Montfort, et le seul asile de l'indépendance romane ; car, il ne faut pas l'oublier, il y avait une question politique à côté d'une question religieuse. Là où le pape avait vu d'abord des ennemis de l'Église à combattre, les seigneurs du Nord avaient certainement considéré, avant tout le reste, les belles conquêtes dont on leur ouvrait le chemin.

En 1218, le comte de Toulouse, réfugié en Espagne, revint avec ses compagnons d'exil et reprit sa capitale, sous les murs de laquelle périt Simon de Montfort ; alors le sacerdoce albigeois et les châtelains, qui depuis neuf ans étaient à Montségur, rentrèrent dans Toulouse et se mêlèrent à la guerre qu'entreprenait le Midi pour recouvrer son indépendance. Amaury de Montfort, fils de Simon, fut forcé de se retirer ; il alla trouver le roi de France, Louis VIII, et lui céda les droits dont il avait hérité de son père.

Louis VIII marcha aussitôt sur le Midi, qui ne devait pas jouir longtemps de son indépendance reconquise. Il s'empara de Carcassonne, dont il dépouilla le jeune vicomte, fils de Roger-Ramon. La guerre recommença sur tous les points ; enfin un jour vint où il fallut reconnaître la souveraineté du roi de France (1229). Le comte de Toulouse se rendit à Paris, où il conclut un traité qui le dépouillait au profit du roi de France de la moitié de ses États et ne lui laissait l'autre que viagèrement ; sa fille Jeanne devait en hériter, et on la fiança, malgré son jeune âge, à Alphonse, comte de Poitiers, frère cadet de Louis IX.

Ainsi finit la croisade des Albigeois. Mais à la guerre succéda l'inquisition, croisade judiciaire plus terrible que l'autre, dont les armes étaient les instruments de torture, les lourdes chaînes de fer, et les cachots sans lumière et sans air.

Ce tribunal redoutable, confié d'abord aux évêques, fut livré en monopole aux dominicains. C'était un Ordre prêcheur récemment fondé par Dominique, moine espagnol qui avait été le compagnon de Simon de Montfort. Le premier couvent qu'il avait établi était le monastère de Prouille, dans les environs de Mirepoix. Innocent III avait reconnu cet institut ; il fut définitivement approuvé par Grégoire IX, le cousin et le successeur d'Innocent, qui canonisa Dominique.

Devant cette persécution organisée, le sacerdoce cathare dut monter une seconde fois à Montségur, suivi de tous les châtelains dépossédés qui purent gagner ce dernier asile. C'était en 1232. Ils demeurèrent là jusqu'en 1244 ; alors le sénéchal de Carcassonne, le maréchal Gui de Lévis, l'archevêque de Narbonne et l'évêque d'Albi vinrent assiéger la forteresse, que Pierre Roger de Mirepoix, gendre de Ramon de Pérelle, livra au sénéchal dans la semaine des Rameaux. Tous les *parfaits* de la secte, l'évêque cathare de Toulouse, Bertrand Marti, Corba, femme de Ramon, et une de leurs filles, en tout deux cent cinq personnes, furent brûlées au pied de la montagne, au nom de Celui qui est la miséricorde et l'amour !

Quant à Ramon de Pérelle, il fut chargé de chaînes et conduit à Carcassonne avec ceux de ses compagnons qui n'avaient pas reçu le *Consolament*. Il fut condamné, selon cette formule des inquisiteurs qui glace d'épouvante, « *à l'eau de l'angoisse et au pain de la tribulation, au fond d'une tour où la mort seule devait le savoir vivant.* » En effet, on le mura dans un cachot qui n'avait qu'une étroite ouverture pour laisser passer la nourriture qu'on lui tendait de temps en temps. Gui de Lévis prit possession de Montségur, qui se trouvait compris dans le fief que Montfort lui avait donné trente ans auparavant. Louis IX avait confirmé cette donation. Le château fut démoli en partie, reconstruit aussitôt, et devint un des postes fortifiés de la conquête française. Pendant longtemps, les cathares revinrent errer autour de ce manoir vénéré qui avait abrité leurs frères, et qui avait été le suprême asile de l'indépendance d'un peuple opprimé.

Je vous l'avoue sans peine, une pitié sympathique me saisit au cœur, lorsque je pense à ces malheureux vaincus qui avaient tout sacrifié à la défense de leur nationalité et de leur foi. Ils avaient vu leur territoire envahi et leurs biens confisqués ; ils avaient souffert dans l'exil ; ils avaient souffert encore pour reconquérir leur indépendance et la liberté de leur conscience ; leurs espérances, d'abord réalisées, avaient été bientôt après anéanties. Malgré tout, ils étaient demeurés debout dans la tempête et ils avaient mieux aimé mourir que de trahir leur patrie ou d'abjurer leurs croyances... Qui voudrait leur refuser un hommage d'admiration !

Et pourtant, prenons-y garde. Il ne faut pas que la pitié pour les vaincus fausse notre jugement. Parce qu'on est mort sur un bûcher, il ne s'ensuit pas qu'on ait eu raison. Les doctrines albigeoises étaient entièrement en dehors de la vérité chrétienne, nous l'avons vu. Certes nous devons déplorer qu'on ait employé contre elles d'autres armes que la persuasion et la charité, mais nous ne pouvons pas regretter qu'elles aient disparu.

Disparu ! Est-ce bien sûr ? Montségur a-t-il vraiment été leur tombeau ? Ah ! les erreurs ne meurent pas ainsi. Elles ont la vie très-dure. Pour braver les siècles, elles font le tour du monde ; c'est un de leurs moyens de se rajeunir. Elles changent quelque chose à leurs allures, à leur costume, et un beau jour on les voit reparaître sous le patronage de quelque esprit qui croit être un grand génie, et qui n'a pas su ou pas voulu les regarder de trop près, de peur de les reconnaître. Tenons-nous sur nos gardes en présence de ces prétendus Christophe Colomb de la vérité qui s'écrient : Terre ! lorsqu'ils aperçoivent un écueil, et qui prennent constamment le crépuscule pour l'aurore. Il n'y a pas de vérités nouvelles, et il est facile de réduire tous les systèmes de fabrique humaine à une négation et à une affirmation : ce qu'on nie, c'est l'enfer ; ce qu'on affirme, c'est la possibilité pour l'homme de conquérir tout seul le ciel. Au fond, c'est là toute la doctrine albigeoise. C'est bien là encore ce qu'on entend sans cesse de nos jours. Seulement, au treizième siècle les cathares voulaient glorifier l'homme idéal, et ne se lassaient pas de combattre à outrance tout ce qui était en eux de la terre. Au dix-neuvième, au contraire, c'est la matière qu'on veut mettre sur un piédestal. On ne le dit pas franchement, car c'est une autre tendance de notre époque que de ne pas appeler les choses par leur nom ; on parle de nobles instincts, de sainte nature, que sais-je encore ! Mais écoutez bien. Derrière ces phrases sonores n'entendez-vous pas murmurer : Mangeons et buvons, car demain nous mourrons, et nous mourrons tout entiers ; le corps, l'âme, la conscience, tout périra ensemble. Jouissons de la vie !

Et Jésus-Christ, quelle place lui donne-t-on ? Les Albigeois ne voyaient en lui que le Dieu et non pas l'homme ; notre siècle ne veut reconnaître en lui que l'homme et non pas le Dieu. Au fond cela revient au même ; on ne veut pas qu'il soit le Sauveur ; on comprend bien qu'il ne peut l'être réellement que s'il est vraiment l'Homme-Dieu. Avouer ses péchés et recevoir son pardon au pied de la croix, voilà ce qui révolte l'orgueil humain. On aime mieux prendre philosophiquement son parti d'aller errer après sa mort, si toutefois il y a une résurrection, d'étoile en étoile et de planète en planète, pendant des siècles et des siècles, jusqu'à ce qu'on ait tout expié et tout réparé. Il n'y a pas longtemps qu'on a fait de gros livres pour le prouver. On écrit des romans pour le proclamer d'une façon plus saisissante. On évoque même de prétendus esprits qui viennent d'outre-tombe pour l'affirmer solennellement... O misère ! ô folie ! Et combien on est heureux de s'appuyer sur toi seule, sainte Parole de Dieu, vérité éternelle, qui nous montre le vrai Christ, notre Sauveur, celui que nous pouvons aimer comme notre frère en même temps que nous l'adorons comme notre Dieu, celui qui seul restera debout sur les ruines de tous les faux systèmes humains !

LE CHEVALIER AU BARIZEL

LÉGENDE

Dans le beau temps de la chevalerie vivait en Bretagne un puissant baron qui avait pris tout au rebours ses serments de chevalier. Au lieu de défendre les faibles, il les opprimait. Au lieu de secourir la veuve et l'orphelin, il les dépouillait. Au lieu de vénérer le pèlerin, il lui fermait brutalement sa porte; s'il avait pu en tirer profit, nul doute qu'il ne lui eût arraché son bourdon, et s'il y avait eu quelque chose dans sa besace, il l'aurait vidée de grand cœur. Les marchands n'osaient plus s'aventurer autour de sa demeure, car ils savaient que ce farouche veilleur, toujours au guet, s'élancerait sur eux. Quant aux pauvres serfs, ils tremblaient en songeant à lui, et ce n'était que bien bas qu'ils prononçaient son nom redouté, si bas qu'il n'est pas venu jusqu'à nous. Nul n'élevait la voix en sa présence, sinon le corbeau et le hibou. Nul ne venait le saluer en passant, excepté le vautour, son compère. Dès qu'il paraissait dans les vastes salles, ses varlets semblaient se pétrifier, les chevaliers de sa suite sentaient leur courage les abandonner, et les tourne-broches s'arrêtaient d'eux-mêmes.

Un jour, — c'était le Vendredi-Saint, — le sire se leva le premier, et fit un grand tapage pour réveiller son monde. Lorsque tous furent réunis autour de lui, il commanda de sa plus grosse voix qu'on lui préparât un festin splendide et qu'on allât querir, pour y prendre part, les châtelains d'alentour. Très-scandalisés d'un tel dessein, en un tel jour, les serviteurs s'entre-regardèrent, et chacun sembla dire à son voisin : C'est à toi de parler. Dans le groupe des chevaliers, ce furent mêmes façons. Enfin, le plus âgé d'entre eux s'enhardit au point d'oser dire en face au sauvage baron :

— N'espérez pas que nous participions à ce banquet impie, et que nous nous réjouissions avec vous pendant que l'Église pleure ses péchés aux pieds de son Dieu crucifié ! Nous voulons aller aujourd'hui consulter un saint ermite qui vit dans la forêt voisine. Seigneur, venez-y avec nous. Vous avez jusqu'ici donné toutes vos journées au diable. Donnez une fois une heure à Dieu.

Ici le vieux chevalier crut que le moment de passer de vie à trépas était arrivé pour lui, tant fut terrible le premier regard du châtelain courroucé. Mais il se calma soudain et partit d'un grand éclat de rire. Ah! quel rire! L'orfraie en fut réveillée; elle s'élança tout éperdue dans la grande salle avec un cri qui glaça d'épouvante les assistants, à l'exception du farouche rieur.

— Soit, messires, en marche; je le veux bien, dit-il. Ce n'est pas que je me soucie de votre diseur de patenôtres; mais je me réjouis fort de voir vos mines contrites et d'assister à vos génuflexions.

Tous montèrent à cheval, et lorsque le dernier chevalier eut disparu derrière les arbres on entendit dans le manoir un grand soupir de satisfaction. Pour la première fois, depuis longues années, on osa y parler tout haut. Pendant ce temps le baron chevauchait en chantant à pleine voix des refrains qui faisaient rougir les chérubins, tandis que ses compagnons demandaient tout bas à Dieu de toucher ce pécheur endurci.

Arrivés au seuil de la rustique chapelle :

— Allez, allez, âmes droites, dit le baron aux chevaliers. Je vous attendrai ici. Qu'ai-je à faire dans cet oratoire? Si je pouvais recommencer ma vie, vraiment je n'y changerais rien.

Sur ce, il abattit d'un coup de son épée un petit nid de mousse à demi-caché dans un buisson. Il sortit alors de la feuillée un gémissement si plaintif qu'un rouge-gorge, qui célébrait le printemps, s'arrêta court au milieu de sa phrase, et qu'une vieille corneille à tête blanche s'écria tout indignée : Malheur! malheur! — Le sire n'y prit pas garde. Il avait un autre souci. « Hélas ! se disait-il, qui sait si dans ce moment même quelque riche marchand ne passe pas devant mon manoir ! J'aurai perdu ma journée, et ce manant se rira de moi. »

Cependant les chevaliers sortirent de la chapelle et l'ermite parut à leur suite. La paix du ciel rayonnait sur son front. Il s'avança d'un air doux et humble vers le châtelain et lui dit d'une voix émue :

— C'est aujourd'hui, seigneur, que l'Église célèbre le sacrifice de Jésus-Christ, notre Rédempteur. Moi, son serviteur très-indigne, je viens vous supplier en son nom d'avoir compassion de votre pauvre âme. Dites-moi, ne voulez-vous pas obtenir votre pardon du Roi des rois ?

— Que parles-tu de pardon ? interrompit vivement le baron ; apprends que je ne dois compte ni à ton Christ ni à toi des actions qu'il m'a plu de faire. Je les ai trouvées bonnes ; cela suffit.

— Hélas ! sire, songez-y bien. A présent il en est temps encore. Mais si vous lassez la patience de Dieu, un jour viendra où vous le chercherez en vain, et alors...

— Et alors?... dit en ricanant le baron ; achève donc. Tu veux me parler de l'enfer, n'est-ce pas ? Sache que je n'en ai nulle peur. Ton Dieu oserait-il bien m'y condamner ?

— Malheureux ! s'écria le moine ; si tu ne t'amendes pas, tes victimes te salueront du nom de maudit à ton arrivée dans la vie éternelle, et Dieu n'aura même pas besoin de t'apprendre ton épouvantable sort.

Le châtelain cessa de rire.

— Or çà, dit-il rudement, que dois-je donc faire, à ton avis, pour que le ciel me soit ouvert ? Parle, et surtout trêve aux longs discours.

— Il faut d'abord, répondit l'ermite, que vous confessiez vos péchés. Ensuite vous remplirez ce petit tonneau que vous voyez au seuil de la chapelle. Cela fait, je vous enseignerai le chemin du ciel, et votre cœur sera tout joyeux.

— Si tu te moques de moi, cria le baron d'une voix tonnante, tu payeras cher ta raillerie. Messires, quittez incontinent ces mines piteuses que vous faites là-bas, ajouta-t-il en s'adressant aux chevaliers qui priaient pour lui d'un grand cœur, et venez écouter le récit de ma vie. Malheur à celui qui m'interrompra, sinon pour me dire : C'est bien !

Certes l'homme de Dieu avait entendu plus d'une confession effrayante, car plus d'un brigand était venu en pleurant et en se frappant la poitrine lui confier ses remords. Pourtant il frissonna tout autant que les chevaliers à cette longue énumération de crimes de toutes sortes. Le baron avait tout fait, hormis une bonne action. Lorsqu'il eut tout raconté, je veux dire lorsqu'il eut terminé l'histoire d'une de ses journées prise au hasard, (elles s'étaient toutes ressemblées comme des sœurs nées à la même heure), il prit le petit baril et se dirigea vers la fontaine, qui cessa bien vite de murmurer en apercevant cette sombre figure où la colère et le dédain se reflétaient tour à tour. D'une main hardie il plongea dans l'eau e barizel, mais, chose étrange, pas une goutte n'y entra.

— Tu as bouché ton tonnelet, détestable ermite, cria le baron.

Et vite il introduisit dans l'étroite ouverture une baguette de coudrier qu'il tourna et retourna en tout sens ; cela fait, il recommença l'épreuve, mais, le croirez-vous ? sans plus de succès que la première fois. Alors, l'œil en feu, la joue empourprée :

— J'en fais le vœu, moine maudit, je remplirai ton barizel, et je saurai ton secret. Si tu t'es joué de moi, malheur à toi !

Puis il sauta sur son cheval et partit au triple galop.

Au bord de l'Océan il s'arrêta. Les vagues arrivaient avec un grand bruit. Elles venaient heurter encore ces falaises de granit qu'elles assiégeaient en vain chaque jour, et lorsqu'elles s'affaissaient, épuisées sur elles-mêmes, elles semblaient appeler à leur aide les flots qui blanchissaient à l'horizon. Le baron plongea son barizel dans les eaux frémissantes... Mais... pas une goutte ne voulut y entrer. Il alla plus loin, plus loin encore ; il faillit être emporté par les vagues. Peines perdues ! le barizel resta vide. Alors il recommença sa course effrénée à travers les champs et les monts, prêtant l'oreille au moindre murmure qui lui révélait une source. Hélas! toujours le barizel restait vide.

Désespéré et furieux, le sire se mit à repasser dans son esprit toutes les paroles du moine.

— J'ai deviné! s'écria-t-il tout à coup; ah! ah! mon père, ce n'était point de l'eau que vous vouliez dans votre tonnelet, mais de beaux écus d'or pour vous bâtir une chapelle! Eh bien, vous les aurez. Et quand je saurai votre secret, vous mourrez, j'en fais le serment!

En disant cela il déchira de ses éperons les flancs de son coursier hors d'haleine et regagna son manoir. Il rassembla précipitamment auprès du barizel tous ses écus d'or et d'argent, avec les colliers de perles et les bracelets précieux qu'il avait enlevés aux marchands. Tout passa par l'étroite ouverture du petit tonneau. Tout! et, chose singulière, il ne paraissait pas encore près d'être rempli. Le baron retourna fouiller dans ses bahuts. Puis, lorsqu'il ne trouva plus dans ses larges coffres ni un seul écu d'or, ni une seule perle, ni un seul rubis, ni une seule pièce de cuivre, il brisa ses aiguières d'argent et en jeta avec colère les débris dans le barizel. Ensuite il le prit dans ses bras pour le porter à l'ermite... O surprise! tous les trésors gisaient par terre, et le barizel était vide!

Le baron s'arracha les cheveux, tempêta, hurla, frappa du poing le petit tonneau, et courut à l'ermitage.

Le vieux moine fut arraché à son oraison par une rude main qui s'abattit sur son épaule, et par les plus effroyables imprécations qui soient jamais sorties de la bouche d'un mécréant.

— Ta dernière heure est arrivée, dit enfin le baron d'une voix étranglée par la colère, tu achèveras ta prière dans le ciel, ou dans l'enfer.

Et il tira sa longue épée hors du fourreau.

— Frappe, dit avec douceur l'ermite. Je mourrais avec joie si j'osais espérer que ce nouveau crime fit entrer le repentir dans ton cœur.

Le châtelain laissa tomber son glaive sur le gazon et demeura immobile, l'œil fixe et l'air épouvanté. Qu'avait-il donc aperçu? Ah! quelque chose de bien affreux !... son âme! Pour la première fois il la regardait, et soudain ce chevalier qui n'avait jamais eu peur se mit à trembler comme un enfant. Il lui sembla qu'un cercle de fer enserrait son cœur et l'étouffait, pendant que le soleil s'enfuyait, et que du sein des ténèbres s'élevaient des voix menaçantes qui lui criaient : tu es maudit!

— Grâce, soupira-t-il faiblement, Seigneur, pardonne, Seigneur, aie pitié.

Puis une larme tomba de sa paupière, larme d'angoisse, larme de repentance, toute brûlante, qui creusa un sillon dans sa joue.

— O mon fils! dit l'ermite en pressant dans ses bras le pécheur humilié, regarde maintenant le barizel.

Merveille! Cette seule larme l'avait rempli.

Mais nulle joie ne parut sur le front du baron. Il pleurait toujours, et toujours il répétait : « Grâce, Seigneur, aie pitié ! »

— O mon fils ! s'écria le solitaire, il a déjà eu pitié de toi, de moi, de nous tous ! Détourne maintenant tes regards de toi-même et élève-les vers lui... Je t'ai promis de t'enseigner le chemin du ciel. Regarde : le chemin, c'est encore lui. Vois : c'est pour te recevoir sur son cœur qu'il étend ses bras sur la croix, et c'est pour écouter ton gémissement qu'il incline vers toi sa tête couronnée d'épines. Ne crains plus. Il a tout expié à ta place. C'est dans son sang qu'il lavera ton âme. A genoux ! Bénis le Dieu de ta délivrance.

Le baron pleurait encore, mais c'était de joie..... O joie du salut, quelles paroles pourraient vous exprimer !

— Mon Sauveur, disait-il, mon Sauveur ! Je suis à toi, je me donne à toi. Dès maintenant tu es mon maître, mon roi, mon refuge, mon espérance, mon bonheur, mon amour, et je voudrais avoir mille vies pour te les consacrer.

Alors on entendit dans la profondeur des cieux les accords lointains des harpes angéliques, et le vent du soir apporta sur ses ailes le chant d'allégresse des chérubins et des archanges : « Il est sauvé, Gloire à Jésus ! »

FRANÇOIS D'ASSISE

Bossuet ayant à prononcer le panégyrique de François d'Assise, le commença en déclarant qu'il ne voulait autre chose que « le faire passer pour un insensé, » et que c'était là l'éloge qu'il lui destinait[1]. Il est certain qu'en présence d'une recherche enthousiaste de tout ce qui répugne à la chair, d'une rupture complète avec le monde et ses habitudes, et d'un zèle de missionnaire que rien ne peut ralentir, l'incrédule doit sourire de piété. « Eh quoi ! dira-t-il, sacrifier les richesses, les plaisirs, les honneurs de la terre, dans le seul but de glorifier un rabbin juif, déifié par quelques pêcheurs illettrés et par quelques femmes hallucinées ! quelle démence ! » Mais, pour le chrétien qui se souvient que « *Dieu a choisi les choses folles de ce monde pour confondre les sages,* » une semblable vie vaut la peine d'être regardée, et quelles que soient les erreurs qu'elle puisse renfermer, elle doit contenir un exemple, une leçon tout

---

[1] *Bossuet,* tome IX.

au moins. Laissez-moi donc vous la raconter brièvement. Nous essayerons ensuite de traverser les brouillards de la légende, d'oublier les feux de Bengale des panégyriques, et de considérer François d'Assise à la lumière du soleil, c'est-à-dire de l'Évangile.

Après une jeunesse passée dans les plaisirs, au sein d'une famille riche et considérée, dont il était l'enfant préféré, un immense dégoût des joies de la terre vint peser sur l'âme de François. Il lui sembla que la gloire militaire était plus digne d'être recherchée que tous ces banquets dont il était sans cesse l'ordonnateur et le héros, et il partit d'Assise pour aller se mêler aux combats qui se livraient en Pouille. Comme il était en chemin, la gloire militaire lui parut, elle aussi, une vanité. « Dieu est si riche et l'homme si pauvre ! pourquoi laisses-tu l'un pour l'autre ? » lui dit en songe une voix qu'il prit pour la voix même du Seigneur. Troublé par cette parole qui semblait contenir un tendre reproche et un mystérieux appel, François retourna chez son père. Là, ses anciens compagnons l'entourèrent, et bientôt il reprit goût aux fêtes mondaines qu'il avait abandonnées naguère. Mais la voix qui lui avait parlé à Spolète ne s'était pas tue pour toujours; en sortant d'un festin il l'entendit encore, et, plein d'émotion, il interrompit pour l'écouter le chant joyeux qu'il répétait avec ses amis. — « Qu'as-tu donc ? A quelle fiancée rêves-tu ? » lui demandèrent ceux-ci tout surpris. —

« Vous avez bien dit, répondit François; je songe à la plus belle, à la plus noble, à la plus riche des fiancées. »

On comprit le sens mystique de cette parole, lorsqu'on le vit se retirer dans une grotte et y passer ses jours dans la prière, en se disant à lui-même, pour s'affermir dans sa résolution : « François, il te faut haïr et mépriser ce que tu as aimé jusqu'ici. »

Cependant il n'entrevoyait que confusément la mission dont Dieu voulait le charger. Un pèlerinage à Rome passant en ce temps-là pour un moyen infaillible d'obtenir une réponse d'En-haut, il se rendit à la ville éternelle. Là, au lieu de solliciter l'entretien des grands dignitaires de l'Église, il fit des pauvres et des mendiants sa société de prédilection ; on raconte qu'il échangeait souvent ses vêtements contre les leurs, et qu'en revenant à Assise il descendit de cheval pour embrasser un lépreux, dont la vue lui avait d'abord fait horreur, parce que, au moment de se détourner de ce malheureux, il s'était souvenu que celui qui veut servir le Seigneur doit apprendre avant tout à se vaincre lui-même.

On le vit dès lors rechercher toujours plus la solitude et les longues prières dans les églises. Un jour, étant entré dans la chapelle de Saint-Damien, située hors de la ville d'Assise, et près de s'écrouler, il se prosterna devant le crucifix; pendant qu'il le regardait, les yeux baignés de larmes au souvenir des souffrances du Fils de Dieu, il crut entendre une voix qui lui dit à trois reprises : « François, ne vois-tu pas que ma maison tombe en ruines? Répare-la ! » Un autre aurait peut-être cherché le sens spirituel de cet ordre, mais la pensée de François n'alla pas au-delà des murailles dégradées qui l'entouraient, et, prenant ce commandement dans sa signification immédiate et matérielle, il courut chez son père, s'empara de quelques pièces de drap fin que ce riche marchand avait en réserve, les vendit, et en apporta le prix au desservant de Saint-Damien. Grande fut la colère de Pierre Bernardone! Il était déjà fort mal disposé pour son fils depuis qu'il le voyait délaisser de plus en plus sa famille et lui préférer la compagnie des pauvres. Lorsqu'il vit qu'il ne se contentait plus de se dépouiller pour eux de ce qui lui appartenait en propre, il en appela à l'évêque pour mettre ordre à une prodigalité qui, pensait-il, les conduirait tous à la ruine.

L'évêque représenta au jeune homme que Dieu ne pouvait pas accepter un bien injustement acquis. Alors, rompant les derniers liens qui l'attachaient au monde, François déclara qu'il ne conserverait pas même les habits que son père lui avait donnés, et, ne gardant que son cilice, il s'écria qu'il dirait désormais : « Mon père qui est dans les cieux, et non plus : Mon père Pierre Bernardone. » Puis, s'enveloppant d'un manteau que l'évêque lui remit par charité, il s'éloigna d'Assise en chantant les louanges de Dieu, et alla s'établir dans une cabane d'où il sortait pour soigner les lépreux ou pour solliciter des aumônes qu'il employait à réparer des églises, afin d'exécuter l'ordre qu'il avait reçu du Seigneur. Il releva ainsi les chapelles de Saint-Damien, de Saint-Pierre et de Notre-Dame-des-Anges; celle-ci, nommée aussi la Porzincula, devint son sanctuaire de prédilection, parce que, dit-on, ce fut dans cette église que Dieu lui donna la certitude du pardon de ses péchés.

Deux années s'écoulèrent. Un jour que François entendait la messe à la Porzincula, la lecture de l'Évangile l'impressionna tout particulièrement. A l'ouïe de ces paroles : « *Ne faites provision ni d'or, ni d'argent, ni de monnaie dans vos ceintures, ni de sac pour le voyage, ni de deux robes, ni de souliers, ni de bâton,* » il s'écria tout joyeux : « Voilà ce que je cherchais! voilà ce que je désire de tout mon cœur! » A l'heure même, il ôte ses souliers, laisse son bâton et sa besace, se promet de renoncer à l'argent, et ne veut plus conserver qu'une tunique, dont il remplace la ceinture par une corde, s'efforçant ainsi d'accomplir littéralement les préceptes du Seigneur. Ceci se passa en 1209. Il se mit alors à prêcher dans les rues d'Assise; toutes ses exhortations commençaient par ces mots : « Que Dieu vous donne la paix! » et sa parole simple et convaincue alla au cœur de quelques hommes qui se joignirent à lui. « Ne craignez pas, leur dit-il, parce que vous êtes petits et que vous semblez fous; ayez confiance au Seigneur qui a vaincu le monde; son esprit parlera pour vous. »

Ils avaient besoin, en effet, d'une grande et ferme résolution pour persévérer dans leur vie austère malgré les quolibets et les injures dont on les accablait. On les traitait de vagabonds, de fainéants, on les poursuivait en leur jetant des pierres, et ils étaient souvent obligés de passer la nuit couchés sur la terre, aux portes des églises. François les conjura de n'employer contre leurs ennemis d'autres armes que la douceur et la patience, et leur enseigna, par son exemple autant que par ses discours, à se réjouir comme d'une grâce pour toutes les choses qui leur manquaient. Il les exhortait sans cesse à « ne point juger ceux qui vivaient délicatement, » et à se souvenir que « Dieu était aussi leur maître et pouvait les appeler à lui. » — « Plusieurs, disait-il, qui vous paraissent être les membres du diable seront un jour disciples de Jésus-Christ. »

Innocent III lui-même reçut assez mal François d'Assise lorsqu'il alla lui demander humblement de donner sa sanction à la règle qu'il avait faite pour ses onze premiers disciples. Une pauvreté absolue sembla une chimère au pontife-roi; un renoncement aussi complet lui parut au-dessus des forces humaines, et il fut tout près de renvoyer les pénitents sans leur accorder son approbation. Cependant il se ravisa, comprenant sans doute que l'Église trouverait un puissant auxiliaire dans un Ordre dont l'influence pourrait pénétrer partout ; et, sans vouloir encore s'engager officiellement, il assura verbalement les nouveaux religieux de sa protection, et leur permit de recevoir la tonsure, afin d'avoir comme clercs le droit de prêcher.

En revenant à Assise, les Frères *Mineurs* (ce fut le nom que François leur donna par humilité), se retirèrent dans une cabane abandonnée qui devint leur premier couvent. Ils n'avaient alors ni Bible ni missel ; leur livre était une croix de bois plantée en terre, autour de laquelle ils priaient. Un peu plus tard, ils s'établirent dans la Porzincula, que François demanda pour eux aux Bénédictins, qui en étaient possesseurs.

Peu à peu le nombre des Mineurs augmenta, et la règle primitive, qui n'était qu'une paraphrase du Sermon sur la Montagne, reçut des modifications qui déterminèrent exactement le but de l'Ordre nouveau et la manière de vivre des religieux. Ils se réunissaient, disait la règle, « pour vivre selon l'Évangile de Jésus-Christ, dans la pauvreté. » Ils ne devaient rien posséder en propre ; un froc en drap grossier et un manteau à capuchon devaient composer leur vestiaire. Ceux qui avaient un métier devaient l'exercer, et donner aux pauvres tout le profit qu'ils en auraient, à l'exception de ce qui leur serait indispensable pour se procurer une chétive et grossière nourriture. Dans son *testament*, François dit plus tard « qu'il avait travaillé, qu'il voulait travailler, » et qu'il entendait que les frères qui n'avaient pas de métier en apprissent un, « à cause du bon exemple, et pour chasser l'oisiveté; » recommandation qui fut vite oubliée, pour le dire en passant, puisque, vers 1260, un des successeurs de François dans la direction de l'Ordre, saint Bonaventure, se plaignait déjà que les Mineurs fussent devenus des paresseux et des vagabonds.

Lorsque leur travail ne leur rapportait rien, les frères devaient « avoir recours à la table du Seigneur, » c'est-à-dire à l'aumône des fidèles. Ils étaient tenus de jeûner depuis la Toussaint jusqu'à Noël, et ils avaient, outre le carême ordinaire, un carême facultatif qui commençait à l'Épiphanie. Le reste du temps ils ne jeûnaient que le vendredi. Il leur était dit de manger sans scrupule ce qu'on placerait devant eux quand on leur accorderait l'hospitalité. Ils ne devaient monter à cheval que lorsque les infirmités ou une absolue nécessité les y contraignaient. En entrant dans les maisons, ils devaient dire tout d'abord : « Paix à cette maison ! » Il leur était recommandé d'éviter soigneusement les discussions, à cause du trouble qu'elles peuvent mettre dans l'âme, et de gagner les cœurs à l'Évangile par la douceur et la persuasion. La règle ajoutait que ceux qui voudraient aller prêcher les infidèles pourraient partir, après en avoir obtenu la permission. Les couvents ne devaient être que de pauvres habitations, sans meubles et sans ustensiles de cuisine, dans lesquels la terre nue servirait de lit, et une pierre d'oreiller. Les églises seraient simplement ornées, car les Mineurs devraient toujours faire passer le soulagement des indigents avant toute autre dépense. — « Si je ne donne pas ce que j'ai à celui qui en a plus besoin que moi, disait à ce sujet saint François, c'est un vol que je fais au grand aumônier du ciel. » Et plus d'une fois on le vit, dans les hivers les plus rigoureux, se dépouiller en faveur des mendiants des vêtements qu'il venait de recevoir pour lui-même.

Une obéissance sans limite était due au supérieur. Interrogé sur ce point, François se servit d'une image effrayante, dont un autre Ordre devait beaucoup abuser dans la suite. « Celui qui sait vraiment obéir, dit-il, doit être semblable à un cadavre. »

En 1212, une jeune fille belle et riche, nommée Claire Scifi, fut touchée par l'exemple de renoncement absolu que donnaient les Frères Mineurs; elle s'entretint avec François de son désir de rompre, comme lui, avec les joies du monde pour se consacrer à Dieu, et, fortifiée par ses encouragements, elle quitta la maison paternelle à l'insu de ses parents. Rien ne put ébranler sa résolution. D'autres femmes, exaltées par ce spectacle, la rejoignirent dans sa retraite, et une communauté de religieuses dont elle fut la première abbesse s'établit non loin d'Assise, sous la direction spirituelle de François. Mais, au lieu de faire des *Clarisses* un Ordre parallèle à celui des Mineurs, en les employant à consoler les affligés, à soigner les malades, à prendre soin des enfants délaissés, François leur interdit toute communication avec le monde. Il les voua à la contemplation, à un silence presque absolu, et à une pauvreté tellement complète qu'il ne leur permit même pas de solliciter les aumônes des fidèles ; elles devaient les attendre avec confiance, et ne jamais dépasser l'enceinte consacrée.

Cette rigueur contraste beaucoup avec le genre de vie qu'on menait à cette époque dans les monastères. Dans cette même année 1212, le concile de Paris défendait aux religieuses *de faire des danses dans le cloître ou ailleurs*, et de s'absenter sans permission ; le concile d'Oxford devait, dix ans plus tard, leur défendre les ceintures de soie et les ornements d'argent et d'or sur leurs habits [1]. Ces interdictions donnent la mesure de ce qu'elles se permettaient, et font comprendre, sans l'approuver, la réaction dont François d'Assise fut le chef, sans en avoir lui-même conscience, probablement.

En 1219, le premier chapitre général de l'Ordre se réunit à Assise ; les Frères Mineurs étaient au nombre de cinq mille. François, qui avait hésité à deux reprises sur la question de savoir si ses religieux

---

[1] Histoire ecclésiastique de l'abbé Fleury. Tome XVI, pages 311 et 543.

devaient s'appliquer uniquement à l'oraison, ou s'ils devaient s'employer aussi à la prédication, était alors tout à fait sorti d'incertitude. Il avait demandé à Claire, et à un de ses disciples nommé Silvestre, de prier pour que la volonté de Dieu leur fût pleinement révélée, et fortifié par la réponse qu'ils avaient reçue d'En-haut, il avait partagé sa vie et celle de ses frères entre la contemplation et l'action. En 1216, il avait envoyé en Espagne frère Bernard de Quintevalle, le premier compagnon de sa vie austère; dans le nord de la France, un ancien trouvère, qu'on avait jadis surnommé *le roi des vers,* et qui ne s'appelait plus que frère Pacifique; en Allemagne, Jean de Penna, avec soixante frères; en Angleterre, enfin, frère Ange et frère Albert. « Allez deux à deux, leur avait-il dit, annoncez la paix à tous, et que votre conduite soit telle parmi le monde que quiconque vous verra ou vous entendra loue le Père céleste. Souvenez-vous que quelque part que nous soyons, nous avons toujours notre cellule avec nous : c'est notre frère le corps, et notre âme est l'ermite qui demeure dans cette cellule pour prier et penser à Dieu. C'est pourquoi si l'âme ne demeure pas en repos, la cellule extérieure ne sert guère aux religieux... Ne donnez à personne occasion de colère, mais par votre douceur portez tout le monde à la bonté, à la paix et à l'union... Nous sommes appelés pour guérir les blessés et pour chercher les errants. » Quant à lui, il aurait bien voulu partir aussi pour quelque contrée lointaine, et il n'était demeuré à Assise que sur les instances du cardinal Hugolin, qui lui avait représenté que s'il quittait l'Italie les ennemis qu'il avait à Rome en profiteraient pour essayer de renverser son Ordre naissant. En 1219, il n'y tint plus : l'Italie ne suffisait pas à son zèle missionnaire ; sa charité aurait voulu embrasser le monde, et sa conscience lui reprochait de demeurer « en repos » (il appelait sa rude vie un repos !) pendant que ses frères souffraient pour Jésus Christ chez les étrangers. « Vous croyez, dit-il au cardinal Hugolin, que Dieu n'a fait notre institut que pour ce pays ; mais je vous dis en vérité qu'il l'a formé pour le bien général et le salut de tous les hommes, sans en excepter les infidèles. »

Il obtint du pape Honorius III une bulle adressée à tous les évêques pour leur recommander les Frères Mineurs, puis il chargea Élie de Cortone de le remplacer dans ses fonctions de supérieur, et partit pour l'Égypte avec douze de ses religieux, pendant que six autres se dirigeaient vers le Maroc. C'était la troisième fois qu'il entreprenait ce voyage ; le premier avait été brusquement terminé par un naufrage, et le deuxième par une maladie qui l'avait obligé à revenir sur ses pas. Cette fois il put rejoindre l'armée des Croisés, qu'il traversa rapidement pour aller trouver dans son camp le sultan Malek-al-Kamel. Celui-ci l'écouta avec attention ; mais ce qui dut faire sur lui une plus grande impression que les discours, ce fut la proposition insensée, à force d'être pleine d'une foi héroïque, que cet humble religieux lui fit d'entrer dans un bûcher, afin de lui donner une preuve irréfutable de la puissance du Christ pour délivrer ses serviteurs. Toutefois, Malek-al-Kamel n'accepta pas, et François revint en Italie sans que le succès eût couronné sa pieuse entreprise.

Pendant son absence, Élie de Cortone avait apporté quelques adoucissements à la règle; le premier soin de François fut de remettre toutes choses dans leur état primitif et de convoquer un chapitre pour nommer Pierre de Catane, son second disciple, ministre général de l'Ordre, en remplacement d'Élie. Sur tout ce qui se rapportait à la stricte observance de la pauvreté, François se montra constamment inflexible. Ainsi, Pierre de Catane lui ayant représenté qu'il ne savait comment subvenir aux besoins de tant de frères qui venaient à la Porziuncula, et qu'il faudrait réserver une portion du bien des novices pour le soulagement des autres, François s'écria : « Que Dieu nous en garde! Vendez plutôt tous les ornements de l'autel de la Vierge, et croyez fermement qu'elle aimera mieux nous voir dépouiller son autel que contrevenir à l'Évangile de son Fils! » Un des *ministres* de l'Ordre (c'est ainsi qu'on nommait les supérieurs), assistait à cet entretien; il avait plusieurs livres auxquels il tenait beaucoup, et il demanda à François de lui dire exactement ce qu'un Mineur pouvait posséder, dans l'espoir d'obtenir ainsi la permission de garder ses volumes; mais François lui répondit sans hésiter : « Un Frère Mineur ne doit avoir qu'une tunique, une corde, un caleçon, et, en cas de nécessité, il peut porter des souliers. — Que ferai-je donc de mes livres, qui valent plus de quarante livres? hasarda timidement le pauvre religieux. — « Faites-en ce que vous voudrez, lui dit François, mais ma permission ne vous sera pas une occasion de chute. »

En 1221 Pierre de Catane étant mort, François crut devoir faire élire une seconde fois Élie de Cortone, et il profita de la convocation du chapitre général qui avait procédé à cette nomination pour engager ses frères à tenter une nouvelle mission en Allemagne; la première n'avait pas réussi, et le souvenir des mauvais traitements qu'avaient endurés Jean de Penna et ses compagnons faisait dire, parmi les Mineurs, que nul ne devait aller dans ce pays-là que s'il désirait le martyre. Cependant quatre-vingt-dix frères se levèrent à cet appel; Élie en choisit vingt-sept, et les ayant divisés en petites troupes de trois ou quatre, il les envoya en Allemagne, sous la conduite de frère Césaire. Le ministre de la province de Calabre, nommé Daniel, et six autres Mineurs prirent une direction opposée; ils allèrent prêcher Jésus-Christ aux Sarrasins, et reçurent bientôt tous les sept la couronne du martyre.

On raconte que ce fut à cette même époque qu'une

ville fut tellement touchée des exhortations de François qu'elle voulut entrer dans son Ordre, et qu'alors, pour ne pas dépeupler le pays, il créa une troisième association religieuse dont il fut possible de faire partie sans rompre les liens de famille. Quoi qu'il en soit de son origine, *le Tiers-Ordre* fut établi pour ceux qui désiraient se ranger sous la règle franciscaine autant que le leur permettaient les obligations de leur état.

Les *frères de la Pénitence* (c'est ainsi qu'on les appela) continuèrent à vivre dans le mariage, mais ils s'engagèrent à fuir les amusements mondains, à user de toute chose avec une modération constante et à s'appliquer aux bonnes œuvres. Ils ne portèrent que des vêtements de couleur sombre, à moins d'avoir été particulièrement autorisés, par exception, à se vêtir selon leur rang. Il leur fut défendu de se lier par des serments, à moins de nécessité absolue, et il leur fut prescrit de soumettre leurs différends à la décision de leurs supérieurs, qui étaient choisis parmi eux et nommés pour un temps déterminé. Il ne leur fut permis de prendre les armes que pour défendre la patrie et l'Église. Enfin, nul ne put être admis dans le Tiers-Ordre avant d'avoir restitué le bien mal acquis.

Le temps n'était plus où les moqueries et les injures accueillaient à leur passage les pénitents d'Assise. François était déjà vénéré comme un saint, et la légende nous exprime naïvement l'ascendant que sa mansuétude lui avait acquis sur ses contemporains, son inépuisable charité, et le succès de ses prédications parmi les petits et les méprisés de la terre, lorsqu'elle nous le montre évangélisant les loups et les convertissant, donnant son froc pour racheter un agneau près d'être égorgé, prêchant les oiseaux et les rendant attentifs, enfin s'intéressant aux misérables vers de terre qu'il rencontrait sur sa route, et qu'il mettait soigneusement à l'abri des passants.

D'autres récits nous le représentent s'entretenant familièrement avec « ses sœurs les hirondelles, » apprenant d'une cigale à louer le Seigneur avec persévérance, et pleurant sur la mort d'un agneau, qui lui rappelait l'Agneau de Dieu immolé pour les péchés du monde. Ainsi, tout dans la nature était pour cette âme tendre et poétique un enseignement ou un souvenir de son Maître bien-aimé qu'il appelait sans cesse « mon Dieu et mon tout! » Sa charité s'étendit à toutes les créatures, et son « frère l'âne » (c'est ainsi qu'il nommait son corps), fut seul traité durement par lui. Il reconnut même, à la fin de sa vie, qu'il avait péché en lui refusant le nécessaire.

Il est certain que tant de jeûnes, de veilles et de privations de toutes sortes, durent abréger les jours de saint François. On dit que lorsqu'il passait dans les villes pendant ses deux dernières années, on croyait voir un cadavre, tant il était pâle, amaigri, exténué, et tant il paraissait avoir peine à se soutenir sur sa monture. Mais si son corps dépérissait à vue d'œil, son âme ne perdait rien de sa vigueur, et il ne se lassait pas de prêcher, d'une voix à demi éteinte, la douceur, la patience, et le renoncement absolu. Même alors il lui semblait, dans son humilité, qu'il était à peine entré dans la vie chrétienne, et souvent il disait à ses frères : « Commençons donc à servir le Seigneur ! jusqu'ici nous avons fait bien peu de chose. »

Enfin, le 4 octobre 1226, il se fit transporter d'Assise à la Porziuncula, et tous les religieux s'étant réunis autour de lui, il leur adressa une dernière exhortation : « Mes fils, leur dit-il, demeurez dans la crainte du Seigneur. Le salut est à ceux qui persévéreront dans ce qu'ils ont commencé. Maintenant je vais à Dieu, à la grâce de qui je vous recommande. J'ai fait ce qui était en moi ; que Notre-Seigneur vous apprenne ce qui est en vous ! » Puis il donna sa bénédiction aux présents et aux absents, et se fit lire le treizième chapitre de l'Évangile selon saint Jean. Après cela, il récita le psaume CXLII ; quand il l'eut achevé, il rendit l'esprit. C'était le soir, mais, dit la tradition, les alouettes vinrent alors s'abattre sur le toit de la Porziuncula, et l'air retentit de leurs cris joyeux, comme si elles avaient voulu saluer le soleil de l'éternité qui se levait pour le fidèle serviteur du Christ.

Dans ce court récit de la vie de François d'Assise, j'ai omis à dessein un mystérieux événement dont l'Église romaine célèbre tous les ans le souvenir par la fête des Saints-Stigmates. Il est utile de consulter la légende lorsqu'elle n'est que l'enveloppe transparente d'un fait ou d'une idée, mais il faut convenir que dans ce qu'elle raconte de saint François, elle ressemble trop souvent à ces plantes parasites qui croissent autour des vieux arbres, qui les enserrent de leurs festons capricieux, et qui finissent par effacer leurs contours. M. Hase[1] a traité à fond cette question des prétendus stigmates que François d'Assise reçut sur la montagne de l'Alverne deux ans avant sa mort, et il a patiemment dégagé la vérité historique des fables qui la défiguraient. Il serait trop long d'entrer ici dans ces détails. Aussi bien, que prouvent ces cinq plaies saignantes que les disciples de François prétendirent avoir constatées sur son corps, si ce n'est leur disposition à voir dans la vie de leur père spirituel une imitation complète de celle du Christ? Imiter n'est pas copier; mais si François lui-même ne l'a pas toujours compris, faut-il s'étonner qu'Élie de Cortone ait cru ajouter à sa gloire en imaginant ce dernier trait de ressemblance entre l'humble Mineur et le Fils de Dieu? Plus tard on alla même plus loin, et on assura qu'il était ressuscité dans la chapelle funéraire de la Porziuncula; ici il fallut cependant se contenter, bon gré mal gré,

---

[1] *François d'Assise*, étude historique, traduite par M. Charles Berthoud.

d'une demi-résurrection, et le représenter, non pas parlant et agissant, comme Jésus au sortir du tombeau, mais seulement réveillé à moitié, et debout sur l'autel, les mains jointes, dans l'attitude de la prière.

C'est ainsi que François devint le second Christ du moyen âge, et par le souvenir qu'il a laissé on peut se faire une idée de l'influence qu'il exerça de son vivant. Mais les louanges immodérées qui furent prodiguées à sa mémoire lui auraient certainement fait horreur, car son humilité fut aussi profonde que son amour pour le Sauveur fut ardent. La légende exprime bien cette différence entre son époque et lui : elle raconte qu'il supplia un jour son confesseur de répéter après lui : « Méchant frère François, tu as fait tant de mal et tant de péchés que tu es digne de l'enfer, » et que son confesseur lui répondit aussitôt : « Dieu fera par toi tant de bien que tu t'en iras en paradis. » Désolé, il renouvela sa demande; même réponse du frère Léon; et l'entretien de se prolonger ainsi, François gémissant toujours sur ses péchés, et Léon s'efforçant de le consoler en lui montrant les bonnes œuvres qu'il accomplirait. (Du sacrifice de Jésus-Christ, pas un mot!) A la fin, François eut recours au principe de *la sainte obéissance* pour faire cesser ce discours... C'était à la Parole de Dieu qu'il fallait en appeler. D'un mot elle aurait tranché la question. Ah ! si François d'Assise l'avait compris, quel bien n'aurait-il pas fait!

Sans doute il enthousiasma sa génération, il l'électrisa, il lui communiqua même le désir d'imiter Jésus-Christ. Mais la conduisit-il au pied de la croix pour y recevoir, tout d'abord, un pardon entièrement gratuit ?... Nous verrons tout à l'heure qu'il est permis d'en douter. Ce que nous pouvons déjà dire à coup sûr, puisque l'histoire le prouve surabondamment, c'est qu'il ne réforma pas l'Église romaine, qui en avait cependant déjà grand besoin. Il ne paraît pas même y avoir songé. En se faisant pauvre pour l'amour de Jésus-Christ, il n'obéit qu'à l'entraînement de son cœur, et il ne serait pas exact de se le représenter traçant à l'avance un plan qu'il mit ensuite patiemment à exécution. D'ailleurs, comment son Ordre aurait-il pu entraîner Rome dans une autre voie, puisqu'il le garrotta aux pieds du pape ? Jugez vous-même si c'est vrai : les Mineurs et les Clarisses devaient promettre obéissance *au pape et à ses successeurs* ; les frères qui voulaient aller prêcher l'Évangile aux infidèles devaient en demander l'autorisation à leur supérieur, et celui-ci ne pouvait la leur accorder qu'après s'être assuré de l'approbation du Saint-Père ; enfin, dans son *testament*, qu'il plaça au même rang que la règle, François déclara que nul autre que le pape ne pourrait changer la moindre chose à l'office des Mineurs, et il ajouta que tout frère qui se permettrait quelque innovation serait dénoncé à son supérieur, qui « le garderait soigneusement, comme un homme enchaîné nuit et jour, » jusqu'au moment où il le remettrait entre les mains du *cardinal-protecteur et correcteur de l'Ordre*. En un mot, la légende qui nous le montre lisant sa Règle aux pourceaux et se roulant avec eux dans la fange, sur un ordre moqueur d'Innocent III, ne fait qu'exprimer fidèlement, dans sa grossièreté naïve, combien fut complète l'obéissance qu'il pratiqua toujours à l'égard de Rome. Quand on obéit ainsi, comment se permettrait-on d'examiner?

Aussi bien, quelle base François aurait-il pu prendre pour exercer cet examen, puisqu'il ne comprenait pas que la Parole de Dieu est la suprême autorité ? Quoique ses prédications ne soient pas venues jusqu'à nous, il nous est possible de juger par sa manière de parler générale de la place qu'il donnait à l'Écriture. Or, que voyons-nous ? S'appuie-t-il sur elle ? La lit-il assidûment ? La prend-il pour règle de foi, en y cherchant au moins des arguments en faveur de la doctrine de Rome ? Non. Il en fait bon marché. Pendant une maladie, il refuse la lecture qu'on lui propose, parce que, dit-il, il « ne veut rien savoir que Jésus le Crucifié. » Faute d'argent, il donne à une mendiante l'unique Bible de la Porziuncula, afin qu'elle la vende pour acheter du pain. Ses disciples lui demandent s'il trouve bon qu'on étudie l'Écriture sainte; étrange question, qui montre combien peu il les entretenait de la Parole de Dieu; il leur répond qu'il « le trouve bon, pourvu qu'on ne manque pas de s'appliquer à la prière, à l'exemple de Jésus-Christ, dont on lit qu'il a prié plus qu'on ne trouve qu'il a lu, » et il achève de leur faire connaître sa pensée en leur disant : « Je veux que mes frères soient fondés sur la sainte humilité, la simplicité, l'oraison, et la pauvreté notre maîtresse. Plusieurs frères laisseront ces vertus sous prétexte d'édifier les autres hommes ; et il arrivera que l'intelligence des Écritures par laquelle ils croyaient se remplir de lumière, de dévotion et d'amour de Dieu, leur sera une occasion de demeurer au dedans froids et vides. Ainsi ils ne pourront revenir à leur première ferveur, pour avoir perdu dans une vaine et fausse étude le temps de vivre selon leur vocation. » Quel effrayant pronostic ! Et qui donc aurait pensé que l'étude de l'Écriture, entreprise, non pas dans un esprit de sèche critique, mais dans le seul but de s'éclairer et de croître dans l'amour de Dieu, pût avoir un tel résultat !

François d'Assise a tout le tempérament spirituel des mystiques. Il place, comme eux, l'entretien de Jésus-Christ avec l'âme fidèle, les mystérieuses communications du Saint-Esprit, la révélation intérieure et individuelle, en un mot, au-dessus de la Révélation écrite. Il ne voit pas que Jésus-Christ étant « *le même, hier, aujourd'hui, et éternellement,* » il ne peut que redire tout bas à l'âme ce que dans sa vie mortelle il a dit tout haut à ceux qui venaient à lui. Il ne comprend pas qu'il est impossible que le Saint-Esprit se contredise, et que, par conséquent, s'il a fait écrire par saint Paul : « *Puisque vous avez été rachetés à un si grand prix, ne devenez pas les esclaves des hommes,* » n'a pas pu, douze cents ans plus tard, lui faire dire, à lui, François : « Obéissez à vos supérieurs comme des cadavres. » Sans doute, saint Paul a dit aussi : « *Obéissez à vos conducteurs spirituels.* » Mais quelle différence entre la soumission volontaire, consciente et réfléchie, d'une âme affranchie par Jésus-Christ, et cette obéissance passive, inerte, morte et glacée, dont Dieu même ne veut pas pour lui !

C'est ainsi qu'on s'égare aussitôt qu'on s'éloigne de la sainte Écriture. La Parole de Dieu est semblable à l'échelle de Jacob qui reliait la terre au ciel ; les anges, malgré leurs ailes, ne dédaignèrent pas de s'appuyer sur ses échelons ; mais la fausse spiritualité la brise, ou la laisse de côté, pour s'élever au ciel d'un seul élan, et, après d'inutiles efforts, elle retombe dans la poussière.

Le mysticisme commence par vouloir n'entendre que Dieu seul, dans le silence de son cœur. Il finit par s'écouter lui-même. Et celui qui laisse glisser trop facilement le livre de ses mains, court grand risque que Satan ne le ramasse, pour lui en faire le commentaire.

Si François d'Assise n'a pas donné à la Parole de Dieu la place qui lui appartient, a-t-il eu du moins une vue claire du sacrifice de Jésus-Christ, et n'a-t-il cherché le salut que dans la Croix ?... On est tenté de répondre affirmativement, lorsqu'on se souvient qu'à l'époque où une misérable cabane était à la fois le cloître et l'oratoire des douze pénitents d'Assise, une croix de bois était leur unique livre; et on pourrait croire qu'ils ne s'agenouillaient autour d'elle que parce qu'elle était pour eux le souvenir du sacrifice expiatoire de Jésus-Christ, en qui se résume tout l'Evangile... On sait aussi qu'il recommanda constamment à ses disciples de commencer leurs exhortations en disant : « Que Dieu vous donne la paix ! » et qu'il les exhortait doucement à la joie en leur répétant que, « si les démons pouvaient être tristes, la joie dans le Seigneur convenait aux serviteurs du Christ... »

Mais prenons-y garde. Sommes-nous bien certains que saint François ait donné aux mots la même signification que saint Jean ou saint Paul?... Il semble qu'il serait plus sûr de chercher l'explication de sa phraséologie dans le dictionnaire de son époque plutôt que dans celui du premier siècle ou du seizième. Ouvrons donc le livre qui est l'expression de la foi du treizième siècle, et, maintenant que nous avons entendu les brèves exhortations du père des Mineurs, demandons à l'auteur de l'*Imitation de Jésus-Christ* de nous en éclaircir le sens, en les paraphrasant.

Voici précisément un chapitre intitulé : *Du petit nombre de ceux qui aiment la croix de Jésus-Christ*[1]. Lisons le premier verset : « *Il y en a beaucoup qui*

---

[1] Livre II, chap. XI.

désirent le céleste royaume de Jésus, mais peu consentent à porter sa croix. » Continuons : « *Beaucoup souhaitent ses consolations, mais peu aiment ses souffrances. Il trouve beaucoup de compagnons de table, mais peu de son abstinence... Plusieurs suivent Jésus jusqu'à la fraction du pain, mais peu jusqu'à boire le calice de sa passion. Plusieurs admirent ses miracles, mais peu goûtent l'ignominie de sa croix.* » Nous irions jusqu'à la fin que nous ne trouverions pas d'autre pensée. Évidemment le pieux écrivain n'a en vue que le devoir d'imiter le Sauveur dans sa vie de souffrances ; la croix n'est pour lui que le symbole du renoncement complet, et l'expiation que Jésus a accomplie est laissée dans l'ombre. Si nous prenions le chapitre suivant (*De la sainte voie de la croix*), nous y chercherions vainement aussi cette doctrine fondamentale du christianisme. J'aperçois pourtant ces mots : « *Dans la croix est le salut* ; » mais ici encore il n'est question que de *la croix portée*, des souffrances acceptées avec amour, car l'auteur a dit auparavant : « *Pourquoi craignez-vous de porter la croix, par laquelle on arrive au royaume du ciel ?* »

Interrogeons maintenant l'*Imitation* sur la paix de l'âme. « *Nous pourrions jouir d'une grande paix*, nous répond-elle, *si nous voulions ne point nous occuper de ce que disent et de ce que font les autres*[1]. » Plus loin, confondant la paix et la contemplation elle ajoute

---

[1] Livre I, chap. XI.

que, « *si nous étions entièrement morts à nous-mêmes nous pourrions goûter les choses de Dieu;* » enfin elle s'écrie : « *Mettons la cognée à la racine de l'arbre, afin que, dégagés des passions, nous possédions notre âme en paix.* » Est-ce là l'Évangile? Non, car la paix qu'il nous offre est fondée sur le pardon que Christ nous a acquis, et non pas sur nos efforts pour avancer dans la sanctification. La paix dont nous entretient l'*Imitation* serait *la nôtre*, et non pas celle de Jésus. « *Je vous donne ma paix,* » a dit notre Maître, et ceux qui entendirent les premiers cette douce parole devaient montrer, peu d'heures après, qu'ils n'étaient point encore fermes dans le combat, et que le monde les tenait par des liens que le Saint-Esprit seul pouvait rompre.

Prenons un autre chapitre, et voyons ce que *la Vraye consolation* entend par la joie : « *Ayez la conscience pure et vous posséderez toujours la joie,* nous dit-elle... *Vous jouirez d'un repos ravissant si votre cœur ne vous reproche rien. Ne vous réjouissez que d'avoir fait le bien.* » Hélas! nous serons donc toujours tristes, puisque notre cœur nous condamne à chaque instant! Est-ce là tout ce que vous avez à nous dire?... Poursuivons : « *Il jouit d'une grande tranquillité, celui que n'émeut ni la louange, ni le blâme. Il sera aisément en paix et content, celui dont la conscience est pure* [1]... » Ailleurs elle nous assure

---

[1] Livre II, chap. vi.

que « *Lorsque nous en serons venus à trouver la souffrance douce, et à l'aimer pour Jésus-Christ, nous aurons trouvé le paradis sur la terre* [1]. » Et jusque-là nous n'aurons donc en partage que l'angoisse de la conscience et la crainte des jugements de Dieu !... C'est assez. Nous retournons à l'Évangile, et nous ne voulons écouter que vous, saints messagers qui, dans une nuit de grâce, avez annoncé à de pauvres pécheurs comme nous « *la grande joie* » qui fera tressaillir d'âge en âge toutes les âmes gémissant sur leur misère. Nous avons un Sauveur ! Voilà la grande joie. Gloire à Dieu au plus haut des cieux !

François d'Assise a-t-il considéré la paix en se mettant au point de vue de l'Évangile, ou bien en se plaçant à celui de l'*Imitation* ? Il ne m'appartient pas de décider cette question. Mais ne semble-t-il pas entendre encore saint François lorsque l'*Imitation* s'écrie : « *Que tous les docteurs se taisent : parlez-moi, vous seul, ô mon Dieu !... Plusieurs s'occupent davantage de savoir que de bien vivre, ils s'égarent souvent, et ne retirent que peu ou point de fruit de leur travail... Certes au jour du jugement on ne nous demandera point ce que nous avons lu, mais ce que nous avons fait* [2]*... Que Moïse ne me parle point ni aucun des prophètes ; mais vous plutôt parlez, Seigneur mon Dieu* [3] *!... Heureuses les oreilles qui écoutent, non la voix qui re-*

---

[1] Livre II, chap. xii.
[2] Livre I, chap. iii.
[3] Livre III, chap. ii.

tentit au dehors, mais la vérité qui enseigne au dedans [1]. » Et ne semble-t-il pas aussi que c'est l'auteur de l'*Imitation* qui parle, lorsque saint François dit à ses religieux : « Si nous souffrons les mauvais traitements en considérant que nous devons porter les opprobres et les souffrances de Jésus-Christ, comptons que c'est là que se trouve la parfaite joie. »

Au fond de tout cela qu'y a-t-il, sinon une vue incomplète de l'Évangile, et, comme conséquence, une justice propre déguisée ? Parce qu'on ne se glorifie ni du froc ni de la tonsure, il ne s'en suit pas qu'on fasse aussi bon marché des œuvres intérieures, des sentiments de l'âme, des dispositions du cœur. Remarquez que si saint François dit à ses frères : « Que personne ne s'applaudisse des choses que le méchant peut aussi accomplir. Un méchant peut jeûner, prier, pleurer, crucifier sa chair, » il ajoute immédiatement : « Il y a une seule chose dont il est incapable, c'est d'être fidèle à son Maître. »

Enfin, il en est un peu de la doctrine de François d'Assise comme des couvents qu'il voulait faire bâtir avec du bois et de la terre, sans qu'une seule pierre entrât dans leur structure. Il lui manque Celui que l'Écriture appelle « *la principale pierre de l'angle.* » François l'aima cependant d'un ardent amour et il lui sacrifia tout, mais il s'égara, comme tous les mystiques, en mettant la fin avant le commencement,

---

[1] Livre III, chap. 1.

c'est-à-dire la sanctification à la place de la foi. C'est par la foi que l'âme s'unit à son Dieu ; c'est dans la foi que l'humilité, la charité, et le renoncement, trouvent leur racine et leur mobile ; et c'est encore la foi qui fait descendre dans l'âme la paix de Jésus et la joie du salut. On est heureux du moins de trouver dans son *Testament* une parole qui montre que s'il ne sut pas tenir la croix de Christ assez haut élevée devant le monde, il l'embrassa pourtant de toutes les forces de son âme : « Je bénis Dieu, dit-il, de ce que toutes les fois que j'ai prié dans les églises, il m'a fait la grâce de pouvoir répéter avec ravissement et avec foi ces paroles de la liturgie : « Nous t'adorons, Seigneur Jésus-Christ, et nous te bénissons de ce que par ta sainte croix tu as racheté le monde. » Il ne dit rien de plus. Mais cela suffit au salut.

Nous étonnerons-nous maintenant que François d'Assise n'ait pas entraîné l'Église romaine à sa suite dans la voie de la pauvreté et du sacrifice sans réserve?... La tradition raconte qu'Innocent III l'aperçut une nuit en songe, qui, aidé de saint Dominique, soutenait sur ses épaules la basilique de Saint-Jean de Latran à demi ruinée.—Vision prophétique ! s'écrie M. de Montalembert [1]. — Soit. Prophétique en effet, car si les *Mineurs* et les *Prêcheurs* ont pu soutenir pendant trois cents ans encore l'Église de Rome, ils n'ont rien fait de plus. Ils ne l'ont pas

---

[1] Préface de la *Vie de sainte Élisabeth de Hongrie.*

réparée. La Parole de Dieu seule aurait eu cette puissance ; et tout édifice religieux dont elle n'est pas le fondement est destiné à s'écrouler tôt ou tard.

Ne serait-il pas temps de prendre garde à nous-mêmes ? Qu'en pensez-vous ?... Vraiment nous sied-il bien d'instruire ainsi le procès d'un homme qui a possédé à un si haut degré ce qui nous manque, c'est-à-dire l'enthousiasme de l'austérité ?... Où donc s'est réfugiée de nos jours cette ferme volonté de parvenir, coûte que coûte, à la domination de soi-même ? Nous sommes certainement très-disposés à dire avec saint François que notre corps n'est que la cellule de notre âme ; seulement nous faisons comme ces moines de Santa-Fé dont parle madame Beck [1], qui ornent leur cellule de grandes glaces de Venise, de meubles sculptés et de tentures en cuir de Cordoue doré, sans compter les fleurs et les dentelles. Pour « notre frère le corps » rien ne nous paraît trop beau ni trop bon ; nous avons pour lui des ménagements délicats et des attentions infinies. Il semble que parce que nous sommes sauvés par grâce, nous puissions arriver au ciel sans sacrifices, sans efforts, sans luttes ; j'allais dire, confortablement assis aux pieds de Jésus-Christ, et doucement assoupis dans sa paix, en attendant la vie éternelle !

Nous nous étonnons parfois que l'Évangile n'ait pas plus de prise sur les masses ; nous nous deman-

---

[1] Dans le *Rio Parana*, chap. v.

dons comment les Juifs accoururent auprès de Jean-Baptiste, comment des populations entières se levèrent à la voix de François d'Assise, et pourquoi on ne voit plus maintenant de grands mouvements religieux comme ceux-là, et comme ceux que l'on vit encore pendant la glorieuse Réformation du seizième siècle. Nous nous disons, pour nous consoler, qu'ils sont impossibles dans notre temps; nous avons tout intérêt à le croire; cela nous dispense d'agir. Et cependant, le cœur de l'homme n'est-il pas toujours le même? Ce qui l'a ému autrefois le laisserait-il froid aujourd'hui? — Notre génération, ajoute-t-on, perd le goût des choses sérieuses; elle ne pense qu'à s'enrichir et qu'à jouir de la vie; elle ne comprendrait plus un langage austère... — Qui sait? Il vaudrait la peine d'essayer. Après tout, chaque siècle, comme chaque individu, a son péché ou ses péchés dominants, et, quels qu'ils soient, la grâce de Dieu peut les vaincre. Chaque poison a son antidote; chaque péché, ce poison de l'âme, a aussi le sien : qu'opposera-t-on à l'orgueil, si ce n'est l'humilité, et à la soif d'indépendance, si ce n'est la soumission volontaire? A la vaine gloire, sinon l'amour de l'obscurité? Au luxe, à ses besoins factices, à ses exigences incessantes, sinon l'austérité?

Mais ce ne sera pas en *disant* ces choses qu'on les fera accepter; ce sera en les *vivant*. Et qui en sera capable si les chrétiens ne les montrent pas dans leur vie de chaque jour? Le monde serait moins surpris que nous ne le croyons. Au fond, il sait mieux que nous ce que nous devrions être, et nous pourrions nous renseigner utilement auprès de lui. Je n'en veux qu'une seule preuve : ne trouve-t-il pas tout simple que les ministres de Dieu se privent des plaisirs bruyants qu'il affectionne ? Leur reproche-t-il de ne reculer devant aucun labeur et d'user leur santé au service de leur Maître ? Non, du tout. On apprendrait qu'ils passent leurs nuits à prier qu'on n'en serait nullement scandalisé. quitte à repousser bien loin, pour soi-même, l'idée d'une discipline spirituelle quelconque; enfin, il paraîtrait fort naturel qu'ils eussent de la sainteté pour tout leur troupeau. On leur conteste parfois leurs priviléges; leurs devoirs, jamais! On exécute volontiers à son tour des variations plus ou moins nouvelles sur le thème : « *Vous êtes rois et sacrificateurs,* » afin de démontrer qu'ils ne sont pas même capitaines dans l'armée de Jésus-Christ; mais c'est tout; on les laisse ensuite courir seuls au combat, en trouvant seulement peut-être qu'ils ne vont pas assez vite...

Eh bien, ce que le monde chrétien, je me trompe, le christianisme mondanisé, est tout prêt à pardonner à ceux qu'il appelle, par antiphrase sans doute, ses conducteurs spirituels, il s'attend à le voir dans la vie de tous ceux qui assurent qu'ils prennent l'Évangile au sérieux.. Au lieu de cela, que trouve-t-il ? N'est-il pas vrai qu'il semble trop souvent n'y avoir aucune différence entre un chrétien aimable et un honnête mondain ? Tandis qu'au contraire on devrait reconnaître un chrétien entre mille, non-seulement à sa foi inébranlable en Jésus-Christ, Dieu Sauveur et unique auteur du salut, mais encore à son ardeur d'évangélisation qu'aucune considération de respect humain ou de prudence timide ne pourrait arrêter, à son désir constant d'imiter son Maître, à la sérénité de son visage, à son ignorance des mille recherches de bien-être par lesquelles on s'amollit, à la gravité de son maintien, à la frugalité de sa table, à son costume même. Ah ! l'Évangile a toujours la même puissance, mais ce sont les chrétiens qui ont perdu le droit de lutter victorieusement contre le monde, en s'arrangeant une vie facile dans une mondanité colorée d'Évangile. A quoi nous sert-il d'avoir la foi des apôtres et des réformateurs, si elle ne nous communique pas leur esprit ? Il faut que nous revenions à leur austérité, si nous voulons, comme eux, amener beaucoup d'âmes à Jésus-Christ.

Eh quoi, dira peut-être un de mes lecteurs, prétendez-vous que chaque maison chrétienne devienne un couvent, et rêvez-vous donc quelque Tiers-Ordre protestant ? Pensez-vous que nous consentirons à prendre le froc ou le voile, et que nous irons ainsi par le monde en renouvelant les exagérations des franciscains et des clarisses? — Il ne s'agit ni de couvent, ni de froc, ni de voile; il faudrait seulement être conséquents avec tous nos principes. Qui sait si ce n'est pas là ce que le monde attend pour consentir à écouter notre Maître ?

Quant à établir une association de chrétiens décidés, qui s'appuieraient les uns sur les autres pour glorifier leur Sauveur par une vie franchement austère jusque dans les plus petits détails, pourquoi pas ? Qu'y a-t-il là de chimérique ? — François d'Assise n'a pas réformé l'Église parce qu'il s'est préoccupé de l'imitation de Jésus Christ plus que de la doctrine de Jésus-Christ, de la sanctification plus que de la foi, qui en est la racine. Nous, qui professons la doctrine de la grâce dans sa plénitude, et qui la plaçons au premier rang, qui lui appartient, n'irons-nous donc pas jusqu'au bout de l'Évangile dans tous les sens, et la sanctification nous fera-t-elle peur ? Sans doute, c'est d'abord la paix qu'il faut annoncer, cette paix que Jésus a faite, par le sang de sa croix, entre l'homme perdu et le Dieu saint ; mais faut-il s'arrêter là ? Ne serait-il pas temps d'exhorter non moins vivement à la pénitence, c'est-à-dire à la mortification de la chair par le renoncement complet aux convoitises qui font la guerre à l'âme, et à l'abaissement de l'esprit par tout ce qui peut le tenir dans l'humilité ?

On sait bien qu'il y a parmi nous beaucoup d'âmes qui ne s'immobilisent pas dans la foi ; seulement elles gravissent isolément les pentes escarpées de la sainteté, privant ainsi leurs frères du secours qu'elles pourraient leur donner, et se privant elles-mêmes des consolations qu'elles pourraient recevoir d'eux. Hélas ! marcher à l'écart, deux par deux, tout au plus, est une de nos misères. Si Rome cherche à absorber toutes les individualités, il faut convenir que nous faisons une réaction bien complète, et que nous éparpillons nos forces autant que nous le pouvons, au risque de n'avoir plus que de la poussière d'Église.

De plus, nous avons une profonde répulsion pour l'obéissance, à quelque degré que ce soit. Nous soumettre les uns aux autres ne nous convient pas du tout. Nous trouvons encore que, puisque nous sommes « *rois et sacrificateurs*, » nous devons savoir ce que nous avons à faire; et nous aimons mieux, en vrais monarques absolus, trébucher, chanceler, tomber même, que nous appuyer sur qui que ce soit. Parler librement de nôtre âme, de ses tentations, de ses misères, de ses épreuves, à d'autres qu'au Seigneur nous paraît une profanation. Nous préférons vivre repliés sur nous-mêmes, et ne nous entretenir avec nos frères que de banalités pieuses, ou de quelques grandes doctrines dont nous avons bien raison de parler, mais dont nous n'aurions pas tort non plus de rechercher ensemble les applications journalières.

Il est des chrétiens, et peut-être sont-ils plus nombreux qu'on ne le croit, qui souhaitent de voir se former une sainte alliance entre toutes les âmes qui n'attendent qu'un peu d'encouragement pour renouveler dans notre siècle la sainte folie de l'absolue consécration de soi-même au Sauveur. Se contenteront-ils toujours de gémir en silence? Qui donc donnera le signal?... Il ne s'agirait pas de fonder une Église (nous en avons bien assez); mais seulement de grouper dans une même pensée et dans un même but tous ceux qui sont *décidés pour Dieu*.

Un homme, qui a été aussi ferme dans la doctrine du salut par grâce qu'austère dans sa vie, soupirait jadis après une triple réforme qui donnerait à l'Église la vie divine, la vie fraternelle, la vie missionnaire, et il s'écriait, en s'adressant à ceux qui brûlaient du même désir que lui : « Il vous reste en attendant, et pour hâter ce jour, d'être vous-mêmes cette Église modèle et de l'être aujourd'hui. Qui, vous? Vous, une poignée d'hommes que l'esprit de Jérusalem anime tout seuls ? Vous cent; vous cinquante ; vous, vingt? Oui, vous cent, vous cinquante, vous vingt, ou même, si c'est trop demander, vous dix, vous cinq, vous deux, commencez ! »

Quinze années se sont écoulées depuis qu'Adolphe Monod a fait entendre cet appel. Ne serait-il pas temps d'y répondre ?

LE RETOUR DE BOS DE BÉNAC

LÉGENDE DES PYRÉNÉES [1]

Bos de Bénac avait quitté son beau pays de Bigorre et son épouse Hermesinde pour suivre le roi saint Louis à la croisade. C'était un vaillant chevalier; les Sarrasins s'en aperçurent : lorsqu'il s'élançait dans les rangs ennemis en brandissant sa large épée, les plus hardis se mettaient quasiment à trembler. Le combat fini, il était doux comme un agneau; on n'entendait sortir de sa bouche que de pieuses et sages paroles; et jamais il n'oubliait de se mettre dévotement à genoux chaque matin et chaque soir.

Cependant, malgré sa large épée et son courage, le bon chevalier fut fait prisonnier : — « Que la volonté du Seigneur Dieu s'accomplisse! » voilà tout ce qu'il dit alors, et pendant bien des jours nul ne put découvrir un nuage sur son front, excepté lorsque son regard s'arrêtait sur l'anneau de mariage que lui

[1] Cette légende a été recueillie par M. Taine, qui l'a rapportée dans son *Voyages aux Pyrénées* avec des développements et un dénouement différents.

avait donné sa jeune femme. Plusieurs années s'écoulèrent ainsi, et le Sarrasin qui le gardait fut bien surpris en entrant un matin dans sa prison de lui trouver la mine farouche ; ses yeux étincelaient, et ses lèvres étaient contractées d'une façon si terrible que tout autre qu'un mécréant aurait eu peur ou pitié.

Or, voici ce qui s'était passé : la veille, le pauvre chevalier avait longtemps pensé à son Hermesinde bien aimée, et, pour la première fois, un affreux soupçon avait traversé son esprit : si elle allait se croire veuve et engager sa foi à un autre !... si le sire d'Angles qu'elle avait dédaigné jadis allait trouver maintenant le chemin de son cœur ! De tous les démons de l'enfer, celui de la jalousie est le plus cruel ; après avoir bien tourmenté Bos de Bénac, il s'était retiré ; mais dès que le chevalier s'était assoupi, il était vite revenu avec un songe qui avait torturé le malheureux jusqu'au matin, en lui montrant dans le pays de Bigorre la dame de Bénac qui écoutait les tendres propos du baron d'Angles, et qui lui promettait de l'épouser dans deux jours. Le réveil n'avait pu dissiper la douleur du pauvre mari. Après avoir pleuré comme un enfant, il avait voulu prier ; mais impossible ! La voix qu'il avait entendue dans son rêve sortait de toutes les pierres de la prison et répétait : — « Dans deux jours je serai votre femme. » — Alors Bos était entré en fureur, et lorsque son gardien était venu lui apporter sa chétive nourriture, il était bien près du blasphème. Dès qu'il se retrouva seul, sa colère un moment contenue éclata de nouveau : « Seigneur, s'écria-t-il, où donc êtes-vous? Dans quel coin de votre ciel vous cachez-vous, pour ne pas voir l'angoisse de votre serviteur et pour vous dispenser de répondre à son gémissement? C'est donc en vain que j'ai combattu pour vous et que j'ai tout quitté pour votre gloire! Non! vous n'êtes pas un Dieu fidèle! Vous n'êtes que l'ami des jours heureux. C'en est fait; je ne crois plus en vous et je veux oublier jusqu'à votre nom! »

Comme Bos achevait ce discours impie, il vit devant lui un homme au visage pâle et triste qui lui tendit la main en lui disant : — « Bos de Bénac, tout espoir n'est pas perdu. Je puis, si tu le veux, te rendre ta liberté, ta patrie, et te faire revoir la femme que tu pleures. Puisque ton Dieu t'abandonne, essaye de ma protection. Tu n'auras pas besoin pour conserver mon amitié d'user tes genoux sur la dalle et tes yeux dans les veilles; tout te sera facile si tu marches avec moi.. Eh bien, tu ne me réponds pas! » La voix de l'inconnu était si douce que Bos, un moment effrayé, reprit courage. — « Qui êtes-vous? lui dit-il. » — « Que t'importe mon nom? Je suis comme toi un exilé. Le Dieu que tu as servi et qui t'oublie a été dur pour moi, ainsi qu'il l'est pour toi maintenant. Mais ce n'est pas de mon histoire qu'il s'agit, poursuivit-il avec une nuance d'impatience. Veux-tu ou ne veux-tu pas retourner en Bigorre? Veux-tu laisser ta femme devenir la compagne d'un autre? Car, apprends-le, ton rêve de la nuit dernière n'est que le miroir dans lequel la réalité t'est apparue... Allons, ne lève pas les yeux vers ce ciel où personne ne se soucie de toi. Es-tu décidé ? Dis un mot, et dans une heure tu reverras tes Pyrénées. » — « N'êtes-vous pas Satan ? dit en frissonnant le chevalier, et n'allez-vous pas me demander mon âme ? » — « Eh ! que veux-tu que j'en fasse ? dit avec bonhomie l'étranger. Les contes des vieilles t'ont tourné la tête. Partage seulement avec moi les noix de ton souper, en signe d'amitié. Si singulière que te paraisse cette requête par sa simplicité même, je n'en ai cependant pas d'autre à t'adresser, je te le jure. »

Complétement rassuré, le sire rassembla dans ses mains les fruits que son gardien avait déposés dans un coin, et les offrit à son protecteur. Alors il se sentit saisi par une main puissante, et un tourbillon l'enveloppant l'entraîna hors de sa prison. Il perdit connaissance. Lorsqu'il revint à lui il ne vit plus que le ciel au-dessus de sa tête, et la mer, loin, bien loin, sous ses pieds ; son mystérieux ami le tenait toujours par la main, et tous deux franchissaient l'espace avec la rapidité d'une flèche.

Une longue chaîne de montagnes qui se déroulait comme une haute muraille crénelée entre la France et l'Espagne se dessina sur un fond sombre ; c'étaient les Pyrénées. La lune se levait toute rouge sur *la Maudite*, qui dresse son grand spectre parmi les forêts de pins de Luchon ; bientôt la vallée de Pierretite, semblable à un jardin, apparut aux voyageurs nocturnes; ils laissèrent à droite le défilé de Cauterets et s'engagèrent dans le long corridor de granit qui conduit à Luz. Le Gave mugissait dans la profondeur; était-ce un cri de terreur? Était-ce un chant de bienvenue? Enfin, ils s'abattirent sur le Bergonz aux flancs abruptes, et Satan (car c'était bien lui), dit à Bos d'une voix caressante : — « Nous voici tout près de ta demeure; avant d'y rentrer, laisse-moi, je te prie, te présenter comme mon ami à mes serviteurs de la montagne; eux aussi pourront, à l'occasion, t'être fort utiles. » Le chevalier avait grande hâte de quitter son guide, et l'amitié que celui-ci réclamait lui faisait plus peur que plaisir; mais comment congédier un protecteur si puissant?... Après tout, ce qu'il demandait était peu de chose et n'engageait à rien; à supposer que ce fût un péché, Bos le confesserait prochainement, et l'absolution d'un saint ermite couvrirait tout. — « Qu'il soit fait comme tu le desires, dit-il. »

Aussitôt deux énormes blocs de rochers s'écartèrent, et laissèrent voir dans l'intérieur de la montagne une vaste salle éclairée par des feux follets de toutes couleurs. Au fond se tenaient trois jeunes femmes vêtues de robes d'une étoffe merveilleuse, tissée avec les rayons de l'arc-en-ciel et la fine poussière d'argent qui s'élève autour des cascades bouillonnantes. — « Sois le bienvenu, Bos de Bénac, s'écrièrent-elles d'une voix claire. Puisque tu

es l'ami de notre maître, nous voulons t'octroyer un don : laisse-nous ton manteau de croisé et demain nous t'en donnerons une autre, si magnifique qu'aucun mortel n'en aura jamais possédé un semblable. »
Le chevalier fut sur le point de refuser ; mais les fées des Gaves le regardèrent avec leurs grands yeux limpides, et le manteau qui portait le signe sacré de la Rédemption glissa de ses épaules à leurs pieds.

Alors les feux follets s'éteignirent, et Bos ne vit plus que le visage de son compagnon, qui brillait d'une lueur étrange ; il crut même distinguer un mauvais sourire sur ses lèvres ; ce ne fut qu'un instant ; et l'Ange de la chûte reprenant son air triste et doux l'entraîna jusqu'au mont Campana. Des sons métalliques, d'une force et d'une harmonie incomparables, le faisaient vibrer comme une immense cloche, et le sire de Bénac se souvint que jadis on assurait dans le pays que, chaque soir de sabbat, la Campana invitait ainsi les amis du Démon à venir le célébrer dans le cirque de Gavarnie, où leur ronde s'enroulait, et où leurs cris sauvages couvraient la voix des douze cascades qui, ces nuits-là, s'enflammaient pour les éclairer.

La montagne se fendit dans toute sa hauteur, et le chevalier resta muet de saisissement en voyant une multitude de chèvres noires aux yeux ardents, suspendues à un grand battant de cloche auquel elles imprimaient de longues oscillations qui le lançaient incessamment contre les parois de granit. Lorsqu'elles aperçurent Bos, elles redoublèrent leurs élans, et pendant une minute on entendit un tel carillon que les bergers du voisinage faillirent mourir de frayeur. Cependant elles s'arrêtèrent pour dire toutes ensemble : — « Voilà comment nous accueillons les amis de notre maître. Ha! ha! preux chevalier, les cloches de ton église chanteront-elles ainsi ton retour ? » Un éclat de rire accompagna ce discours. C'était Satan qui riait, et le chevalier lui vit une expression tellement méchante qu'il commença à avoir peur de son compagnon; l'idée lui vint même de prononcer à tout hasard le nom qui met les démons en fuite, ce nom qu'il avait juré d'oublier ; mais, comme si son intention eût été devinée, les chèvres noires recommencèrent leur sonnerie en criant :— « C'est ainsi que nous célébrerons les noces de notre ami le baron d'Angles. » Bos se rapprocha vivement de son compagnon : — « Je t'en conjure, lui dit-il, laisse-moi retourner à Bénac. » — « Pas encore, répondit sèchement Satan; d'ailleurs, rien ne presse. »

Quelques secondes plus tard ils étaient au pied du pic du Midi Le vent s'engouffrait dans la gorge de Baréges, et de gros nuages tournaient autour de la montagne. Le tonnerre gronda dans le lointain, ce fut comme un signal attendu : un orage épouvantable se déchaîna ; les éclairs tracèrent dans les airs des mots mystérieux; les sapins tordirent leurs branches; les Gaves sortirent tout effrayés de leurs lits pour s'enfuir dans les prairies; et un grand spectre, qui parut au sommet du pic, salua le chevalier, en lui disant, d'une voix qui fit tressaillir les vieux monts : — « Bos de Bénac, c'est pour toi que j'illumine la vallée ; les amis de mon maître sont aussi les miens » Le sire frémit de toutes ces amitiés qu'il acceptait depuis une heure, et se sentit un grand désir de se trouver en meilleure compagnie. Il se promit tout bas de ne jamais revenir dans la montagne, et de bâtir une chapelle dès qu'il aurait revu Hermesinde. Le Prince des ténèbres lui saisit alors le bras avec une extrême violence, et cette fois il le conduisit à Bénac.

Le château était resplendissant de lumières ; on y dansait joyeusement, et le bruit des instruments arrivait jusqu'à Bos par les fenêtres ouvertes. Il voulut se précipiter dans sa demeure ; tout son sang bouillonnait dans ses veines ; mais son compagnon le retint impérieusement, et lui montra du doigt le balcon ; une silhouette de femme y parut un instant, et Bos crut qu'il allait mourir. C'était elle ! Quelle autre qu'Hermesinde avait cette démarche pleine de noblesse et de grâce ! — « Allons, allons, pas de pâmoison, dit en ricanant l'Ange déchu. L'heure est venue de nous quitter, et tu me dois un remercîment. Confesse du moins que je t'ai montré beaucoup de choses en échange de ton plat de noix.... Adieu donc... ou plutôt... au revoir, car moi, je reviens quand on m'invoque, tout au rebours du Christ, qui s'éloigne de ses serviteurs, dès qu'ils ont une demande à lui faire. » Il disparut, et Bos, brisé par tant d'émotions diverses, perdit tout à fait connaissance.

Lorsqu'il revint à lui, il faisait grand jour. La Campana était muette, et le soleil, qui éclairait en plein le pic du Midi, dardait aussi ses rayons sur les massifs de rhododendrons qui tachent de larges plaques rouges les pentes arides du Bergonz. Bos crut d'abord que les scènes de la veille n'avaient été que d'affreux cauchemars ; cependant, comment se trouvait-il là, dans son pays natal, au pied même de son château ?... Et ce protecteur mystérieux, qui était-il ? D'où venait-il ?... Ici le lecteur pensera sans doute que notre chevalier était par trop naïf, et qu'il aurait dû reconnaître depuis longtemps le chef des Anges rebelles.

Lecteur perspicace, sachez que lorsque le Tentateur adoucit sa voix, de plus sages que le sire de Bénac s'y laissent prendre, et que s'il disait tout de suite qui il est et ce qu'il veut, nul ne voudrait l'écouter.

Bos courut au château. Hélas ! comment raconter cette scène lamentable ? Comment peindre la douleur, puis la rage du malheureux, lorsqu'il se vit chassé de sa demeure, où personne ne le reconnut, et qu'il entendit Hermesinde dire avec une bonté qui lui perça le cœur : — « Que nul ne fasse de mal à ce pauvre fou, et que le Seigneur Dieu le prenne en pitié ! » Tout le jour il courut dans la montagne en criant et en blasphémant ; les petits pâtres s'enfuirent en l'apercevant, et plus d'un fit en se sauvant le signe de la croix, persuadé qu'il venait d'entrevoir le Diable.

Lorsque les ombres du soir s'étendirent sur la vallée, Bos tomba épuisé de fatigue, les pieds meurtris et le visage ensanglanté par les ronces qui avaient aussi déchiré ses vêtements durant sa course insensée. Il regarda autour de lui et frémit en apercevant le Bergonz, et, à l'extrémité de la chaîne de Baréges, le pic du Midi qui commençait à s'envelopper de nuages sombres. Il était tombé à quelques pas d'un ermitage situé sur ce mont qui s'avance entre Luz et Saint-Sauveur comme une sentinelle vigilante qui garde les gorges d'alentour. Avant de partir pour la croisade, le chevalier avait souvent entendu parler des vertus d'un saint religieux qui passait là ses jours et ses nuits dans l'oraison ; la pensée lui vint d'aller se jeter à ses pieds et d'implorer avec lui la miséricorde divine... Mais au même instant la Campana recommença son carillon et Bos entendit distinctement les chèvres noires répéter en chœur, comme la veille : — « C'est ainsi que nous célébrerons les noces de notre ami, le baron d'Angles. » Dans les profondeurs du Bergonz, les trois fees se mirent à tourner leurs rouets, et leurs petites voix argentines s'unirent pour chanter : — « Le manteau de Bos de Bénac sera plus magnifique que celui des rois, et sa femme le reconnaîtra lorsqu'elle le verra dans ces beaux atours. Vite, vite ; le temps presse. Demain il serait trop tard. »

A ces derniers mots, Bos sentit son cœur mordu de nouveau par le démon de la jalousie, et tout égaré il s'écria : — « Reviens, toi qui m'as quitté ; toi, ma seule espérance. Reviens ! Qui que tu sois, je t'appelle. » — « Que me veux-tu ? dit une voix moqueuse. Que réclames-tu de moi, pauvre chevalier errant ? Allons, parle donc, maintenant, et regarde-moi en face. On dirait que tu as peur ! »

Bos leva les yeux et vit devant lui son compagnon de la veille ; mais quel changement ! Son visage avait pris une telle expression de haine, d'orgueil, de dédain suprême et de fureur concentrée, que cette fois le sire ne s'y trompa pas. — « Satan ! murmura-t-il. Ah ! père du mensonge, je ne m'étonne plus que tu m'aies trompé ! » — « Qu'est-ce que cela signifie ? Des reproches, je crois ! dit durement l'Ange déchu ; ne t'ai-je pas tenu tout ce que je t'avais promis ? Je t'avais offert de te rendre ta liberté, ta patrie, et de te montrer ta femme. Tout cela, je l'ai fait. Je m'étais bien gardé de te promettre que la dame de Bénac se jetterait à ton cou en te revoyant ; je connais trop l'inconstance et la mobilité féminines ! Et d'ailleurs, il te fallait à toi une bien grande fatuité pour t'imaginer qu'elle reconnaîtrait dans un vagabond en haillons, le bel époux qui l'a quittée naguère si mal à propos. Mon ami Bos, tu n'as jamais eu le sens commun ! Tu as eu une tête romanesque, un cœur épris de l'idéal, tu as même visé à la sainteté ; vois un peu où tout cela t'a conduit ! A n'avoir pas même un abri dans le château de tes pères, et à finir tes jours comme valet d'écurie du sire d'Angles, si toutefois il veut bien te faire l'honneur de t'accepter ! » — « Trêve aux railleries, cria Bos, éperdu de douleur. Je veux, entends-tu, je veux que ma femme me rende son amour, et pour cela je te donnerai tout ce que tu me demanderas, fût-ce mon âme. » — « Ton âme ! Peuh ! c'est bien peu de chose, dit en riant le Maudit ; mais, puisqu'il ne te reste que cela, il faudra m'en contenter. Cependant, avant de conclure, il faut concerter notre plan. » Ici Satan s'arrêta brusquement, la Campana cessa son carillon, et les rouets des fées se turent dans le Bergonz, car une voix venait de s'élever dans la chapelle rustique, et cette voix disait : « De tout mal, de tout péché, de votre colère, des embûches du démon et de la mort éternelle, Seigneur, délivrez-nous ! »

Un violent coup de vent emporta la suite de la prière. Le Démon continua : « Je te parlerai franchement, quoique tu m'aies fait l'injure de douter tout à l'heure de ma sincérité : j'ai pu facilement détacher de toi ton Hermesinde ; mais il me serait plus aisé maintenant d'arrêter l'eau des torrents que d'empêcher la dame de Bénac d'accomplir ce qu'elle a résolu. Il faudrait, pour qu'elle te rendît tout son cœur, qu'elle ne pût jamais revoir celui qu'elle aime d'un si grand amour. »

Un long éclair déchira la nue; Bos aperçut sur le pic du Midi le spectre de la veille qui s'inclinait vers lui, et une rafale lui apporta ces mots : — « Les amis de mon maître sont les miens. Bos de Bénac, veux-tu que je frappe cette nuit le baron d'Angles? » — « Réponds, réponds, cria le Tentateur. » Hélas! l'infortuné allait dire oui... lorsque la voix qui priait dans l'ermitage s'éleva de nouveau, plus grave et plus solennelle, et fit entendre les sombres accents du *Dies iræ*. — « Jour de colère, jour terrible où l'univers sera réduit en cendres!... La nature et la mort seront dans l'effroi quand l'homme ressuscitera pour paraître devant son juge... Tout ce qui était caché sera révélé; aucun crime ne restera impuni. Que dirai-je alors, malheureux? »

Ainsi chantait le pieux ermite, et pour le chevalier commença un combat plus terrible que tous ceux qu'il avait soutenus contre les infidèles. Les souvenirs de sa vie lui remontèrent au cœur : il se vit agenouillé auprès de sa mère et redisant après elle : « *Ne nous laissez pas succomber à la tentation, mais délivrez nous du mal ;* » et il s'en fallut peu que cette supplication ne s'échappât de son âme; puis il songea au jour où il avait été armé chevalier et où il s'était promis d'être fidèle à la fière devise : *Fais ce que dois !* et à cet autre jour où il avait tout quitté au cri de *Dieu le veut ! Dieu le veut !* dans un transport d'enthousiasme et avec une sainte joie de voir la terre foulée par les pas de l'Homme-Dieu. Et maintenant?... Maintenant, il allait vendre son âme, perdre le ciel; un mot encore et tout serait fini! — « Décide-toi ! décide-toi, répétait le Démon, ne sacrifie pas le bonheur de ta vie à des chimères. »

L'ermite continua : — « Souvenez-vous, ô doux Jésus, que pour moi vous êtes descendu du ciel; ne me laissez pas en ce jour. Vous vous êtes épuisé de lassitude en me cherchant; vous m'avez racheté par les souffrances de la croix : que tant de labeur ne soit pas perdu ! » — « Oh! si je pouvais encore le prier ainsi ! » s'écria le chevalier. — « Il a dit lui-même qu'il renierait dans le ciel ceux qui l'auraient renié sur la terre; tu l'as donc oublié, Bos de Bénac? »

Qui parlait ainsi? Celui qui dans le désert avait eu l'audace de citer aussi l'Écriture au Fils de Dieu.

Le solitaire poursuivit : « Vous avez absous Marie-Madeleine; vous avez exaucé le bon larron; vous m'avez donné droit d'espérer. » — « O Jésus, je suis plus coupable encore, mais ne me repoussez pas, s'écria Bos; au nom de votre sang répandu sur la croix, grâce, grâce ! Délivrez-moi de Satan ! »

Le Tentateur s'évanouit comme une vapeur à cette ardente supplication, et Bos se traîna jusqu'au seuil de la chapelle. — « Qui êtes-vous, mon fils? lui dit l'ermite en venant à lui. Que puis-je faire pour vous? » — « O mon père, répondit le chevalier, dites-moi que Jésus pardonne! La mort me gagne, et je ne puis que vous confesser que c'est le plus grand des pécheurs qui est à vos pieds. » — « Mon fils, dit le prêtre, prenez courage. Jésus-Christ est un grand Sauveur. Je ne sais pas quel sont vos crimes, mais je sais qu'il a dit : « *Quand vos péchés seraient comme le cramoisi, ils seront blanchis comme la neige*, et qu'il n'est pas homme pour mentir. »

Une joie céleste illumina les traits décomposés du mourant : « – O Jésus, recevez votre brebis perdue dans vos bras ! » dit-il tout bas ; et, plus bas encore, il ajouta : « — Que votre bénédiction repose sur *elle*... et sur *lui*. »

Alors l'Ange de la mort le toucha, et Jésus prit son âme dans le Paradis.

SAVONAROLE

I

Parmi les grands serviteurs de Dieu on peut certainement placer le moine florentin Jérôme Savonarole, quoi qu'il ait été jugé très-diversement. Les uns ont vu en lui un fanatique, les autres un imposteur, d'autres encore un ambitieux qui s'est servi de la religion comme d'un marche-pied. Cependant Luther lui a rendu un hommage de profonde sympathie à cause de sa foi. Plusieurs historiens catholiques, même des Dominicains, ont pris sa défense et ont essayé de le réhabiliter. Enfin, après sa mort comme pendant sa vie, il a toujours été en butte à la contradiction.

Voici venir maintenant un nouvel avocat de Savonarole, qui veut, dossier en main, rétablir la réputation de son client. C'est M. Théodore Paul. Lorsque je dis avocat, je me trompe ; le mot n'est pas exact. M. Paul plaide pour la vérité historique plutôt que pour la glorification de son héros. Il n'a pas de parti pris d'admiration et de justification quand même. Il veut seulement être juste et il n'avance rien sans preuves. Aussi ce sera surtout dans son livre que nous étudierons la vie du réformateur de Florence.

Mais ne vous attendez pas à ce que je vous présente un saint tout d'une pièce. Ces saints-là, on ne les trouve que dans les légendes. Or, nous sommes ici dans l'histoire. Aucun homme ne peut être proclamé comme un modèle à suivre en tous points. Nous le savons bien ! Nous réclamons très haut pour notre propre compte la permission d'être faillibles ; seulement, nous sommes plus sévères pour les morts que pour nous-mêmes. Il nous est difficile de nous placer en les jugeant à une égale distance d'une admiration passionnée et d'une opposition systématique. Nous leur donnons toutes les vertus qui leur ont manqué et nous ceignons leurs fronts d'une triple auréole ; ou bien, nous leur contestons même ce qu'il y a eu de bon en eux malgré leurs erreurs et leurs fautes. Ah ! la belle chose, et la chose rare, que l'équilibre dans les idées et dans les sentiments !

Je veux vous dire tout d'abord pourquoi j'ai choisi Savonarole pour le sujet de ma causerie avec vous.

C'est parce qu'ils s'est donné tout entier au Seigneur. — On pensera peut-être qu'il n'y a là rien de bien remarquable et qu'on peut en dire autant du premier chrétien venu. Sans doute, nous savons bien, en théorie, qu'un chrétien est un homme qui consacre sa vie au Dieu qui l'a racheté. Mais n'est-il pas vrai que dans la pratique les choses ne vont pas si simplement? On se donne, en principe; dans l'application, on se reprend. Elles sont très-clair-semées ces âmes fortement trempées qui marchent à la suite de Jésus-Christ malgré vents et marées, qui se comptent pour rien, qui ont une sainte passion pour leur Sauveur, et qui disent simplement, comme Savonarole, à chaque nouveau sacrifice : « Le Seigneur a parlé. Quand il commande on ne peut reculer. O mon Dieu, je ne veux que toi ! Seigneur, que ta main me soutienne et je n'aurai peur d'aucun homme. Avec toi je puis mourir ! »

On ne fait de grandes choses que lorsqu'on a cette énergie de foi et cette volonté déterminée. Elle l'était d'autant plus chez Savonarole qu'elle s'appuyait davantage sur la grâce divine qu'il définissait : « Dieu habitant en l'homme. » Il y revenait souvent. « Sans le don de la grâce, disait-il, l'homme ne peut arriver au salut, quand même il ferait toutes les bonnes œuvres possibles... De la grâce viennent toutes les forces de l'âme, tous les sentiments élevés qui donnent l'amour des choses célestes et qui remplissent le cœur de paix et d'espérance... Ainsi donc, nul ne peut se justifier devant Dieu, car n'eussions-nous commis aucun péché, cela ne nous aurait été possible qu'avec le secours divin. C'est pourquoi, ô homme, ne présume point de toi ni de tes bonnes œuvres ! »

Certes, celui qui a parlé ainsi de la grâce ne doit point être rangé parmi ces moines ignorants ou orgueilleux qui se figuraient pouvoir acheter le ciel par des pèlerinages, des jeûnes, des amulettes et des formules, et nous pouvons lui tendre la main, comme à tous ceux qui ont « *bâti sur le roc* » l'édifice de leur salut.

Savez-vous ce que j'aime encore dans Savonarole ? Ce sont ses continuels appels à la repentance et à la sainteté. Assurément on a eu raison de dire qu'il avait trop insisté sur la repentance et pas assez sur le sacrifice de Jésus-Christ. On a eu raison aussi de trouver qu'il avait considéré la sainteté d'un point de vue trop monacal. Mais les chrétiens d'à présent sont si peu disposés à heurter contre ces deux écueils qu'on pourrait bien penser qu'ils les évitent trop soigneusement. Ils ont une très-grande terreur de se distinguer du monde par leur langage, leurs habitudes, leur costume, et toutes leurs allures. Ils aiment qu'on leur prêche un christianisme facile, accommodant, sans épines, qui puisse se concilier avec ce qui dans le monde les charme encore. Ils trouvent que le mot de *repentance* est bien sombre ; il y a des larmes très-amères et bien des gémissements dans ce mot-là ; ils voudraient entendre toujours dire : amour! amour! et s'endormir sur des coussins au pied de la croix. On est même parfois mal reçu quand on leur répète, après saint Paul, que « *sans la sanctification personne ne verra le Seigneur.* » Enfin, si on les laissait faire, ils se figureraient que la véritable expression du christianisme, ce sont ces chants tantôt vifs et presque sautillants, tantôt languissants et langoureux comme des sérénades au clair de lune, que les cathédrales écoutent toutes surprises, et qui retentissent même trop souvent dans les sévères murailles qui ne connaissaient jadis que les graves mélodies des vieux psaumes du désert. Ah! qu'on s'en tienne plutôt à ces sombres accents du *Dies iræ*, qui sont comme un écho des prédications que faisait entendre sur les rives du Jourdain l'austère précurseur du Christ, et aux énergiques accords de ces cantiques de Luther qui semblent vouloir fortifier l'Eglise dans sa grande guerre contre le péché et le monde!

Il n'y a donc aucun danger pour nous à étudier la vie de Savonarole. Bien au contraire. Nous sommes suffisamment en garde contre les erreurs du réformateur de Florence, et nous pourrons entendre de lui des vérités que nous sommes tentés d'oublier. Il est probable que nous le trouverons souvent sévère, presque dur, austère à l'excès, et trop raide pour nous. Tant mieux! On ne peut s'appuyer que sur ce qui résiste; et comment se tiendrait-on en équilibre sur une corde mal tendue?

II

Jérôme Savonarole naquit à Ferrare le 21 septembre 1452. Son grand-père, Michel Savonarole, avait été un des premiers professeurs de l'université que le marquis Nicolas III, de la maison d'Este, avait fondée à Ferrare en 1402. Son père était aussi un homme distingué, et ce fut sous cette double influence qu'il passa ses premières années. Il montra de bonne heure une intelligence peu ordinaire unie à une grande persévérance et à un jugement très-droit. A mesure qu'il avança dans ses études, au lieu d'accepter de ses professeurs des opinions toutes faites, ce qui est si commode et fait si bien le compte de la paresse d'esprit, il examina lui-même toutes choses, gravement, lentement, pour parvenir à une conviction personnelle. Ce fut ainsi qu'il en vint à signaler tout haut les subtilités de la philosophie d'Aristote; ceci peut nous sembler tout simple à présent, mais c'était une véritable hardiesse en un temps où Aristote était considéré comme un oracle infaillible. Ce fut encore ainsi qu'il se préserva d'un enthousiasme irréfléchi et outre-passa la mesure pour les écrits de Platon. A cette époque on citait Platon à tout propos, et hors de propos, c'est-à-dire dans la chaire chrétienne. « J'ai partagé cette erreur, dit-il plus tard, j'ai beaucoup étudié les Dialogues de Platon, mais ensuite, quand Dieu m'a donné la lumière, j'ai déchiré tout ce que j'en avais écrit. A quoi sert tant de science si une pauvre vieille femme peut en savoir plus que Platon sur la foi ! »

Il aurait été intéressant de savoir comment cette lumière dont il parle lui fut donnée. Les détails manquent, mais ce qu'on peut presque affirmer, c'est qu'il n'y eut pas dans la vie de Savonarole de chemin de Damas et que sa conversion s'opéra lentement, par degrés. S'il avait eu, comme Luther, des années de combats intérieurs, de recherche douloureuse du salut, il y aurait probablement fait plus d'une allusion dans la suite. Il fut sans doute une de ces âmes que le Seigneur appelle à la première heure, et qui se mettent en marche sans même avoir encore une conscience très claire de ce qui se passe en elles. Qu'importe, après tout? Dieu a diverses manières de s'y prendre avec ses enfants, et la conversion n'est pas toujours un coup de théâtre de la grâce. L'essentiel n'est pas de pouvoir indiquer le jour, l'heure et la minute où l'on s'est donné au Sauveur, mais bien plutôt de trouver en soi cette vie nouvelle dont la conversion n'est que le premier pas et le moyen.

Les biographes de Savonarole s'accordent tous à dire que dès sa plus tendre enfance il aimait la prière et recherchait la solitude avec Dieu plutôt que les jeux bruyants des garçons de son âge. En grandissant, cette disposition s'affermit, et plus d'une fois les hôtes de son père durent trouver bien taciturne et bien grave ce jeune homme qui écoutait en silence dans quelque coin de l'appartement, sans prendre part à la conversation. Ce n'était pourtant chez lui ni sauvagerie, ni timidité orgueilleuse : s'il ne parlait pas, c'était parce qu'il observait ; et lorsqu'il se décidait à dire aussi son mot, il le faisait avec une affabilité qui lui gagnait les cœurs. « Il avait, nous dit-on, une telle urbanité qu'il se mettait à la portée de chacun. » Ce trait seul en dit bien long sur son caractère, car c'est par sa conversation habituelle, je veux dire par l'esprit qu'il y apporte, qu'on peut le mieux juger un homme. Les uns ne causent pas ; ils parlent. Ils s'écoutent eux-mêmes, et sont tellement satisfaits de ce qu'ils entendent, qu'ils ne prêtent pas l'oreille aux réponses qu'on leur adresse. S'ils font de temps en temps une halte, c'est uniquement pour respirer, pour recueillir leurs idées, et pour s'admirer. Cela fait, ils reprennent le fil de leur discours. Ce qu'on a pu dire dans l'entr'acte, ils ne s'en soucient pas. Les autres traînent leurs interlocuteurs ébahis dans des régions inconnues, sans pitié pour leur ignorance, pour leur faiblesse, ou pour leur lassitude ; et tous, quels que soient leur talent ou leur esprit, ne sont au fond que des égoïstes.

Savonarole n'était cependant pas porté par sa nature à la douceur et à la charité. Il était enclin à la colère et il était trop passionné pour être calme sans intermittence; mais comme il avait appris de bonne heure à lutter contre lui-même, il en était arrivé à dominer ses impressions premières. Quelle que fût son agitation intérieure, il n'en laissait rien voir.

Toutefois, si, lorsqu'il ne s'agissait que de lui, Savonarole savait contenir ses émotions violentes, il n'en fut pas de même lorsque, regardant autour de lui, il vit la corruption des prêtres et l'état de l'Église de Dieu. Son étonnement fut grand. Dans le tableau idéal que son imagination s'était plu à tracer, le pape reproduisait fidèlement en lui tous les traits de Jésus-Christ; les cardinaux, les évêques, et jusqu'aux plus humbles prêtres de campagne, étaient comme transfigurés par la sainteté de leur ministère et semblaient tenir à peine à cette terre de péchés et de souillures... De pareilles illusions ne pouvaient pas subsister longtemps devant la brutalité des faits. Le pape d'alors était ce Sixte IV qui prenait plaisir à voir des spadassins se battre devant son palais, et qui, mêlant les choses saintes aux choses profanes, leur donnait solennellement sa bénédiction au moment où ils commençaient leurs jeux sanglants. Moins évêque que spéculateur, s'enrichir ainsi que les siens était sa grande préoccupation. Il vendait tout : les emplois, les bénéfices, les grâces spirituelles, et le jour de sa mort fut, selon un historien du temps, « un jour particulièrement heureux, où le Dieu tout-puissant manifesta son pouvoir en délivrant son peuple de la main du plus impie et du plus méchant des souverains. »

Quant aux prédicateurs, ils faisaient de la littérature en chaire. Ils en appelaient à Cicéron, à Virgile, au Dante, à Pétrarque, pour appuyer leurs discours. Ils ne cherchaient qu'à produire de l'effet et non pas à réveiller les âmes. Ou bien ils se perdaient dans les subtilités philosophiques, détaillaient, distinguaient, divisaient, subdivisaient encore; si bien qu'à force de vouloir être profonds, ils ne réussissaient qu'à se rendre inintelligibles à leurs auditeurs, et peut-être à eux-mêmes. D'autres ne s'occupaient qu'à dénicher de nouveaux miracles dans la vie des saints; plus ils étaient absurdes, moins ils étaient prouvés, plus haut ils les proclamaient. Et les reliques, et les amulettes, et les indulgences, et les mille petits moyens de gagner le ciel sans se mettre hors d'haleine! Ils savaient tout cela, ils y ajoutaient encore, et lorsqu'ils avaient fait de grands gestes et bien enflé leurs voix ils se croyaient éloquents.

Quant à la Bible, on n'y pensait guère.

Vous parlerai-je des mœurs de ce clergé étrange? Vraiment, je n'oserais. Mais si loin que puisse aller votre imagination, elle ne vous conduira pas au delà de la vérité.

Lorsque Savonarole put apprécier l'état de l'Église, l'indignation lui monta au cœur, indignation sainte, semblable à celle qui avait saisi le Seigneur le jour où il avait chassé du temple les vendeurs qui le profanaient. Il formula ses amers reproches dans une poésie intitulée : *De la ruine de l'Église*, qu'on retrouva plus tard dans ses papiers. Déjà, trois années auparavant, il avait gémi sur les progrès de l'impiété dans une autre pièce intitulée : *De la ruine du monde*; mais dans ce premier morceau il y a quelque chose de tendu, de bouffi, d'emphatique, qu'on ne retrouve pas dans le second. On sent qu'il y a eu entre ces deux écrits de longues heures de méditation et une sérieuse étude de l'Écriture, dont l'accent prophétique se retrouve parfois sous la plume du jeune homme. On croit entendre un écho de l'Apocalypse lorsqu'il compare l'Église à une femme qui passe sa vie dans les larmes, « qui erre de lieu en lieu, les membres découverts, les cheveux épars, piquée par le scorpion, enlacée par des serpents, » et qu'il s'écrie : « Ah! pleurez, vous, vingt-quatre têtes blanchies; vous, quatre êtres vivants; vous, sept trompettes saintes... O vous, divines pierres vives très-élevées, pleurez des larmes de sang. Que chaque planète, que chaque étoile pleure, si la nouvelle lui en est parvenue. Vous tous qui, là-haut, êtes bien heureux, je crois, si j'ose le dire, que tant de désastres vous affligent. » Mais tandis que la première *canzona* s'était terminée par ces paroles où respirait plus de prudence humaine que d'énergique amour de la vérité : « Canzona, tâche d'être avisée. Ne t'approche pas de la pourpre; fuis les palais et les loges, et n'adresse tes conseils qu'à peu de personnes, car tout le monde te tiendrait pour ennemie. » la seconde finit par un cri qui fait pressentir le futur réformateur de Florence : « *Madonna*, laissez-moi pleurer avec vous!... Quel est l'arrogant qui trouble votre paix? En soupirant elle me répondit : C'est une séductrice, c'est Babylone! Alors je repris : Ah! si avec l'aide de Dieu je pouvais lui briser les ailes!... Je ne crains point la piqûre du scorpion. »

Telles étaient les graves pensées qui occupaient Savonarole. Tout à coup, au moment de se lancer dans cette société raffinée et corrompue avec laquelle les affaires de la vie allaient le mettre en rapports journaliers, il se troubla, il eut peur, et comme à tant d'autres âmes l'image du cloître se présenta à lui comme un port pour échapper aux tentations. Cependant il n'avait pas plus d'illusions sur la sainteté des moines que sur celle du chef de l'Église; aussi, avant de se ranger dans leur milice, il eut un moment d'hésitation. Puis il se décida, c'est lui qui nous l'apprend, en pensant que les mécomptes qui l'attendaient certainement au couvent l'aideraient à briser sa volonté, et l'exerceraient au renoncement. « Je suis entré dans le cloître pour apprendre à souffrir, dit-il plus tard dans un de ses sermons; lorsque les souffrances sont venues me visiter je les ai étudiées, et elles m'ont appris à aimer toujours, à pardonner toujours. » De plus, il aimait par-dessus tout deux choses : la liberté et le repos. « Pour avoir la liberté, dit-il encore, je n'ai pas voulu de femme, et pour avoir le repos, j'ai fui le monde. »

Il y a ici quelque chose qui étonne : appeler en même temps la souffrance et le repos, la paix et l'angoisse, les confondre dans un même désir, n'est-ce pas une contradiction? Non, si l'on regarde bien. C'est un repos relatif que de choisir son tourment, que de prendre parmi les croix qui se présentent celle qui semble la plus légère à porter. Or, c'était précisément ce que faisait Savonarole en entrant dans le cloître. Il était victime d'une vieille erreur toujours jeune. Il ne pouvait pas comprendre qu'on peut faire de petites choses dans un grand esprit, et qu'il est possible d'avoir tout ensemble l'activité de Marthe et le cœur de Marie. Il ne songeait pas que la sainteté n'est pas plus facile dans un état que dans un autre, qu'elle est partout impossible à la faiblesse humaine, et que tout dépend toujours de la grâce de Dieu. Mais je vous avoue que c'est dans la seconde parole de Savonarole que je viens de vous citer, que je crois trouver l'expression vraie de ses sentiments et les causes réelles de son entrée dans un monastère. Ce qu'il dit des souffrances qu'il allait y chercher se rapporte mal, après tout, à ce qu'il écrivit à ses parents en quittant le toit paternel. Ce n'est pas que je mette en doute sa sincérité, mais il arrive quelquefois que, malgré soi, à son insu, on se figure avoir eu, dans un temps, écoulé des sentiments qui ne pouvaient être que le résultat des événements qui se sont succédé ensuite. Ce sont des anachronismes involontaires qu'on place dans sa propre histoire. Plus on a d'imagination, plus on court le risque de commettre ces erreurs-là, car dire imagination c'est dire aussi illusion.

Quoi qu'il en soit, Savonarole entra en 1475 dans le couvent de Saint-Dominique de Bologne. Il avait vingt-trois ans. Ses parents apprirent sa subite détermination et son départ définitif, par une lettre qu'il leur écrivit deux jours après les avoir quittés, lettre toute pleine de témoignages de tendresse pour ceux dont il se séparait, mais où se révèlent en même temps une volonté bien arrêtée et un ardent désir de se consacrer tout entier à Dieu, dont il croyait avoir entendu la voix qui l'appelait dans la solitude. « O ciel! mon Jésus! plutôt mille morts que de te contredire jamais et de me montrer ingrat envers toi! » s'écrie-t-il dans un élan passionné qui touche et qui émeut, comme tout ce qui sort des profondeurs d'une âme prosternée devant son Sauveur.

III.

Après une année de noviciat, Savonarole revêtit l'habit des Dominicains. Ses supérieurs voulaient faire de lui un prédicateur, mais ils virent bientôt qu'il n'y fallait pas songer. Le jeune moine n'avait pas ce qui charme la foule. En chaire il était raide disgracieux, embarrassé de sa personne. Sa voix était faible, enrouée, totalement incapable de ces grands éclats qui captivent le peuple, même lorsqu'ils constituent à eux tout seuls l'éloquence de l'orateur. On se borna à le charger des leçons de philosophie. Lui qui avait tant redouté de passer *d'Aristote dans le siècle à Aristote en religion*, il fut contraint de se replonger dans ces études dont il était déjà las avant d'entrer au couvent. De temps en temps il secouait son programme officiel et allait demander aux Pères de l'Église, à saint Jérôme, à Cassien, à saint Augustin, des enseignements qu'il redisait ensuite à ses auditeurs. C'était précisément parce qu'il avait beaucoup aimé la philosophie qu'il avait pu en mesurer l'insuffisance. Il ne la confondait donc point avec la révélation et n'avait garde de préférer aux radieuses clartés du Saint-Esprit dans la Bible la lumière vacillante de la sagesse humaine. « De nos jours, disait-il, on veut faire de Platon un chrétien. Cependant Platon reste Platon, Aristote reste Aristote, et ni l'un ni l'autre ne deviendront chrétiens. »

Il semble pourtant, par le ton même de quelques-unes de ses leçons, qu'il s'éleva parfois dans son âme des combats entre le raisonnement et la foi, et que lui aussi entendit dans le silence de son cœur ces voix moqueuses qui s'élèvent tout à coup au moment où nous nous croyons en sûreté, et qui se raillent impitoyablement de ce qu'elles appellent notre crédulité ; voix trompeuses qui surgissent de l'enfer, et que la prière y fait redescendre. Ecoutez plutôt : — « J'ai passé toute la nuit à combattre la sagesse humaine. Comme je méditais mon discours d'aujourd'hui elle m'est apparue : — Tu es fou, m'a-t-elle dit, d'aller à la poursuite de je ne sais quelles visions, de t'arrêter à des bagatelles, à des niaiseries. Toi qui as étudié longtemps la philosophie, tu devrais tourner ta pensée vers des choses dignes des meilleurs esprits... Que sais-tu si cet Ezéchiel que tu commentes ne disait pas des extravagances? — Je répliquai : La foi nous commande de croire à ses paroles, mais la sagesse humaine nie toujours la foi. Eh bien! disputons ensemble. » — Ici commence une discussion entre *Dame philosophie* et le chrétien. Après des raisonnements un peu embrouillés où les astres du ciel viennent se mêler on ne sait trop comment à l'Intelligence suprême, arrivent les questions pratiques. — « Fais-moi un sage, le plus excellent que tu pourras, dit le docteur chrétien, après cela je ferai le mien. — La raison et les sens sont en lutte chez l'homme, répond la Philosophie. Il a donc besoin de la vertu morale, du jugement, de la raison, de la mémoire, de l'intelligence, de la circonspection... Cela ne te parait-il pas beau? — Je riais et je répondis : Est-il sage maintenant? — Non, dit-elle. — Eh bien! poursuis. » Elle continua : — L'homme a encore besoin de la vertu réfrénative, témpérative, de l'abstinence, de la sobriété, de l'honnêteté, de l'humilité, de la clémence, de la sérénité, de la force, de la patience, de la persévérance, du respect pour les [p]rinces, de la vénération pour les supérieurs... Voilà le sage humain. — Et les femmes, et les enfants, et tous ceux qui n'ont pas étudié, que deviendront-ils? m'écriai-je. Moi je fais un sage avec cette seule parole : *Venez à Jésus*. Toutes les vertus découlent de là. »

Ce n'était pas dans son couvent que Jérôme, *fra Girolamo*, comme on l'appelait, avait trouvé cette vue simple et droite: c'était la Bible qui la lui avait donnée. Il s'était procuré les saints livres et il ne se lassait pas de les lire. A force de les lire il les savait presque par cœur, au grand étonnement des autres religieux. — « Passe encore pour le Nouveau Testament, lui disaient-ils. Mais à quoi peut servir l'Ancien? Qu'as-tu besoin de t'occuper de ces vieilles histoires? »

Cela seul suffit pour montrer combien peu l'intelligence des Écritures était développée alors, puisque dans le couvent de Bologne même, où l'on savait tant de choses, on en était encore à ne pas comprendre que le Nouveau Testament sans l'Ancien est semblable à une maison sans vestibule, de même que l'Ancien sans le Nouveau est comme un livre dont on aurait arraché le dernier chapitre et la conclusion. Laissez-moi vous citer quelques paroles de Savonarole sur la Bible; vous verrez qu'elles ont encore de l'à-propos : — « La Parole de Dieu est la nourriture journalière que nous devons demander à notre Père céleste... Celui qui étudie l'Écriture seulement pour paraître instruit et non pour la mettre en pratique, ne reçoit pas la Parole de Dieu de la main de Dieu, mais de ses propres mains... Si nous lisons avec soin les écrits des païens pour en trouver le vrai sens, est-ce que la Sainte-Écriture ne mérite pas plus notre attention, elle, que nous ne lisons jamais sans profit ; elle, en qui nous découvrons toujours de nouvelles vérités ; elle, dont le contenu ne s'épuise jamais, si, à l'exemple des apôtres, nous froissons les épis dans nos mains pour en faire sortir les grains, et si nous mâchons ce grain avec les dents, c'est-à-dire si nous nous adonnons avec humilité et avec un cœur pur à la méditation de cette sainte Parole de Dieu ? »

A force d'instances, Jérôme obtint de ses supérieurs la permission de ne plus enseigner la philosophie aux jeunes novices. On l'employa alors à confesser les fidèles. Dès qu'il était hors de la chaire il retrouvait, à un très haut degré, le don de persuader et de toucher. Ainsi, on raconte qu'allant un jour par eau de Ferrare à Mantoue, il navigua dans la société de treize soldats dont les discours impies et les chansons licencieuses le remplirent d'une sainte indignation, mêlée à la compassion profonde du chrétien pour ceux qui s'égarent. Il se mit à leur parler du Dieu qu'ils oubliaient, de leur âme qu'ils perdaient, de l'avenir épouvantable vers lequel ils s'avançaient, et du pardon qu'ils pouvaient encore obtenir s'ils le voulaient, avec une telle puissance et avec un tel amour que onze de ces hommes endurcis se jetèrent à ses pieds en pleurant, et en confessant leurs péchés.

Si Savonarole ne s'était pas laissé enserrer et gêner par les mille liens de la rhétorique, s'il s'était laissé aller tout simplement à l'impulsion de son âme ardente, nul doute qu'il n'eût obtenu en chaire les mêmes succès que sur cette pauvre barque. Mais il en est de l'éloquence comme de l'esprit. Ceux qui courent après s'essoufflent et n'attrapent rien. L'éloquence ne s'apprend pas, elle n'est pas dans le geste, elle n'est pas dans la voix, elle n'est pas dans l'expression, elle ne s'acquiert pas par l'étude, on n'y parvient pas par des combinaisons de phrases savamment agencées. Avec tout cela on n'arrive qu'à une éloquence factice, artificielle, qui peut bien éblouir, charmer, fasciner, mais qui ne peut atteindre les profondeurs de l'âme puisqu'elle-même n'en sort pas. Écoutez les enfants. Que d'éloquence parfois dans les supplications qu'ils adressent à leur mère pour obtenir d'elle le joujou qui est l'objet de leur ambition ! Ils n'ont pas préparé leurs gestes, et pourtant ils sont simples et expressifs. Ils n'ont pas étudié leurs intonations, et cependant elles sont toujours justes. La grammaire pourrait peut-être se plaindre d'être traitée cavalièrement par eux ; mais enfin ils réussissent : ils persuadent. Ce joujou tant désiré, le voilà : il est à eux. Comment donc s'y sont-ils pris ? Ils ont exprimé un sentiment *vrai*, un sentiment qui s'était emparé d'eux, qui avait fait taire tous les autres, qui les avait mis hors d'eux-mêmes. Voilà tout leur secret. Voilà aussi tout le secret de l'éloquence chrétienne et du succès des prédications. J'entends le succès réel, le seul qui vaille la peine d'être désiré, la conversion des âmes. Plus tard, lorsque Savonarole brisera les appuis misérables qui l'entravent maintenant, lorsqu'il sera dévoré par ce zèle ardent qui a animé tous les grands serviteurs de Dieu, par cette passion jalouse pour Jésus-Christ qui fait les héros de la foi, et par ce saint amour des âmes qui donne de l'éloquence aux plus simples des chrétiens, nous verrons Florence frémissante suspendue à ses lèvres inspirées.

Mais nous n'en sommes pas là.

Suivant l'usage des Dominicains, fra Girolamo fut envoyé successivement dans plusieurs villes de la Lombardie pour enseigner ou pour prêcher, car ses supérieurs ne voulaient pas renoncer à l'espoir de faire de lui un prédicateur, et ils renouvelaient de temps en temps des essais infructueux. En 1482, il alla à Ferrare, sa patrie, par obéissance seulement et très à contre cœur, persuadé qu'il était que « *nul n'est prophète dans son pays,* » et que ses discours n'auraient aucune influence dans une ville où chacun le connaissait de longue date et pouvait se souvenir des moindres détails de sa vie passée. « On s'écriera en m'entendant, disait-il à sa mère : N'est-ce pas ici maître Jérôme qui ne valait pas mieux que nous? » Mais il ne devait pas demeurer longtemps dans cette ville. On était alors en guerre et on craignait chaque jour que les Vénitiens ne vinssent donner l'assaut. Les supérieurs du couvent de Sainte-Marie des Anges, où se trouvait alors Savonarole jugèrent prudent de disséminer leurs religieux dans divers monastères d'Italie, et ils lui ordonnèrent de se rendre avec quelques frères au couvent de Saint-Marc, à Florence. Là il fut nommé *lecteur*, titre qui l'obligeait à instruire les jeunes novices. Pendant quatre années consécutives, il resta revêtu de cette charge.

En 1483, on lui confia les prédications du carême dans l'église Saint-Laurent ; mais à chaque nouveau sermon on vit diminuer le nombre des auditeurs, si bien qu'au dernier il n'y eut pas plus de vingt-cinq personnes au pied de la chaire. En 1484 et en 1485, on l'envoya prêcher à San-Geminiano ; là encore, cet homme qui devait plus tard fasciner tout un peuple échoua complétement. En 1486, il retourna en Lombardie. On ne sait presque rien des quatre années qui suivirent. Enfin, en 1490, il fut renvoyé à Florence et il reprit ses fonctions de lecteur dans le monastère de Saint-Marc.

La légende, qui se mêle toujours à l'histoire des grands hommes, nous raconte que comme Savonarole se rendait à pied de Gênes à Florence, ses forces l'abandonnèrent en chemin, et qu'alors un personnage mystérieux, un ange peut-être, ou, qui sait? le Seigneur lui-même, vint le prendre par la main et le conduisit dans une hôtellerie où il lui présenta des mets propres à le restaurer ; puis elle ajoute qu'il l'accompagna jusqu'aux portes de la cité, et qu'il ne le quitta qu'après lui avoir recommandé d'accomplir fidèlement sa mission.

Quelle mission? C'est ce que nous saurons bientôt.

IV

Le couvent de Saint-Marc n'appartenait que depuis les premières années du quatorzième siècle aux religieux dominicains. Ils y avaient été placés pour faire oublier au peuple de Florence les désordres des moines sylvestriens qui les avaient précédés dans cette retraite. Plusieurs artistes éminents l'avaient déjà rendu célèbre, entre autres fra Bartolommeo et Fra Benedetto, qui étaient peintres, et les deux frères Luc et Paul della Robbia, qui étaient sculpteurs. Mais le plus remarquable de ces religieux-artistes avait été fra Beato Angelico, dont la plus grande partie de la vie s'était passée à retracer sur les murailles de la chapelle, et jusque dans les plus étroites cellules, les scènes de la vie du Sauveur. Il appartient à l'école qui se préoccupe moins de la forme que de la pensée, et qui cherche avant tout à rendre l'âme visible sous les traits du visage. Fra Angelico aimait Jésus-Christ d'un ardent amour ; et chaque fois qu'il essayait d'esquisser les traits du Dieu-Sauveur, qui était sa vie, ses yeux se remplissaient de larmes et il tombait à genoux. Il ne considérait son art que comme un moyen de glorifier son Maître; aussi avait-il coutume de dire : « Celui qui fait les choses de Christ doit être toujours avec Christ. » Sa connaissance approfondie de l'Écriture-Sainte, dont il eut toujours soin de placer des fragments sous ses fresques pour les rendre plus intelligibles, lui fit saisir la physionomie réelle de la Vierge, et comprendre sa situation vis-à-vis de son Fils sur la terre et dans le ciel. Ainsi, dans un de ses tableaux, il l'a représentée humblement agenouillée aux pieds de Jésus qui place sur sa tête la couronne des rachetés, comme il va, l'instant d'après, la déposer de la même manière sur le front du plus obscur de ses disciples.

Lorsque Savonarole fut envoyé à Saint-Marc, fra Angelico était mort. Pardonnez-moi donc cette parenthèse sur lui. C'est une douce figure qu'on s'attarde malgré soi à contempler, car on en trouve si peu de semblables dans la région de l'art qu'on est quelquefois tout près de croire qu'on ne peut pas être à la fois artiste et chrétien. Si la vie de fra Angelico prouve le contraire, c'est parce que chez lui le chrétien sut dominer l'artiste, le conduire, l'inspirer, et qu'aucun art n'est à redouter lorsqu'on s'y livre à genoux.

Savonarole reprit donc ses fonctions de *lecteur*

dans ce couvent dont il était éloigné depuis quatre années. Bientôt des auditeurs distingués par leur rang ou par leur savoir vinrent prendre place à côté des jeunes novices qu'il instruisait. La salle où il donnait ses leçons se trouva trop étroite et il dut réunir ses disciples dans le jardin du monastère. Alors on demanda au prieur de l'autoriser à enseigner dans l'église. Le prieur y consentit, et les paroles de fra Girolamo parurent avoir une autorité plus grande encore, et impressionner plus vivement ceux qui les entendirent, lorsque ce fut de la chaire évangélique qu'il les prononça. Comme à cette époque il ne recherchait plus les effets oratoires, il commençait à avoir cette éloquence dont parle Pascal, « qui se moque de l'éloquence, » et il s'écartait toujours davantage de la façon de prêcher alors à la mode, à mesure qu'il en comprenait mieux l'insuffisance et l'impuissance : « Les docteurs et les prédicateurs du jour, disait-il, me font penser à ces chanteurs et à ces joueurs d'instruments qui, dans la maison de Jaïrus, jouaient et chantaient toutes sortes d'airs de deuil et ne pouvaient pas ressusciter la jeune fille qui était morte. »

Pendant les quatre années qu'il venait de passer en Lombardie dans le silence et dans la retraite, Savonarole avait certainement longuement médité et beaucoup gémi sur l'état de l'Église, qui l'avait déjà tant impressionné, nous l'avons vu, lorsque dans sa jeunesse il avait découvert avec un douloureux étonnement qu'elle n'était plus cette Église sans tache ni ride dont parle saint Paul, épouse mystique du Christ, mais qu'elle s'était flétrie et souillée au contact du monde. Les mœurs du clergé l'indignaient. Il s'effrayait, à juste raison, de voir les âmes confiées à des conducteurs qui ne s'en occupaient pas, qui ne songeaient qu'à augmenter leurs revenus pour mener joyeuse vie, et dont l'exemple était d'autant plus funeste qu'il venait de plus haut. Plusieurs fois déjà des voix s'étaient élevées pour demander la réforme de l'Église. En 1274, au deuxième concile œcuménique de Lyon, le pape avait dit que « les prélats étaient cause de la chute du monde entier, » et les avait sommés de se corriger. Au concile de Constance (1414) plusieurs docteurs éminents avaient parlé dans le même sens. Après ceux-là d'autres encore, tels que saint Vincent Ferrier et saint Bernardin de Sienne, avaient insisté sur l'urgence d'une réforme et avaient menacé l'Église de terribles fléaux si elle ne revenait pas à sa pureté primitive. Or, Savonarole n'était pas homme à se contenter de gémir en silence; il se sentit pressé du besoin de protester hautement à son tour contre le désordre dont il était témoin, et d'apporter, lui aussi, sa pierre à la digue que tant de fidèles serviteurs de Dieu avaient essayé d'opposer au torrent, toujours grossissant, qui entraînait l'Église hors de sa voie.

À Brescia, quatre ans auparavant, il avait fait re-

tentir une première fois du haut de la chaire les menaces de l'Apocalypse, en les appliquant tout particulièrement à ses contemporains. Il recommença avec une énergie nouvelle, et bientôt tous ses discours eurent pour base trois idées qu'il ne se lassa pas de développer : la nécessité du renouvellement de l'Église, le grand fléau dont l'Italie devait d'abord être frappée en châtiment de ses vices, et l'imminence de ces deux événements. « Il n'y a maintenant, disait-il, ni miséricorde, ni amour, ni lumière de la grâce, ni simplicité, ni progrès dans le bien, ni usage convenable des sacrements. C'est pourquoi nous sommes à la fin, car l'Église s'est figée dans le mal... La vertu parmi nous est tellement défigurée qu'on ne pourra bientôt plus la reconnaître. »
« L'Église de Christ, dit-il ailleurs, doit être regardée comme vieillie quand il lui manque ce qui lui donnait de la force et de la fermeté. Or, cela lui manque, car l'élément nutritif du christianisme, la Sainte-Écriture, qui devrait être lue et expliquée aux croyants comme la véritable nourriture de l'âme, est rejetée dans la poussière. Il n'y a personne qui l'enseigne véritablement. L'Église n'entend point de prédication chrétienne. Elle ne goûte plus les choses divines. Elle ne sent pas les choses de la foi. Elle ne désire pas les choses élevées. En un mot, les sens spirituels lui manquent... Christ a fondé son Église sur la pauvreté, non sur la richesse; mais aujourd'hui ce fondement est renversé. Et, ce qui est bien

pis, on a ajouté aux lois évangéliques de Christ une foule d'autres lois et d'autres ordonnances qui sont pires que les gloses ajoutées par les Juifs aux prescriptions de Moïse... L'Église doit-elle donc subsister telle qu'elle est? Non, cela ne peut pas être! Chantez au Seigneur un nouveau cantique. Chantez! Ce qui est ancien doit passer; tout doit devenir nouveau! »

Quant au fléau qui devait fondre sur l'Italie, ce serait, disait Savonarole, une invasion étrangère. Le testament de la reine Jeanne avait donné au roi de France, le jeune Charles VIII, des droits sur le royaume de Naples, et ce prince, brave, entreprenant, aventureux, disait déjà hautement qu'il allait passer les Alpes. Savonarole avait donc tout sujet d'annoncer que ce serait la France que Dieu chargerait du châtiment de l'Italie. Il fit même plus que de prédire ce malheur à son pays; il le désira et l'appela, persuadé que ce peuple avait besoin d'être fortement ébranlé, et de passer par la tribulation et par l'angoisse, pour arriver à une sérieuse repentance qui se manifestât par un sincère amendement. L'histoire sacrée de tous les temps lui prouvait que Dieu accomplissait toujours ses menaces, et que toutes les fois que la méchanceté des hommes était à son comble, il appelait les pécheurs à la pénitence par la voix terrible de ses jugements : le déluge avait châtié les contemporains de Noé; le feu du ciel avait consumé Sodome et Gomorrhe; Jérusalem avait été détruite, et l'Église avait été désolée par l'invasion des Barbares. Il en concluait que, puisque le péché sous toutes ses formes avait séduit les chrétiens eux-mêmes, et que leurs conducteurs spirituels refusaient d'entendre la vérité, l'Italie avait atteint « le plus haut degré de la corruption, et que la mesure étant comblée, l'épée devait détruire tout ce mal. »

Une nuit, il eut un songe extraordinaire qui l'impressionna vivement et qu'il considéra comme un avertissement de Dieu. Il crut voir sortir de la profondeur des cieux une main qui tenait une épée sur laquelle étaient écrits ces mots : *Gladius Domini super terram cità et velociter*, c'est-à-dire : *Le glaive du Seigneur va fondre sur la terre bientôt et rapidement.* Dès lors il annonça dans tous ses discours que le fléau qu'il avait prédit ne tarderait pas à venir, et cette parole qu'il croyait avoir reçue de Dieu acquit pour lui une autorité presque égale à celle des textes inspirés. Il la rappela constamment, et la commenta avec une chaleur de conviction et une éloquence sombre qui commencèrent à jeter l'effroi dans l'âme de ses auditeurs. « Crois-moi, dit-il, l'épée de Dieu viendra, et bientôt. Ne te moque pas de ce *bientôt*; ne dis pas que c'est un *bientôt* de l'Apocalypse qui met des centaines d'années à venir. Dieu ne veut pas t'en dire l'heure, car si tu savais que la tribulation arrivera dans dix ans tu dirais : Je puis attendre encore avant de me convertir. Mais voici ce que je te dis :

maintenant est le moment de la pénitence... Ne vous moquez donc pas de ce *bientôt*, car je vous dis que si vous ne vous repentez pas, malheur à Florence ! Malheur au peuple ! Malheur aux petits ! Malheur aux grands !... O Italie ! princes de l'Italie ! prélats de l'Église, la colère de Dieu est sur vous. Faites pénitence, pendant que l'épée est encore dans son fourreau et avant qu'elle ne soit ensanglantée ! »

« Billevesées monacales ! » disaient quelques-uns. C'étaient surtout les beaux esprits, ceux qui aimaient la littérature, et que choquaient les négligences de forme des sermons du Dominicain. Il est certain qu'il devait y avoir en eux quelque chose de décousu, d'incomplet, peut-être des expressions étranges dont le bon goût pouvait être blessé, ou du moins surpris, car il improvisait tous ses discours ; s'ils sont venus jusqu'à nous c'est grâce à un de ses disciples, Lorenzo Violi, qui les écrivait tout en les écoutant. Savonarole prenait un texte, le méditait à genoux, le commentait par d'autres passages de la Bible (vous vous rappelez qu'il savait par cœur les saintes Écritures presque dans leur entier); puis, il s'en remettait au Saint-Esprit pour le reste et ne se préoccupait, c'est lui qui le déclare, ni de la manière dont il parlait, ni de ses gestes, ni d'aucune autre chose que de se laisser docilement conduire par l'inspiration divine. Il était persuadé que la voix du prédicateur ne peut devenir pour ceux qui l'écoutent une voix intérieure qui parle tout bas à leur âme, qu'autant qu'elle reçoit de l'Esprit-Saint assez de force pour pouvoir se faire entendre de ce pauvre cœur humain si facilement étourdi par les bruits du monde. Jamais il n'aurait osé aborder la chaire, cette chaire chrétienne qui, dit saint Jérôme, « place le prédicateur immédiatement au-dessous des Anges dans l'échelle des êtres, » sans avoir ardemment supplié le céleste Prédicateur invisible d'y monter avec lui.

La foule devenait toujours plus compacte chaque fois que fra Girolamo prêchait à Saint-Marc. Il était loin le temps où ses auditeurs disparaissaient les uns après les autres et le laissaient presque seul dans l'église; mais aussi qu'elle était grande la transformation qui s'était opérée en lui! Il passait maintenant lui-même par toutes les émotions qu'il faisait naître; tantôt il pleurait en retraçant les scènes de la Passion; tantôt il parlait avec une telle indignation de la vie de péché de ceux qui se prétendaient chrétiens, que quelques pécheurs endurcis, furieux après coup d'avoir un moment tremblé à sa voix, allaient l'injurier après sa prédication. D'autres fois, il trouvait des accents si doux, si pénétrants, si suaves, pour exprimer l'amour de Jésus, que l'attendrissement s'emparait de ses auditeurs et que Lorenzo Violi écrivait : « Ici je m'arrêtai, car je me laissai surmonter par la grâce des paroles de cette prédication. »

Un jour de Vendredi-Saint, entre autres, Savonarole s'écria, après avoir longuement décrit les souffrances du Fils de Dieu : « O homme ! c'est pour toi, c'est pour ton salut, qu'il a été cloué et qu'il est mort sur cette croix ! Laisse ta mauvaise voie. Reviens à lui. Il t'attend les bras ouverts. Invoque sa miséricorde. »

Miséricorde ! miséricorde ! cria le peuple, interrompant ainsi le prédicateur. Et Lorenzo Violi écrivit encore sur ses tablettes : « Ici je fus tellement saisi de douleur et mes larmes furent telles, qu'il me fut impossible de continuer à transcrire ce discours. »

Savonarole avait une riche et brillante imagination ; aussi employait-il fréquemment l'allégorie pour rendre sa pensée plus saisissante. Tout ce qu'il disait faisait tableau. On aurait mauvaise grâce à le lui reprocher, car le Seigneur a donné l'exemple de ce genre de prédication en prenant souvent pour point de départ de ses enseignements le lis des champs, l'épi de blé, les nuages qui s'empourprent aux derniers rayons du soleil couchant, les fontaines jaillissantes, et même les détails les plus vulgaires de la vie domestique. D'ailleurs Savonarole se servait tour à tour de toutes les formes avec une entière liberté ; après l'allégorie, c'était l'anecdote ; après l'anecdote, le dialogue.

M. Théodore Paul donne de nombreux fragments des sermons du grand moine florentin. En les lisant on se sent parfois ému ; et pourtant ce n'est qu'une traduction, et le texte original n'est lui-même qu'un faible écho des prédications de Saint-Marc. Il y a surtout deux morceaux d'une grande puissance ; l'un, qui est, sous forme d'allégorie, une paraphrase éloquente de quelques versets du Cantique des cantiques ; l'autre, qui énumère tous les caractères de l'amour profane pour en faire autant d'images de l'union qui existe entre le racheté et son Sauveur. Quelques-uns s'étonneraient peut-être en lisant ce parallèle et le trouveraient trop hardi, car pour de certaines gens l'amour de Dieu est un de ces sentiments dont on ne parle pas, ou dont on ne doit parler qu'avec une grande réserve, des expressions mesurées, et un calme parfait. Que le peintre s'absorbe dans son œuvre, que le musicien se passionne pour les symphonies dans lesquelles il jette son âme, que la Malibran use sa vie dans les émotions de son art, qu'un poëte trouve pour l'exalter des accents enthousiastes, à la bonne heure ; ils sont tous dans le vrai. On les admire, et nul ne songe à s'étonner. Mais qu'un chrétien ose parler de Jésus-Christ comme on parle de l'être qu'on aime le plus, et dire hautement que le Crucifié est sa vie, son bonheur, sa sainte passion, « qu'en lui seul il trouve la force, la puissance, la beauté, le plaisir sans amertume, la joie sans tristesse, la lumière sans ombre, la félicité sans tourment, » on sourit, on ne comprend plus, et tout bas on murmure : rêveries ! imagination !...

On le dit aussi autour de Savonarole. Quelques voix l'appelèrent : « Un prédicateur bon pour les femmes ! » Toutefois, malgré l'opposition qui commençait à se manifester contre lui, il fut nommé, en 1491, prieur du couvent de Saint-Marc.

V

Florence était à cette époque entièrement dominée par les Médicis. Elle se laissait dire qu'elle était une république et elle essayait de le croire ; en réalité, elle n'avait plus de la chose que le nom. Laurent le Magnifique était roi, sinon de droit et de titre, du moins de fait ; à vrai dire, il était même monarque absolu. La famille de Médicis était arrivée sans beaucoup d'efforts à cette puissance ; il y avait bien eu quelques protestations, mais elle en avait fait prompte justice. Il était, en effet, assez naturel que dans une démocratie bourgeoise les banquiers et les riches marchands exerçassent une grande influence. Florence n'avait pas su se passer de l'or de Côme de Médicis ; après l'avoir banni, elle l'avait rappelé, et elle l'avait alors laissé modifier à sa guise ses institutions républicaines. Elle avait vu sans se troubler l'Assemblée du peuple, complétement dirigée par les partisans des Médicis, donner à cinq électeurs le droit de nommer à toutes les fonctions publiques, et à Côme lui-même le devoir de choisir ces cinq électeurs. Il en était résulté que toutes les charges de la république avaient passé successivement entre ses mains. En échange, Côme avait fait élever à Florence des monuments superbes ; il avait ouvert son palais aux Grecs qui fuyaient devant la barbarie des Turcs ; il avait entretenu une armée à ses frais ; enfin, il s'était mis à la tête du grand mouvement intellectuel que nous avons nommé *la Renaissance*, dont les deux caractères principaux étaient un retour à l'étude de la littérature païenne et une profonde admiration pour la philosophie grecque.

Laurent le Magnifique, dont Savonarole était contemporain, marchait sur les traces de son grand-père. Comme lui, il aimait les lettres et protégeait les savants et les artistes ; mais en politique il avait osé plus encore que son aïeul, pour consolider le pouvoir de sa famille. Aidé de son frère Julien, il était parvenu à opérer plusieurs modifications nouvelles dans la constitution de Florence. Anciennement, la *Seigneurie*, ou pouvoir exécutif, composée de huit membres présidés par le gonfalonier de justice, élaborait les projets de lois qu'elle soumettait ensuite à l'approbation du conseil choisi par le peuple. Julien et Laurent avaient augmenté le pouvoir du gonfalonier ; ils l'invitaient à délibérer avec eux, et lui faisaient donner des ordres au nom de la seigneurie, sans même la consulter. Ils avaient été plus loin. Le peuple avait eu jadis, comme ressource dans les cas d'abus de pouvoir, la faculté d'élire une assemblée extraordinaire nommée la *Balie*. Or, ils avaient fait de cette assemblée un corps permanent en possession de toutes sortes de droits arbitraires ; elle avait la liberté de disposer des finances sans être obligée de rendre un compte exact de ses dépenses ; elle condamnait sans procès les ennemis des Médicis, ou seulement ceux qui leur étaient suspects ; elle pouvait créer de nouveaux impôts ; elle promulguait de nouvelles lois et leur donnait, si tel était son bon plaisir, un effet rétroactif ; enfin, elle agissait dans une prétendue république sans plus de façons que sous un gouvernement despotique.

Il était nécessaire d'entrer dans ces détails pour expliquer la conduite de Savonarole envers Laurent le Magnifique. L'usage était que les prieurs de Saint-Marc allassent rendre hommage au chef de la famille de Médicis. Savonarole n'en voulut rien faire ; il répondit à ceux qui s'en étonnaient que puisqu'il tenait son pouvoir spirituel de Dieu lui-même, et non pas de Laurent, il lui suffisait de rendre grâce à Dieu. « Eh quoi ! s'écria Laurent, à qui on rapporta cette parole, un moine étranger est venu dans ma maison, et il refuse de venir me voir ! » Dire *ma maison* en parlant de Saint-Marc donne la mesure des droits que s'attribuaient les Médicis sur la *République* de Florence.

Mais ce ne fut pas seulement par amour de la liberté que Savonarole se tint éloigné de Laurent ; ce fut surtout parce que ce prince avait beaucoup contribué à développer le goût littéraire et artistique des Florentins aux dépens de la foi et de la vie chrétienne, et que nul n'était moins disposé que lui à seconder des efforts qui auraient eu pour résultat de ramener ses contemporains à l'austérité évangélique.

Cependant Laurent voulut essayer de s'attacher le nouveau prieur de Saint-Marc. Il commença par multiplier ses visites au couvent; mais Savonarole répondit invariablement aux religieux qui venaient, tout effarés, lui dire de se rendre au plus vite auprès du Médicis, qui se promenait seul dans les jardins : — « M'a-t-il demandé ? » — « Non. » — « Eh bien, qu'il se promène sans moi tant qu'il voudra. » Plus tard, il envoya de riches présents; Savonarole les accepta pour son monastère, et continua de prêcher avec la même énergie contre tous les désordres dont il était témoin. Il lui arriva même de dire en chaire, ce qui était une allusion fort transparente aux tentatives de séduction de Laurent : « Le bon chien aboie toujours pour défendre la maison de son maître. Si le voleur vient et lui jette pour l'apaiser un os ou quelque autre chose, le bon chien continue d'aboyer et de mordre le voleur. »

Alors le prince alla droit au but. Il pria quelques citoyens très-considérés de se rendre, comme de leur propre mouvement, auprès de Jérôme, et de l'engager à cesser ses prédictions effrayantes et à parler avec moins de rigueur du péché et de ses suites. — « Vous dites que personne ne vous a envoyés, s'écria le prieur, et moi je vous dis que derrière vous je vois

Laurent de Médicis ! Retournez vers lui, et dites-lui de se repentir de ses péchés, car les châtiments de Dieu sont suspendus sur lui et sur les siens ! » Comme on lui disait qu'il se ferait exiler s'il continuait : — « Je m'en inquiète peu, répondit-il ; votre pays n'est qu'un grain de lentille en comparaison du reste de la terre... Mais que Laurent sache bien que, quoiqu'il soit Florentin et le premier de la cité, et que je ne sois, moi, qu'un étranger et un pauvre moine, c'est lui qui partira, tandis que je resterai. »

Voyant que toute tentative de conciliation échouerait devant l'énergie de Savonarole, Laurent pensa à lui opposer un prédicateur de talent qui, s'il ne réussissait pas à détruire entièrement son influence, diviserait tout au moins l'attention du peuple. Ce prédicateur fut fra Mariano de Ghenezzano, de l'ordre des Ermites de Saint-Augustin dont Laurent venait de faire reconstruire le couvent. Il était très-goûté des beaux esprits, parce qu'il soignait ses phrases, préparait ses effets, et ne parlait du péché qu'avec la réserve la plus polie. Il se serait bien gardé de dire à un pécheur, comme Nathan à David : « *Tu es cet homme-là !* » De plus, il avait la faculté singulière de pouvoir pleurer sans être ému. Les larmes lui venaient à volonté, et, dit un historien contemporain, « il lui arrivait parfois de les recueillir dans sa main et de les jeter à son auditoire. » Cet argument, d'un goût plus que douteux, paraissait concluant à beaucoup de gens.

Le jour de l'Ascension (1491), il prit pour texte cette parole de Jésus aux apôtres : « *Ce n'est point à vous de connaître les temps et les moments qui ne dépendent que de mon Père* » (Actes, I, 7), et il s'éleva avec véhémence contre tous ceux qui prétendaient avoir reçu sur les événements à venir des révélations du ciel. C'était parler contre Savonarole. Le peuple le comprit ainsi, et Laurent fut satisfait. Savonarole releva vivement cette attaque quelques jours après, et démontra qu'il ne s'agissait pas dans cette parole du Seigneur de tous les temps et de tous les moments, mais seulement de ceux dont le Père s'est réservé la connaissance, c'est-à-dire du l'heure du jugement dernier. Il rappela que le temps du déluge avait été révélé à Noé, comme à Jérémie le temps de la captivité, et à Daniel l'époque de la naissance de Jésus-Christ. Il en conclut que ce que Dieu avait fait dans le passé il pouvait le faire encore.

Dans cette joûte oratoire, Mariano fut vaincu. En habile Italien, il dissimula son dépit sous une apparente cordialité. Il se rapprocha avec amitié de Savonarole et l'assura de son dévouement. Mais à partir de ce jour-là il nourrit contre lui une haine que nous verrons plus tard se manifester d'une manière terrible.

Cependant Laurent de Médicis touchait au terme de sa vie. Sa santé s'altérait rapidement, et un moment vint où tous les efforts de la science se brisèrent contre la violence du mal (1492). Ne sachant plus que faire, les médecins imaginèrent (le croira-t-on?) de lui administrer des solutions de diamants et de perles. Il va sans dire que le remède n'opéra pas, et qu'il aggrava peut-être l'état du malade. Lorsque le prince vit la mort s'approcher, il mesura pour la première fois la vanité de tout ce qui l'avait captivé. Il se regarda lui-même, et il eut peur de ce qu'il vit dans son âme. Alors il eut recours aux pratiques de toutes sortes que lui présenta un christianisme dégénéré, et il les rechercha avec autant d'ardeur que jadis la gloire humaine.

En resta-t-il là ? Ou bien, ne fit-il que traverser toutes ces confessions, toutes ces pénitences, toutes ces prescriptions pharisaïques qui risquent d'endormir la conscience, pour aller trouver, au delà, Celui qui seul donne la paix ? Un sonnet, qu'il composa peu de jours avant de mourir, semble l'indiquer. Il s'y compare à la brebis perdue que le bon Berger prend sur ses épaules et qu'il ramène, tout joyeux, au bercail. Il est vrai que, par un brusque retour, il mêle la fable à l'Évangile, et qu'après le bon Berger on voit arriver là, très peu à propos, le souvenir d'Orphée et d'Eurydice. Mais Laurent avait si longtemps vécu avec les héros de l'antiquité païenne qu'on peut lui pardonner cette réminiscence, peut-être involontaire, de ses anciennes amitiés. Ce qui vaut mieux que ce sonnet, c'est une prière très fervente qu'un de ses biographes a recueillie et dans laquelle il dit : « O Jésus, ô Sauveur, je te supplie de détourner ta face de mes péchés ! Quand je serai devant ton tribunal, que mes iniquités, que mes crimes, ne soient pas punis, mais qu'ils soient pardonnés par les mérites de ta croix ! — O Jésus, que ton précieux sang parle pour moi ! »

Ce fut dans ces sentiments que Laurent reçut les sacrements de l'Église. Mais bientôt après son âme se troubla et la terreur l'envahit. Etait-ce un dernier effort du Tentateur qui, le voyant en paix, voulait lui cacher la croix de Christ par le souvenir de ses péchés ? Était-ce un doute secret sur la valeur de l'absolution qu'il avait reçue ? Craignait-il qu'à ce moment suprême son confesseur, au lieu de ne voir en lui qu'une âme près de paraître devant Dieu, ne l'eût encore traité en prince et ne lui eût déguisé la vérité sur son état spirituel ? Ou bien, sentait-il que tout le sang de Jésus-Christ ne peut pas purifier celui qui refuse de se donner sans réserve à son Dieu, et qui veut faire un choix parmi les réparations et les sacrifices qui lui sont clairement indiqués ?... Quelle qu'en fût la cause, une indicible angoisse oppressa le cœur de Laurent. Il se souvint alors de Savonarole. Celui-là du moins était un prêtre fidèle ; ce ne serait pas lui qui cèlerait la vérité à un mourant ! — « Qu'on aille me chercher le prieur de Saint-Marc, s'écria-t-il. C'est le seul vrai religieux que j'aie trouvé ! »

Savonarole se hâta de venir au palais; mais avant d'entendre la confession du malade, il le prévint qu'il mettrait trois conditions à son absolution. —

« D'abord, lui dit-il, il faut que vous ayez la foi. » — « Je l'ai, répondit Laurent. » — « Il faut de plus que vous fassiez une restitution entière de toutes les richesses que vous avez acquises injustement. » Ici le prince hésita. Après un moment de réflexion : — « Je le ferai, » dit-il. — « Enfin, poursuivit Jérôme, il faut que vous rendiez à Florence, avec ses anciennes institutions républicaines, ses droits et sa liberté. » Là sans doute était la pierre d'achoppement pour Laurent de Médicis, car il se tourna contre la muraille sans répondre un mot. Alors Savonarole se retira, et peu après Laurent mourut.

Politien, le biographe de Laurent le Magnifique, a raconté cet entretien d'une manière différente, mais son récit est invraisemblable. Comment croire que Savonarole, appelé auprès du lit de mort de l'homme qu'il avait considéré comme le tyran de Florence et comme l'un des principaux obstacles au développement de la vie chrétienne dans cette cité, n'ait trouvé pour lui que de banales exhortations à la résignation ? Ce n'est pas le prieur de Saint-Marc qui aurait pu dire : Paix ! paix ! à celui qui oubliait la parole du Maître : « *Si quelqu'un ne renonce pas à tout ce qu'il a, il ne peut être mon disciple.* »

Peu de mois après la mort de Laurent (8 avril 1492), le pape Innocent VIII mourut aussi, et les cardinaux lui donnèrent pour successeur Alexandre Borgia, qui s'était assuré leurs voix à force d'argent. Lui-même le confessa en riant : « Je suis devenu, dit-il, le successeur du Christ pour avoir donné mon bien non-seulement aux pauvres, mais encore aux riches. » Le jour de son couronnement il y eut à Rome des fêtes splendides. La fumée des feux d'artifice était telle que les prélats, qui formaient le cortége pontifical, se voyaient à peine les uns les autres, ce qui fit dire à un historien du temps « qu'ils avaient fait en aveugles le très-saint couronnement. » Aveugles, ils l'étaient assurément, lorsqu'ils donnaient pour chef à l'Église un homme dont on a pu écrire sans dépasser les limites de la plus scrupuleuse exactitude : « Il est plus aisé de ne rien dire d'Alexandre VI que d'en parler avec modération. Il réunit tous les vices les plus extrêmes et eut très-peu de vertus, ou, pour mieux dire, il n'en eut point du tout! »

Quant à Savonarole, son énergie redoubla à mesure que les scandales se multiplièrent dans l'Église et dans le monde. Pendant l'Avent de l'année 1492 il développa, avec une telle puissance de conviction, sa thèse favorite de la nécessité d'une prompte repentance pour détourner les châtiments de Dieu, que Pierre de Médicis lui défendit sans doute de continuer, comme il le défendit à un moine de l'ordre des Mineurs qui, de son côté, effrayait Florence par des prédications semblables à celles du prieur de Saint-Marc. C'est du moins ce qui expliquerait son brusque départ pour Bologne, où il demeura plusieurs mois et où il prêcha le carême de 1493.

Mais s'il était éloigné de corps de son monastère, Savonarole continuait d'être présent de cœur et de pensée au milieu de ses religieux. Il leur écrivait tout ce qui pouvait les fortifier dans la vie intérieure, et toujours il en revenait à ce qui est la source de toute vie spirituelle, à la foi en Jésus-Christ. « Que votre espérance et votre consolation soient toutes en Jésus-Christ crucifié, leur dit-il dans une de ses lettres. Cherchez à comprendre et à savourer ces paroles de notre Sauveur à Nicodème : *Dieu a tant aimé le monde qu'il a donné son fils unique au monde afin que quiconque croit en lui ne périsse pas, mais qu'il ait la vie éternelle.* » Et après les avoir lui-même commentées, il s'écrie : « O charité immense ! ô incomparable amour ! Je ne me soucie plus d'entendre, de contempler, de goûter ou d'aimer autre chose que ces paroles de mon Sauveur ! » Ensuite il engage avec affection ses religieux à ne plus le croire indispensable à leur développement spirituel, et il leur dit que c'est pour leur enseigner à ne pas mettre leur confiance dans les hommes que le Seigneur l'a éloigné d'eux pour un temps. On voit par cette exhortation même combien il leur était cher.

Si Savonarole était doux à ceux qui marchaient avec fermeté sous le regard de Dieu, il était d'une sévérité qui allait jusqu'à la rudesse dès qu'il se voyait en présence d'âmes orgueilleuses et rebelles.

Il en donna une preuve par sa conduite envers la princesse Bentivoglio, femme du prince qui opprimait Bologne. Elle assistait régulièrement à ses prédications ; seulement, en grande dame qu'elle était, elle se préoccupait peu de l'heure du sermon, et du trouble qu'elle causait dans l'église lorsqu'elle dérangeait, pour se rendre à sa place, tous ceux qui se trouvaient sur son chemin. Savonarole invita une première fois ses auditeurs, sans exception comme sans désignation spéciale, à venir plus tôt à l'église. La princesse, se croyant en dehors et au-dessus d'un tel avertissement, n'en tint aucun compte. Alors il s'adressa directement à elle du haut de la chaire et l'engagea à se souvenir de l'avis qu'il avait donné. Enfin, la voyant arriver toujours aussi tard et avec le même fracas, l'indignation le saisit et il s'écria, en la montrant du geste : « Voici le démon, voici le démon, qui vient troubler la parole de Dieu ! » Furieuse, la princesse ordonna à deux hommes de sa suite de tuer l'audacieux Dominicain. Ils se précipitèrent vers la chaire, mais ils ne purent en franchir les degrés... Miracle ! disent les biographes de Savonarole. Disons plutôt : O puissance d'une vie consacrée sans réserve au Seigneur ! Ô rayonnement de la foi qui peut éblouir même des assassins !

A la fin du carême de l'année 1493, fra Girolamo retourna à Florence. La dernière fois qu'il monta en chaire à Bologne, il termina sa prédication par ces mots : « Je prendrai ce soir la route de Florence avec mon petit bâton et ma gourde. Je coucherai à Pianora. Si quelqu'un veut me parler, qu'il vienne avant que je parte. Au reste, ma mort n'aura pas lieu à Bologne, mais ailleurs. » Il voulut montrer ainsi combien peu il craignait les émissaires de la Bentivoglio, et combien était profonde sa confiance dans la protection de Dieu. Cette confiance ne fut pas déçue ; il fit paisiblement son voyage, et nous allons le retrouver dans le couvent de Saint-Marc, tout entier à l'exécution des plans de réforme qu'il avait sans doute préparés devant Dieu pendant son séjour à Bologne.

VI

Ramener l'Italie dans les voies de Dieu, et pour cela réformer d'abord l'Église, qui devait se charger de cette grande mission, telle était, nous l'avons vu, la sainte ambition de Savonarole. Mais il comprit, en y réfléchissant devant le Seigneur, que pour obtenir un sérieux changement dans les masses, il fallait commencer par agir sur des individus isolés, qui seraient ensuite pour leur nation ce levain dont parle l'Évangile, qui fait lever toute la pâte. Il résolut alors de faire du couvent dont il était le prieur un monastère modèle, où s'épanouiraient toutes les vertus chrétiennes dans leur austère beauté.

Quant à lui, il y avait longtemps qu'il pratiquait toutes les choses qu'il voulait dorénavant imposer à ses religieux. Lorsqu'il avait embrassé la vie monastique il en avait accepté toutes les obligations ; jamais on ne l'avait vu marchander ses renoncements, et refuser d'aller jusqu'à la limite la plus extrême des devoirs de sa vocation ; jamais il ne s'était prévalu de sa position particulière pour se dispenser de ceux qui auraient pu lui sembler trop pénibles, ou pour être moins rigoureusement fidèle à son vœu de pauvreté. Sa cellule ne se distinguait en rien des autres ; sa nourriture était celle de tous les religieux ; si parfois elle en différait un peu, c'était parce qu'il choisissait de préférence les aliments les plus communs, afin de laisser les meilleurs morceaux aux frères âgés ou souffrants. Son crucifix était de bois, ses habits d'une étoffe grossière, et un peu de paille formait son lit. Il avait même renoncé aux livres enluminés et reliés avec soin dont il avait aimé à s'entourer dans sa jeunesse ; et les longs signets brodés dont il était d'usage de les surcharger lui paraissaient aussi une superfluité dont il fallait apprendre à se passer. Quant à son temps, il l'avait réglé très-exactement ; il donnait seulement quatre heures au sommeil, et l'on s'étonne de tout ce qu'il trouvait moyen de faire entrer dans le reste de la journée : longues heures consacrées à la prière particulière, préparation de ses discours, administration du couvent, méditation journalière de la sainte Écriture, direction spirituelle d'une foule d'âmes qui venaient à lui, correspondance très-étendue avec tous ceux qui ne pouvaient pas le consulter de vive voix, et, au milieu de tout cela, les nombreux offices établis par la règle, auxquels il fallait assister, soit le jour, soit la nuit! Un autre sujet d'étonnement, c'est la sérénité parfaite qu'il conservait toujours, au dire de ses biographes qui ont été aussi les témoins de sa vie. Il y avait une grande douceur dans ses manières, dans ses regards, dans son accueil, même lorsqu'on le dérangeait cinq fois pendant qu'il écrivait une lettre, comme cela lui arriva une fois qu'il voulait consoler sa famille de la mort d'un de ses membres les plus aimés. — Bagatelle! dira quelqu'un. — Non pas; lorsque ces bagatelles-là forment la trame de la vie, il faut, pour les supporter patiemment, un plus grand effort sur soi-même que pour se décider à tel sacrifice éclatant.

Peut-être trouvera-t-on que Savonarole allait trop loin, qu'il y avait dans sa recherche de la sanctification quelque chose d'étroit, de légal, et qu'après tout on peut être chrétien tout en portant des habits d'étoffe fine, tout en aimant les belles reliures, et mille autres inutilités, et tout en dormant plus de quatre heures par nuit. Sans doute, tout dépend des sentiments intérieurs, et sans qu'on puisse établir pour les chrétiens une règle fixe et une liste précise de ce qui est permis et de ce qui est défendu, chaque disciple du Christ doit faire librement pour lui-même cette liste et cette règle. Mais remarquez que Savonarole ne se faisait point de son ascétisme un titre de gloire, qu'il ne comptait pas sur ses renoncements pour lui ouvrir toute grande la porte du ciel, et que c'était uniquement sur Jésus-Christ qu'il s'appuyait. Dès lors il est difficile de s'élever contre les moyens qu'il croyait devoir employer pour se détacher de la terre. Hélas ! si l'on compare la vie chrétienne telle qu'on l'entend en général à notre époque avec la vie de Jésus-Christ et des apôtres, il est impossible de ne pas être étonné, effrayé, et de ne pas se demander si toutes ces élégances, tous ces raffinements, toute cette mondanité, qui se glisse partout, sont compatibles avec le service de Celui qui est né dans une crèche et dont l'existence n'a été qu'une suite de renoncements complets ! Volontiers nous dirions avec Savonarole : « Ne vous laissez pas égarer par ceux qui prétendent que la pauvreté, selon Jésus, consiste seulement à détacher son cœur des biens de la terre. Quoique cela soit vrai en un sens, il faut reconnaître qu'il est très-difficile et presque impossible d'avoir des richesses et de ne pas les aimer. — Pour servir Christ parfaitement, il faut être pauvre par l'affection et par l'effet. »

Fra Girolamo craignit qu'il n'y eût pas moyen d'obtenir une réforme sérieuse dans ce couvent de Saint-Marc où les souvenirs du passé viendraient sans cesse, comme une tentation de regret, à ceux qui auraient déjà vécu là pendant de longues années dans une splendeur relative. Il résolut de couper court à toutes les anciennes habitudes en bâtissant un autre monastère, à quelque distance de Florence. Lorsqu'il en eut choisi l'emplacement, il régla toutes les dispositions du nouvel édifice, depuis les cellules jusqu'à la chapelle d'où les ornements devaient être bannis ; on ne devait y trouver que quelques tableaux propres à faire naître de saintes pensées ; le calice ne devait point être couvert de pierreries, pas plus que les autres vases sacrés, et le bois le plus ordinaire devait être employé pour les siéges et pour les colonnes même. Les novices écoutèrent avec l'enthousiasme de la jeunesse la lecture des projets de leur prieur ; mais les frères plus âgés ne voulurent point consentir à tant de changements qui répugnaient à leur mollesse et à leurs habitudes de bienêtre. Ils se plaignirent hautement dans la ville, et persuadèrent si bien aux familles des jeunes novices que le lieu où ils allaient être conduits était un endroit malsain, que de tous côtés s'élevèrent des réclamations et des résistances. Les parents voulurent reprendre leurs enfants, et Savonarole dut renoncer à son projet et se contenter des réformes moins radicales qu'il pouvait accomplir dans l'enceinte de Saint-Marc.

Tout d'abord il remit en vigueur les règles oubliées de saint Dominique, en les interprétant dans le sens le plus sévère partout où elles laissaient place à quelque ambiguïté. Ainsi, Dominique avait hésité sur la question de savoir si les religieux devaient ou ne devaient pas posséder ; Savonarole, persuadé que l'Église aurait d'autant plus d'influence sur le monde qu'elle aurait moins de richesses, fit vendre ou restituer tous les biens qui dépendaient de Saint-Marc, et décida qu'à l'avenir le travail fournirait aux religieux ce qui leur serait nécessaire ; nous savons déjà qu'il renfermait le *nécessaire* dans ses limites les plus étroites. D'après la règle, les frères qui recevaient les ordres devaient s'occuper exclusivement de la prédication et des fortes études ; il fut donc décidé que les frères convers seuls seraient astreints à un travail manuel ; mais, afin de rétablir entre tous les religieux l'égalité quelque peu compromise par cet arrangement, la permission de cultiver les arts, la peinture, la sculpture, l'architecture, et de copier les manuscrits, fut accordée aux frères convers, tandis qu'elle fut refusée aux pères prêcheurs.

Quant à ce qui concernait les soins matériels il n'y eut ni distinction ni priviléges ; tous les religieux devaient se prêter une mutuelle assistance pour les ouvrages les plus vulgaires.

Savonarole fonda trois cours pour les Dominicains consacrés à la prédication : un pour les saintes Écritures, un pour la théologie morale, un autre pour la scolastique. Celui-ci n'était pas obligatoire, afin qu'il fût prouvé par là qu'on pouvait prêcher l'Évangile sans rien savoir d'Aristote et de Platon. Il établit aussi une école de langues orientales pour que les frères pussent aller annoncer la Parole de Dieu dans les contrées les plus éloignées.

Ces réformes extérieures furent vite accomplies ; le difficile, c'était de pénétrer jusqu'au fond des âmes. Savonarole n'était pas homme à se contenter de nettoyer les bords de la coupe ; aussi travailla-t-il toujours, et sans relâche, à conduire au Sauveur les âmes qui lui étaient confiées. Dans tout ce qui nous est rapporté de ses entretiens, et dans les lettres de lui qui sont venues jusqu'à nous, nous le voyons passer constamment par-dessus les observances dont la vie de Saint-Marc était remplie, pour aller, par-delà, trouver le Seigneur, de qui il attend toute grâce et tout salut. Ce n'est pas qu'il n'attachât une grande importance à toutes ces petites choses, mais il semble que c'était seulement parce qu'il voulait absolument bannir de la vie chrétienne les inconséquences qui en troublent l'harmonie. Nous le voyons toujours recommander fortement la méditation de l'Écriture, et dans tous les conseils qu'il donne à ses religieux pour ce qui touche à la vie intérieure, on sent l'expérience d'un homme qui conduit les autres dans des chemins qu'il a lui-même parcourus ; on y sent aussi une volonté très-arrêtée de faire marcher en avant, je dirai presque bon gré mal gré, tous ceux sur qui il a autorité. Les belles promesses et les saintes résolutions ne lui suffisent pas ; il veut que les actes répondent aux paroles. « Prenez garde, écrit-il sévèrement à une congrégation de religieuses qui, à ce qu'il paraît, n'avaient jamais assez de détails sur la manière dont elles devaient prier et méditer, prenez garde, vous qui demandez sans cesse de nouvelles exhortations par écrit, d'être du nombre de ceux qui lisent toujours sans jamais apprendre, et sans jamais rien mettre en pratique. »

Malgré les changements introduits dans le couvent de Saint-Marc, beaucoup de jeunes gens de Florence, appartenant aux premières familles de la cité, demandèrent à y être admis. Bientôt deux cent cinquante religieux s'y trouvèrent réunis. Burlamacchi, qui a vécu près de Savonarole, raconte, avec une grâce naïve qui ne manque pas de charme, les amusements auxquels se livraient les jeunes frères sous la direction de leur supérieur. M. Perrens et M. Théodore Paul, les historiens modernes de Savonarole, ont traduit tous les deux ces pages où Burlamacchi montre le prieur de Saint-Marc utilisant, pour le bien de l'âme de ses élèves, leurs moindres instants de loisir ; soit qu'il les fît chanter en dansant ces pieuses *laudes* qu'il composait lui-même et qui semblent un écho des psaumes, soit qu'en se promenant avec eux, il leur fabriquât avec la moelle des branches du figuier de petites colombes qui les faisaient songer au Saint-Esprit, dont elles sont le symbole, et dont ils énuméraient alors tous les caractères et tous les dons. Parfois aussi, il faut en convenir, ces récréations avaient quelque chose d'un peu puéril, comme lorsque les jeunes frères choisissaient un ambassadeur qu'ils faisaient semblant d'envoyer auprès de Dieu pour solliciter quelque grâce extraordinaire.

Il est curieux de remarquer que rien n'indique dans les récits de Burlamacchi que Savonarole ait eu, comme les moines des premiers siècles, un vif sentiment de la nature. Dans ses sermons, où son imagination lui suggère sans cesse des comparaisons de toutes sortes, on ne le voit jamais en appeler à ces mille paraboles que disent au chrétien le ruisseau qui s'enfuit, la fleur qui se fane, le gland qui devient un chêne, le vent qui mugit et l'oiseau qui chante. Il semble qu'il ait passé au milieu de la nature sans la voir.

Le couvent de Saint-Marc était placé sous la juridiction du provincial de Lombardie ; c'était là un obstacle aux réformes que voulait poursuivre Savonarole, car pour l'arrêter son supérieur n'avait qu'à lui envoyer l'ordre de se rendre dans un autre monastère. Autrefois les couvents toscans avaient formé une juridiction particulière. Jérôme s'efforça d'obtenir de la cour de Rome qu'on leur rendît leur ancienne organisation ; la chose était d'une grande importance pour lui, car il était presque sûr que si ces couvents étaient appelés à élire un vicaire-général leur choix s'arrêterait sur lui, ce qui lui permettrait d'accomplir dans tous les monastères dont il aurait la direction les réformes qu'il avait établies dans celui de Florence. Grâce aux démarches du cardinal Jean de Médicis, le futur pape Léon X, et de Philippe Valori, célèbre orateur qui avait de l'influence sur Pierre de Médicis, il obtint l'appui du gouvernement toscan. Alors il entama avec le saint-Siége des négociations qui ne durèrent pas moins de six mois ; pendant tout ce temps, d'ardentes prières s'élevèrent plusieurs fois par jour dans le couvent de Saint-Marc et dans celui de Saint-Dominique de Fiésole, pour demander à Dieu cette séparation que désiraient tous les religieux qui voulaient entrer pleinement dans la voie des réformes.

A Rome, Savonarole était soutenu par le général des Dominicains, le Père Turriani, et par le cardinal Caraffa. Il avait contre lui les supérieurs lombards et presque tous les princes de l'Italie, dont les ambassadeurs combattaient vivement ses projets. Alexandre VI, à qui tout cela était au fond parfaitement égal, ne se prononçait pas et aurait volontiers donné satisfaction aux princes, pour s'en débarrasser. Enfin, un jour qu'il avait convoqué le consistoire pour délibérer sur la séparation de Saint-Marc, il congédia sans façon les cardinaux, sous prétexte qu'il n'était pas disposé à s'occuper d'affaires d'Église, et Caraffa seul demeura avec lui. Ce prélat agissait familièrement avec le pape, qui ne s'offensait jamais des libertés qu'il se permettait ; ils commencèrent par s'entretenir de la demande de Savonarole ; puis, Caraffa s'emparant en plaisantant de l'anneau pontifical, scella lui-même, sans plus de cérémonies, le bref en question. (22 mai 1493.)

Dès que la décision de Rome fut connue, un très-grand nombre de couvents demandèrent à être dirigés par le prieur de Saint-Marc. Parmi eux se trouvaient plusieurs monastères de femmes. Il fallut nommer un vicaire-général, et les supérieurs de ces diverses congrégations choisirent Savonarole d'un commun accord. (1494.) Mais pendant qu'il était ainsi revêtu d'une nouvelle dignité, ses ennemis s'efforçaient de le perdre dans l'esprit du pape. Pour y parvenir plus sûrement, ils chargèrent un scribe de recueillir ses discours et de les envoyer au souverain pontife. Cette relation fut-elle toujours exacte ? Il est permis d'en douter. Toutefois, il faut convenir qu'il aurait suffi de citer textuellement certaines phrases du réformateur pour blesser profondément le pape et les princes de l'Église. « Autrefois, disait Jérôme, les calices étaient de bois et les prélats étaient d'or. Maintenant, les calices sont d'or et les prélats de bois. » Il allait même jusqu'à apostropher le pape : « Tous les prêtres sont menteurs, s'écriait-il ; et ne l'es-tu point aussi, ô souverain Pasteur ! Le pasteur est pauvre, et il aime le chien qui l'aide à garder le troupeau ; mais toi, tu n'aimes ni la pauvreté ni le chien fidèle, parce que tu t'opposes à la vérité. » Enfin il déclarait qu'il fallait s'éloigner de Rome, « de cette cour éhontée où tous les crimes s'étalaient au grand jour, » et dans l'énumération qu'il faisait de toutes les abominations qui s'y commettaient, il n'y avait pas moyen de se méprendre ; le portrait d'Alexandre VI était ressemblant.

Ce pontife n'aurait peut-être pas réclamé, car il n'avait pas la prétention d'être un saint, et il faut lui rendre cette justice que s'il avait tous les vices, du moins il n'était pas hypocrite par surcroît ; mais son entourage lui représenta qu'il ne pouvait pas rester indifférent à des injures qui avaient eu une telle publicité. Il chargea donc un évêque de l'ordre des Dominicains de réfuter le discours de Savonarole. L'évêque osa répondre qu'il ne saurait comment s'y prendre pour prouver que les vices étaient des vertus, et que ce qu'il y avait de plus simple à faire, c'était de se concilier ce moine en lui offrant quelque haute dignité ecclésiastique, à la condition qu'il renoncerait « à sa manie de prophétiser, » et qu'il quitterait son rôle de censeur farouche. Alexandre trouvant ce conseil fort sage chargea un autre Dominicain, Louis de Ferrare, de se rendre auprès de fra Girolamo, de raisonner d'abord avec lui, et, s'il ne réussissait pas à le convaincre, de lui fermer la bouche en lui promettant, de la part du pape, l'archevêché de Florence, ou même le chapeau de cardinal, argument suprême auquel il se rendrait certainement.

Qu'on connaissait peu Savonarole ! Lorsque, après trois jours de discussion, Louis de Ferrare, à bout de syllogismes et de subtilités, eut recours au dernier moyen qu'il tenait en réserve, le réformateur, maîtrisant son indignation secrète, lui répondit seulement : « Que Dieu me préserve d'être infidèle à la mission que j'ai reçue de mon Seigneur! » et l'engagea à venir entendre le lendemain la réponse qu'il voulait faire du haut de la chaire à ses propositions. Le lendemain venu, il s'éleva plus fortement que jamais dans sa prédication contre les mœurs du clergé en général, et contre la cour de Rome en particulier; puis, il dit en terminant : « Je ne veux d'autre chapeau rouge que celui du martyre, teint dans mon propre sang. » Lorsque Alexandre VI apprit le résultat de son ambassade, il ne put s'empêcher de s'écrier que ce moine était un véritable serviteur de Dieu.

Cependant le roi de France, Charles VIII, faisait ses préparatifs de guerre. Il allait venir en Italie pour soutenir les prétentions de la maison d'Anjou au trône de Naples. Cette épée de Dieu, dont Savonarole menaçait depuis si longtemps son pays, elle allait enfin s'abattre sur ce peuple que ni les exhortations ni les menaces n'avaient pu toucher. « Hommes justes, dit-il dans une de ses prédications de l'année 1494, entrez dans l'arche! Les cataractes des cieux vont s'ouvrir. Elles viennent... Voici le jour de la vengeance du Seigneur! »

VII

Il est à croire que Florence n'aurait point eu à souffrir du passage de Charles VIII si elle s'était tout de suite décidée à rester neutre, comme elle l'avait été dans une autre circonstance, quand le duc d'Anjou avait combattu contre le roi de Naples. Mais lorsque Charles envoya à Pierre de Médicis des ambassadeurs pour l'assurer de ses dispositions pacifiques et pour sonder ses intentions personnelles, celui-ci ne répondit que d'une manière évasive, car il était fort désireux d'obtenir l'alliance de Naples qui, à ce qu'il espérait, l'aiderait, sinon à augmenter son pouvoir, du moins à prendre plus franchement des allures princières, et même à se parer de titres que Laurent le Magnifique avait jugé puéril et imprudent de rechercher.

Le roi de France fut froissé de l'accueil fait à ses ouvertures amicales, et Florence apprit bientôt avec effroi qu'il s'avançait en ennemi. Pierre de Médicis, qui d'ailleurs n'avait jamais su se faire aimer, se trouva dès lors en butte à de violentes attaques. Les magistrats inquiets prièrent Savonarole d'intervenir entre ce jeune ambitieux et le peuple irrité. Le prieur y consentit d'autant plus facilement que pour lui l'arrivée des armées françaises était ce fléau même dont il avait si souvent menacé les Florentins. S'adressant à eux du haut de la chaire, il ne leur parla pas du Médicis et ramena leur attention sur leurs propres péchés et sur la nécessité de faire pénitence, afin d'apaiser la colère de Dieu, s'il en était encore temps.

Les amis de Pierre lui conseillèrent de profiter du

calme momentané dans les dispositions du peuple qui suivit le discours de Savonarole, pour obtenir d'être envoyé comme ambassadeur auprès du monarque étranger, ce qui lui permettrait de réparer sa faute. Il partit, en effet, en compagnie de quelques autres délégués; mais lorsqu'il se trouva en présence de Charles, il montra une faiblesse, une timidité, disons le mot, une lâcheté, à laquelle on était loin de s'attendre. Il promit que l'armée française occuperait jusqu'après la conquête de Naples les trois forteresses les plus importantes de la Toscane, sans compter Pise et Livourne, et il s'engagea à faire prêter une forte somme d'argent à Charles VIII par ses compatriotes. C'était aller au-devant et au-delà des exigences du jeune roi. L'indignation des Florentins fut grande à l'ouïe de toutes ces choses, et elle ne connut plus de bornes lorsqu'ils apprirent que Pierre avait fait ces concessions sans consulter la seigneurie. Il était un peu tard, il faut en convenir, pour se scandaliser de procédés qu'ils avaient trouvés très-naturels dans d'autres temps. Cette fois cependant la mesure était comble, et Pierre de Médicis dut chercher un refuge à Bologne auprès de Jean Bentivoglio, ainsi que ceux qui lui étaient restés attachés; un très-petit nombre de personnes, comme on peut le penser.

Les Florentins eurent alors un moment d'hésitation. Que fallait-il faire? Charles VIII, en apprenant que son allié avait été chassé et que par conséquent toutes les concessions qu'il en avait obtenues étaient frappées de nullité, n'allait-il pas considérer ce fait comme une déclaration de guerre ? Une nouvelle députation fut aussitôt chargée d'aller le trouver à Pise, et ce fut Savonarole qu'on désigna pour porter la parole. Il hésita, dit-on, avant d'accepter ; enfin, il partit avec les quatre délégués. Ce fut là son premier pas dans les affaires publiques. Pouvait-il ne pas le faire ? Lorsque ses concitoyens effrayés venaient en foule lui demander de garder à Saint-Marc ce qu'ils possédaient de plus précieux, et que c'était de lui que tous attendaient le secours dans ces circonstances difficiles, était-il maître de le refuser ? Je pose la question sans oser la résoudre.

Lorsque le Dominicain fut en présence du roi, il lui adressa un long discours dans lequel il lui dit qu'il voyait en lui l'exécuteur de ce châtiment de Dieu qu'il annonçait depuis quatre ans, mais qu'il voulait cependant le supplier d'user de modération et de douceur envers tous, et spécialement envers Florence. Charles, qui venait d'avoir une entrevue avec Pierre de Médicis, était peu disposé à traiter avec les ambassadeurs ; il écouta Savonarole sans rien répondre qui pût l'engager. Toutefois, lorsque, quelques jours après (le 17 novembre 1494), il entra dans la capitale de la Toscane, il se montra plein de grâce et d'affabilité.

Il fallut bientôt se mettre à délibérer sérieusement sur les conditions du traité. Charles VIII demanda expressément que Pierre de Médicis fût réintégré dans tous ses droits ; quant à lui-même, il réclama la suzeraineté de Florence. La seigneurie repoussa de telles prétentions ; alors l'horizon s'assombrit, et le roi impatienté s'écria : « Eh bien ! je ferai sonner mes trompettes ! » — « Et nous, reprit Pierre Capponi, un des quatre délégués qui avaient accompagné Savonarole à Pise, nous ferons sonner nos cloches ! » Là-dessus on se sépara.

La réflexion calma l'irritation de Charles VIII. Il fit rappeler Capponi et détermina avec lui les conditions de la paix. Tout étant ainsi réparé, car ces nouvelles conditions étaient acceptables, il ne s'agissait plus que de signer le traité. Mais Charles ne se pressait pas ; les jours se succédaient et l'armée française ne quittait pas Florence, où elle se conduisait fort mal. On eut encore recours au prieur. Cette fois il alla seul trouver le prince, de qui il obtint ce que tous souhaitaient, la signature du traité et le départ de l'armée. Aucun Florentin n'assista à cette entrevue, et nous ne savons sur ce fait que ce que nous en apprend ce passage d'une prédication de Savonarole : « O ingrate Florence ! Peuple ingrat envers Dieu ! J'ai fait pour toi ce que je n'ai pas voulu faire pour mes frères par le sang. Pour eux, je n'ai pas voulu parler aux princes, malgré les lettres qui m'y invitaient. Pour toi, j'ai été au roi de France, et quand je me suis vu là, au milieu de tout ce monde, il m'a semblé être en enfer. Je parlai alors à ce prince comme aucun de vous n'aurait osé le faire, et il s'est apaisé, grâce à Dieu. Je lui dis des choses que vous n'auriez pas supportées vous-mêmes, et pourtant il les a entendues patiemment. »

Florence se retrouva donc libre; mais, à vrai dire, elle en fut tout d'abord plus effrayée que charmée. Elle avait si bien pris l'habitude de ne plus penser à ses propres affaires, de s'en rapporter aveuglément aux Médicis et de vivre dans une tranquille indifférence pendant que d'autres veillaient pour elle, que toute action soutenue lui était devenue difficile; elle avait oublié ce que c'est que l'initiative. Cependant il fallait se décider, agir, et promptement, car sa situation était fort compliquée, périlleuse même; les princes de l'Italie étaient mécontents de ses relations avec Charles VIII, et ce mécontentement pouvait se traduire par une déclaration de guerre si le roi de France était vaincu. Voilà pour le dehors. Au dedans la misère était grande, et le commerce avait beaucoup souffert de la présence de cette armée étrangère qui avait entravé toutes les affaires par la crainte seule qu'elle avait répandue dans la cité.

Les regards se tournèrent vers Savonarole; on connaissait son énergie, sa haute intelligence, sa droiture de cœur, et on se mit à espérer qu'il indiquerait un moyen de mettre fin à cette pénible crise. En effet, dans une prédication il proposa de choisir une forme de gouvernement par une sorte d'élection à trois degrés. Mais la seigneurie ne l'entendit pas ainsi ; elle appela les Florentins sur la place publique et n'eut aucune peine à leur faire adopter son propre plan, qui d'ailleurs était fort simple. Il s'agissait seulement de convoquer la *bálie* et de nommer vingt *accopatiori*, ou magistrats, qui seraient chargés de réviser les noms des électeurs éligibles. Lorsqu'on voulut prendre des décisions plus importantes le désaccord se mit dans les rangs. Deux ou trois hommes, parmi lesquels un Médicis mécontent de son cousin, auraient voulu accaparer le pouvoir, et le parti populaire s'agita alors de son côté, sans trop savoir ce qu'il voulait, car il n'avait personne à opposer aux seigneurs.

Savonarole suivait de loin tous ces débats. Qu'allait devenir cette Florence pour laquelle il avait tant prié? Lorsque Dieu semblait vouloir lui donner la possibilité d'y établir une réforme sérieuse et durable, avait-il le droit de rester dans l'ombre, et pouvait-il se taire lorsqu'il croyait savoir le mot qui sauverait la cité?... De la réflexion à l'action il y a peu de distance pour les caractères ardents. Bientôt Savonarole remonta dans la chaire de Saint-Marc, et là il exposa son plan de gouvernement. Il déclara que son but était la réforme des mœurs et que son moyen était la réforme des institutions politiques. Puis, tout en se tenant encore dans les généralités, il indiqua les bases du gouvernement démocratique qu'il désirait. La seigneurie, qui ne savait plus que faire, se tourna vers ce moine qu'elle avait d'abord refusé d'écouter et lui demanda ses conseils. Ce fut du haut de la chaire qu'il répondit à cet appel, mais non sans avoir réclamé tout d'abord, de la façon la plus expresse, une amnistie sans exception pour les partisans du régime déchu. « Sans les prédications de ce père, dit Violi, on aurait vu couler dans la ville des flots de sang ; ses paroles et son autorité apaisèrent tout et empêchèrent qu'on n'exécutât les vengeances projetées. »

Sous l'inspiration de Jérôme un nouveau gouvernement fut constitué. La seigneurie fut maintenue, mais on nomma, pour contrôler ses décisions, un conseil dans lequel on fit entrer tous les citoyens dont le père, l'aïeul, ou le bisaïeul, avait figuré parmi les seigneurs ou les gonfaloniers. 3,200 Florentins se trouvèrent dans ces conditions ; ils furent chargés de nommer les magistrats et d'adopter ou de rejeter les projets de loi élaborés par les seigneurs. On décida en outre qu'on tirerait au sort tous les six mois les noms du tiers des éligibles, et que ce tiers seul serait appelé à délibérer. Comme cette assemblée parut encore trop nombreuse, on l'invita à nommer un conseil composé de quatre-vingts citoyens âgés de quarante ans au moins, qui s'occuperaient spécialement des affaires extérieures et militaires, sans rester cependant étrangers aux affaires intérieures de la république sur lesquelles ils devraient donner leur avis. Enfin, l'amnistie générale fut accordée, et une nouvelle loi sur les finances fut promulguée. Cette loi établissait un impôt unique sur les immeubles et supprimait tous les autres.

On voit que c'est bien à tort qu'on a traité Savonarole de démagogue. Il chercha, il est vrai, à donner une plus grande part dans l'État à l'élément démocratique, mais il laissa subsister des lignes de démarcation très sensibles entre les citoyens, et il ne lui vint pas dans l'idée de faire régner une égalité chimérique et impossible. La tournure de son esprit l'aurait porté à préférer le gouvernement absolu, s'il s'était trouvé quelque part dans le monde un homme capable à ses yeux d'exercer cette autorité suprême. Mais où le trouver? Serait-ce François de Médicis qui, pour plaire au peuple, avait changé de nom, et qui espérait se servir pour construire sa propre fortune de l'opposition qu'il faisait à son cousin? Ou bien ce Soderini qui s'était jeté dans le parti populaire par dépit de n'avoir pas vu la seigneurie reconnaître sa supériorité?

Toutefois, il y avait à Florence beaucoup de gens qui auraient préféré un seul maître à plusieurs. C'était là un élément de discorde qui pouvait devenir dangereux pour la paix publique à un moment donné. « Eh bien! Florence, dit Savonarole dans son dernier sermon de l'Avent (1494), Dieu veut te contenter et te donner un chef, un roi qui te gouverne... Ce roi, c'est Christ! Voilà notre psaume qui te le dit : *Ego autem constitutus sum rex.* Le Seigneur veut te gouverner lui-même, si tu y consens! Laisse-toi conduire par lui ; ne fais pas comme ces Juifs qui demandèrent un roi à Samuel. Dieu répondit : Donne-leur un roi, puisqu'ils ne veulent plus de moi pour les gouverner. Ce n'est pas toi qu'ils ont méprisé, c'est moi. Florence, ne les imite pas. Prends Christ pour ton maître, et demeure sous sa loi. » Le peuple accueillit ce discours avec enthousiasme, et on l'entendit s'écrier chaque fois que Savonarole reprit en chaire cette nouvelle idée : « Vive Jésus-Christ, notre roi ! »

Certes il y a là quelque chose de touchant et d'élevé. On comprend que dans son ardent désir de faire de Florence une cité vraiment chrétienne, qui fût pour l'Italie une lumière et un modèle, Savonarole l'ait jetée aux pieds de Jésus-Christ, de ce roi pacifique, mais jaloux, qui veut être aimé, mais qui veut aussi être obéi, et dont le joug ne devient doux que lorsqu'il a été accepté sans réserve. Malheureusement le réformateur ne s'en tint pas là, et nous arrivons ici à la période de sa vie où nous allons le voir bien souvent s'égarer. — Par ambition ? — Oh ! non. Quiconque étudie sa vie, sans parti pris d'avance, ne peut pas même être tenté de le ranger parmi ceux qui se sont servis de la religion au lieu de la servir. Ne l'avons-nous pas vu repousser les avances de Laurent de Médicis ? Ne l'avons-nous pas vu plus tard refuser d'acheter la pourpre romaine au prix d'une lâcheté, que beaucoup auraient appelée une prudente et charitable modération ?

Si Savonarole n'était pas ambitieux, il faut convenir

que son énergie dégénéra souvent en despotisme. C'était une de ces natures qui ne reculent jamais devant les conséquences des principes qu'elles ont posés, et qui poussent ces conséquences mêmes jusqu'à leurs limites extrêmes. Ainsi, après avoir proclamé le Christ roi de Florence, au lieu de déclarer que cette royauté était toute spirituelle et de se souvenir que le Sauveur s'était constamment dérobé aux poursuites de ceux qui voulaient lui offrir une royauté terrestre, Savoranole signifia que toute critique du nouveau gouvernement serait impie, sacrilége, et que ceux qui se permettraient d'en mal parler payeraient cinquante ducats. Plus tard, il demanda que la seigneurie publiât « un édit pour rétablir la concorde et la paix; » c'était bien; mais pourquoi conseilla-t-il de ne pas se borner à recommander l'oubli des anciens dissentiments politiques, et d'obliger les citoyens à s'entr'aimer sous peine d'amende, de tortures, ou de prison?

Il répétait fréquemment, il est vrai : « *Non m'impaccio negli affari di stata* » (Je ne m'occupe pas des affaires de l'État)... Cela semble quelque peu étrange, et cependant comment croire qu'il ne le disait pas de bonne foi? Il pouvait certainement se rendre en toute sincérité le témoignage que ce qu'il désirait avant tout, c'était « le bien spirituel de la cité », et que tout le reste était à ses yeux peu de chose. On comprend d'ailleurs les inconséquences apparentes de la conduite de Savonarole lorsqu'on se souvient qu'il croyait fermement avoir été choisi par Dieu pour conseiller ce peuple ; cette persuasion le conduisait tout naturellement à vouloir lui imposer sa volonté et à employer pour cela tous les moyens qui étaient à sa disposition. Assurément il ne souhaitait pas d'être à la tête du gouvernement ; il lui suffisait qu'on vînt à Saint-Marc chercher ses conseils, et volontiers il se serait tenu dans les généralités, laissant à d'autres le soin des détails de l'administration, s'il n'était pas dans la nature des hommes tels que lui de ne pas pouvoir s'arrêter dans une entreprise, même lorsqu'elle les conduit plus loin qu'ils ne s'étaient promis d'aller.

Ce fragment de sermon qu'a traduit M. Perrens dans son remarquable ouvrage sur *Jérôme Savonarole*, explique la pensée du réformateur mieux que ne pourraient le faire tous nos commentaires : « Ton gouvernement, ô Florence, est semblable à celui du juge des Israélites... Le peuple d'Israël n'avait ni roi ni prince temporel. Dieu leur envoyait un prophète qu'ils appelaient juge, et qui n'avait aucune autorité, aucun pouvoir sur le peuple, ni pour tuer, ni pour prononcer sur quoi que ce fût. Mais ils lui demandaient conseil, et le juge, après s'être mis en prières, répondait ce que Dieu lui inspirait... Ainsi, Florence, si tu suis mes conseils, tu trouveras le gué, c'est-à-dire le meilleur gouvernement, et Dieu t'enverra toujours quelqu'un pour t'éclairer et te détourner du mal. »

Savonarole comprit bientôt la nécessité de nouvelles modifications dans le gouvernement. D'abord il pensa avec raison que les citoyens devraient avoir le droit d'être jugés par leurs pairs, et d'en appeler des décisions de la seigneurie à celles du grand conseil ; à force d'instances, il obtint ce qu'on nomma dans le langage familier *l'appel des six fèves*, à cause de l'usage établi à Florence de voter avec des fèves blanches et noires, et de la majorité légale de la seigneurie qui était de six voix. Il réclama ensuite, avec le même succès, la suppression des assemblées à parlement. Enfin il demanda qu'on construisît dans le palais du gouvernement une salle assez vaste pour que le grand conseil pût y tenir ses séances. Pendant qu'on y travaillait, sa dévorante activité le faisait harceler les ouvriers, à qui il reprochait d'aller aussi lentement que des bœufs. Et tant il le leur répéta que la salle s'acheva rapidement ; alors, passant d'un extrême à un autre, il déclara que certainement les Anges les avaient aidés. Ce sont là de petits détails ; mais ils peignent l'homme.

VIII

Tout en s'occupant des affaires politiques, Savonarole avait continué à faire de grands efforts pour amener ses concitoyens à la vie chrétienne. Toutefois, lorsqu'on trouve dans les auteurs contemporains des passages comme celui-ci : « Vous auriez vu cet Avent tout le monde s'abstenir de manger de la viande, et les marchés rester fermés, malgré l'édit qui permettait de les ouvrir. Les églises étaient, plus que de coutume, remplies de confesseurs et de pénitents. Le jour de Noël, un si grand nombre de fidèles ont reçu la communion qu'on se serait cru à la solennité de Pâques..., » on se prend à regretter de ne pas voir à la place ou à côté de cette énumération de pratiques, un simple témoignage rendu à la foi de ces fidèles. On a besoin alors de se souvenir des enseignements de Savonarole sur la signification des cérémonies de la messe, qu'il spiritualisait toutes d'une manière très-élevée. Mais ici on s'arrête encore, et on se demande combien de personnes parmi ses auditeurs avaient saisi ou retenu le sens de tous ces mystérieux symboles. Quant à la communion même, le réformateur l'envisageait aussi d'un autre point de vue que l'Église romaine ; non pas qu'il n'ait voulu y voir qu'une froide commémoration du sacrifice du Sauveur, ou qu'il ait dit qu'il faut que l'âme pour s'unir à Christ dans ce sacrement prenne les ailes de la foi, afin d'aller dans les profondeurs du ciel chercher le Seigneur, et qu'il ait fait de cette manière une œuvre de la foi de ce qui est une grâce du Dieu-Sauveur. Non. Savonarole croyait à une présence très-réelle, mais spirituelle, de Jésus-Christ dans la communion ; il croyait (et c'est la vraie doctrine évangélique), que Jésus-Christ s'y donne véritablement à l'âme, et qu'ainsi il vient au-devant du pécheur qui se trouve « transsubstantié en Christ, qui est dans ce sacrement non-seulement selon sa vertu, mais aussi selon sa substance, pour s'unir plus étroitement à l'homme et pour unir l'homme à lui par la foi et par l'amour, en sorte qu'il devient une même chose avec Lui. »

L'austère Dominicain ne se tint pas pour satisfait lorsqu'il eut ramené un grand nombre de Florentins aux pratiques religieuses. Il lui fallait plus que cela ; il était jaloux pour Dieu et il ne voulait pas voir au service de son Maître des cœurs partagés. Or, le peuple de Florence était, en général, très-disposé à crier de toutes ses forces : « Vive Jésus-Christ, notre roi ! » pourvu qu'on le laissât retourner aussitôt à ses habitudes de dissipation effrénée, et surtout au jeu, la passion dominante d'un grand nombre d'hommes dans toutes les classes de la société. « Vous voulez jouer pour vous distraire, disait le prieur ; eh bien ! mettez pour enjeu au lieu d'argent une salade, une racine, ou d'autres choses semblables ! » De telles propositions n'avaient guère de succès, car ce qu'on recherchait ce n'était pas seulement un gain considérable, c'étaient aussi ces émotions violentes sans lesquelles certaines natures ne savent pas vivre. Savonarole ne supportait pas la résistance à ses injonctions ; quand il parlait, il entendait qu'on se soumît. Dans l'ardeur de son zèle, il tenta parfois l'impossible, c'est-à-dire qu'il voulait faire ce que Dieu même ne fait pas, sauver les âmes malgré elles. Il ordonna donc qu'on arrachât aux joueurs leurs dés et leurs cartes ; il commanda aux domestiques de dénoncer leurs maîtres à la seigneurie, et à celle-ci il conseilla de punir les récalcitrants d'une telle façon qu'ils perdissent jusqu'au désir de recommencer.

Quant aux femmes, elles se montrèrent dociles. A la voix de ce moine qui leur prêchait la modestie dans les ajustements et dans les allures, on les vit se vêtir d'étoffes de couleur sombre et renoncer au luxe des pierres précieuses. Dans les rues, au lieu de s'occuper de l'effet qu'elles produisaient sur les passants, elles marchèrent gravement en lisant les offices divins.

Peu à peu les chansons profanes disparurent, et on n'entendit plus que des cantiques et des *laudes*. Les boutiques se fermèrent le dimanche, « car, avait dit Savonarole, on ne devrait vendre ce jour-là que des médecines. » Les fêtes du carnaval tombèrent aussi ; on ne vit plus à certains jours ces brillantes cavalcades qu'avait encouragées Laurent de Médicis ; au lieu de parcourir la cité sur des chars somptueux, sous des déguisements de toutes sortes, destinés pour la plupart à rappeler le souvenir des divinités du paganisme, les jeunes gens s'enrôlèrent dans une milice sainte que le réformateur organisa. Pour y être admis il fallait être âgé de dix à vingt ans, observer les commandements de Dieu et de l'Église, se confesser et communier fréquemment, renoncer à tous les plaisirs mondains, et promettre d'être d'une grande simplicité dans ses vêtements et dans ses habitudes. Ce fut une véritable république dans la république, avec ses statuts, ses prérogatives, et ses magistrats, désignés par des appellations diverses d'après les fonctions qu'ils exerçaient : les *paciori* veillaient à ce que l'ordre ne fût pas troublé dans l'Église; les *limosinieri* recueillaient les aumônes ; les *lustratori* étaient chargés de faire nettoyer avec soin les objets qui servaient au culte; enfin, les *inquisitori* devaient, ainsi que leur nom ne l'indique que trop clairement, s'enquérir de tout ce qui se passait, et contraindre ceux qui s'écartaient du bon chemin à y rentrer au plus vite.

— Quoi! direz-vous, des enfants inquisiteurs! Est-ce possible! — Je partage votre étonnement; quelle que soit ma profonde sympathie pour Savonarole, ici je ne le comprends plus. Sans doute, il eut grandement raison de vouloir conduire au bon Berger tous les agneaux de son troupeau, et on ne peut que l'approuver tant qu'il se borne à leur enseigner que jouir de la jeunesse, c'est consacrer au service de Dieu tout ce qu'on a à cet âge de force physique, de vigueur morale, de facile enthousiasme, de tendresse de cœur, de fraîcheur d'imagination et de besoin d'activité. Mais de là à cette autorité souveraine il y a loin! Savonarole avait-il donc oublié que l'Évangile nous montre le Christ enfant assis au milieu des docteurs, non pour les enseigner, comme on le dit vulgairement, mais pour les interroger sur les Écritures et pour se faire instruire par eux ? A Florence, ce fut tout le contraire qui eut lieu ; les enfants se mirent à prêcher leurs parents d'abord, et puis tous ceux qui se trouvèrent sur leur route. Rencontraient-ils des femmes trop parées, à leur avis, ils leur disaient sans hésiter : « De la part de Jésus-Christ, roi de Florence, et de la vierge Marie, notre reine, nous vous commandons de déposer toutes ces vanités; si vous ne le faites pas, vous serez frappées de maladie. » Ils pénétraient même dans les maisons pour enlever aux joueurs leurs cartes et leurs dés, et pour s'emparer de tout ce qui leur semblait pouvoir devenir une occasion de péché : les parfums, les masques, les livres de poésie, les harpes, les luths, les miroirs, tout y passait. « C'était une véritable tyrannie, dit M. Perrens, et la pire de toutes, car les tyrans n'avaient pas l'âge de raison. » On pourrait ajouter que de telles prérogatives accordées à des enfants devaient être funestes à leurs âmes, en développant l'orgueil spirituel. Savonarole, à qui on se plaignait souvent des abus de pouvoir de ses *inquisiteurs*, les défendait toujours avec opiniâtreté : « Si vous faites, disait-il, ce que les enfants sont chargés d'empêcher, vous êtes coupables, et vous n'avez pas le droit de vous plaindre; si vous ne le faites pas, vous n'avez rien à redouter d'eux. » Malgré ce raisonnement, on continua de protester, et il fallut que la seigneurie donnât aux jeunes *inquisiteurs* des gardes pour les défendre contre la colère de ceux qu'ils surveillaient de si près.

Quant aux *limosinieri*, on les recevait si bien qu'il devint possible d'instituer, avec le produit de leurs quêtes, un mont-de-piété où l'on prêta aux indigents les sommes qui leur étaient nécessaires, moyennant un intérêt si modique que les juifs, qui auparavant prêtaient à usure, se virent forcés de renoncer à leur coupable industrie.

Avant de quitter ce sujet de la réforme des enfants, j'ai à vous communiquer un récit que M. Théodore Paul a eu l'obligeance de détacher pour nous du second volume encore inédit, mais qui, nous l'espérons, ne tardera pas à paraître, de son ouvrage sur Savonarole. Je vous ferai seulement remarquer que nous ne sommes arrivés qu'à la fin de l'année 1495, et que c'est du jour des Rameaux de l'année 1496 qu'il est question dans ce fragment :

UN DIMANCHE DES PALMES A FLORENCE.

Déjà le dernier jour du carnaval de 1496, « la Confrérie des fils de Jésus-Christ » (elle se composait de huit mille membres), ayant recueilli trois cents ducats pour les pauvres, avait fait une procession solennelle à laquelle assistait tout le peuple en chantant des hymnes religieux ; elle était allée visiter les principales églises et déposer sa collecte entre les mains des *buoni homini* de Saint-Martin, pour être distribuée aux pauvres honteux. Mais le dimanche des Palmes de cette même année vit une autre procession de la jeunesse, plus solennelle encore, et qui laissa une profonde impression sur tout le monde.

Voici comment Savonarole l'avait annoncée et organisée du haut de la chaire : « On fera cette procession dimanche après dîner, en cet ordre : à midi, les enfants se trouveront ici à Santa-Liparata, d'où ils se rendront à Saint-Marc pour la célébration du mystère ; ils porteront de petites croix rouges. Ceux d'entre vous qui voudront en porter aussi feront bien. Que chacun ait au moins la branche d'olivier avec la croix des palmes. Que personne ne se tienne dans les rues pendant la procession, et si l'on ne peut se mettre à la suite, qu'on reste dans l'intérieur de sa porte. Et comme ce sera dimanche la fête du Sauveur, lorsqu'il fit son entrée à Jérusalem, et que le peuple jetait ses vêtements et des palmes à terre devant lui, en le suivant et en criant : *Hosannah, fils de David ! Béni soit celui qui vient au nom du Seigneur !* — les enfants marcheront les premiers avec le mystère du Sauveur et l'ânon au milieu d'eux et le peuple suivra. Et comme notre Seigneur a dit : *Nul ne se présentera devant ma face à vide* (Exode, xxv, 15), chacun lui offrira quelque chose, et mettra ici son offrande dans les troncs pour le mont-de-piété. Les magistrats, les tisserands en laine et les autres professions offriront leurs dons en commun, et chaque citoyen en particulier; et qu'on ne donne pas des quatrins, mais des ducats! Les enfants recueilleront les aumônes, et iront chantant les cantiques et les laudes qui leur ont été enseignés. — Quelques-uns ont dit que cette procession fera du scandale. Ne le croyez pas! Les enfants iront tous vêtus de blanc, avec dévotion, et le dimanche matin nous ferons la prédication pour eux. »

Le dimanche venu, Savonarole célébra de bonne heure la grand'messe à Saint-Marc, et distribua des palmes à l'assemblée; puis la jeunesse se rendit en procession au Dôme, où se trouvait déjà une foule immense. Au-dessus du tabernacle, on avait mis un tableau représentant l'entrée de Jésus à Jérusalem, monté sur l'ânon. Les huit mille « enfants de Jésus-Christ » prirent place sur les gradins qui avaient été élevés pour eux dans l'immense enceinte de Santa-Maria-del-Fiore. Savonarole parut en chaire et arrêta avec amour ses regards sur la portion la plus chère à son cœur de cette multitude qui l'entourait, sur cette jeunesse sanctifiée par ses prières et ses efforts, et à laquelle il se plaisait souvent à dire : « En vous, jeunes gens, sont mes espérances et celles du Seigneur! » — Comme il l'avait annoncé, il avait préparé pour eux les exhortations que la fête du jour lui avait suggérées.

Son discours est, selon son habitude, une allégorisation presque constante des faits scripturaires, qu'il a d'abord narrés et expliqués historiquement. « Cette prédication, dit-il, nous la faisons pour les enfants, mais elle sera aussi pour les adultes qui veulent devenir enfants par la pureté. » Après avoir, dès le début, montré la nécessité de l'étude de l'Écriture sainte, symbolisée par le mont des Oliviers, « parce qu'elle est pleine de l'huile du Saint-Esprit », le prédicateur dit que l'ânon représente la jeunesse. « Déliez-la, dit le Seigneur à ses serviteurs. Défaites les liens d'impureté par lesquels elle était enchaînée et amenez-la-moi, dit le Sauveur. » Préchez-lui la sainteté et qu'elle se convertisse ! Revêtez-la de blanc ; c'est-à-dire que les jeunes gens purifient leur conscience, laissent la débauche et les jeux à coups de pierre ; que les jeunes filles abandonnent les vanités et s'efforcent de bien vivre. Et comme bien vivre c'est faire le bien et supporter le mal, donnez-leur une croix rouge à la main : ce qui signifie, mes enfants, que vous aurez beaucoup de tribulations de la part des religieux, des prêtres, des soldats, de vos pères et mères. Qu'ils portent une branche d'olive à la main : ce qui signifie que le Seigneur vous illuminera par l'onction de son Saint-Esprit, si vous gardez ses commandements. — Le Seigneur dit : « Menez-les à moi ! Convertissez-les à mon honneur. » — O sages et incrédules ! vous semble t-il que ces enfants sont venus au Seigneur? Dites-moi donc : quand en a-t-on vu jamais un si grand nombre se rendre au sermon? Vous n'avez jamais pu par vos lois refréner les vices, et maintenant, vous le voyez, comme naturellement, par un divin instinct, ils entrent dans la bonne voie. O Seigneur, par la bouche de ces enfants viendra la vraie louange! Les philosophes te louent par la lumière naturelle, et ces enfants par la surnaturelle; ceux-là par amour-propre, ceux-ci par la simplicité de cœur; ceux-là de la langue, ceux-ci par les œuvres!... Ces enfants te louent, Seigneur, pour confondre tes ennemis, les païens, les usuriers, les ambitieux, les débauchés, et tous ceux que tu renverseras et jetteras par terre!... Vieillards, apprenez aussi de ces enfants à louer le Seigneur! » — Savonarole passe ensuite du récit évangélique du jour des Rameaux au Psaume VIIIe, qui en est la prophétie partielle : « Seigneur, dit-il, qui sommes-nous que tu te souviennes de nous? Quel mérite avons-nous eu que tu sois ainsi venu nous visiter? Quel est ce *fils de l'homme* que tu as fait *un peu moindre que les anges?* — C'est notre Seigneur, qui a été, par ses souffrances, rendu inférieur aux anges (car les anges ne peuvent souffrir), mais que tu as couronné de gloire et d'honneur, établi sur l'œuvre de tes mains, et fait roi des anges et de l'univers. Anges, vous ne pouvez vous glorifier de ce que votre Dieu est ange; mais nous, nous pouvons nous glorifier de ce que notre Dieu est homme. Anges, adorez cet homme ! Chérubins, séraphins, adorez cet homme ! Trônes, principautés, puissances, fléchissez tous les genoux devant lui et adorez cet homme !... Béni soit donc celui qui vient au nom du Seigneur ! Bénies soient les entrailles de ta miséricorde !... Seigneur, je te recommande ta cité ! Je te recommande ces enfants ? Je te prie de bénir notre œuvre ! Que ta main soit avec nous dans cette sainte procession ! » Alors, montrant le crucifix : « Florence, s'écrie l'orateur, voilà le roi de l'univers. Il veut devenir ton roi ! Florence, ne le veux-tu pas pour ton roi ? » — A ces mots, la prédication est interrompue par les cris enthousiastes : *Si, si, viva Christo, misericordia !* poussés par les huit mille « fils de Jésus-Christ » et la multitude qui remplissait le temple. Le Père dut donner la bénédiction, et la foule se retira lentement et avec ordre.

L'après-midi, la procession se rassembla de nouveau sur la place de Saint-Marc et, prenant le tabernacle au milieu d'elle, se remit en marche, selon l'ordre fixé par Savonarole. Elle parcourut lentement les principales rues de Florence en se dirigeant vers l'église de San-Giovanni. Tandis qu'elle avançait, les jeunes gens chantaient divers cantiques. Arrivés sur la place de la Seigneurie, ils exécutèrent une laude composée pour la circonstance par le poëte Jérôme Benivieni, commençant par ces mots : *Viva ne nostri cuori, viva Fiorenza !* Nous préférons donner ici la traduction d'une hymne analogue, composée par Savonarole lui-même, pour être chantée dans une de ces fêtes saintes qu'il avait substituées aux fêtes licencieuses établies par Laurent le Magnifique.

CHANT DE CARNAVAL

Vive, vive, dans nos cœurs, Christ, chef, Seigneur et roi!

Que chacun bannisse de son intelligence, de son cœur et de sa volonté, toute affection vaine et terrestre, afin que la charité seule les embrase! Que chacun se réforme au dedans et au dehors, en contemplant, dans la pénitence et le jeûne, la bonté de Jésus, roi de Florence!

Vive, vive, etc.

Si vous voulez que Jésus règne dans vos cœurs par sa grâce, que toute haine et toute colère se change en un paisible amour! Si vous voulez plaire à Jésus, là-haut au ciel, et ici-bas dans vos cœurs, chassez toute animosité, et ayez la paix entre vous.

Vive, vive, etc.

O Jésus, combien est heureux celui qui méprise ce monde aveugle! C'est la disposition bienheureuse qui réjouit toujours le cœur. Et pourtant je suis confondu que, pour de la paille et de la fumée, nous perdions le but glorieux, qui est Jésus-Christ, notre Seigneur!

Vive, vive, etc.

Lève-toi donc, doux Agneau, contre le cruel Pharaon; toi qui changes le corbeau en cygne, toi qui supplantes le grand Dragon! Réveille-toi désormais, lion de la tribu de Juda! car combien il est dur de voir ce qu'ils ont fait de ton amour!

Vive, vive, etc.

Qu'il soit béni, le Pasteur de la grande hiérarchie, Jésus-Christ, notre amour, et la Mère sainte et miséricordieuse, eux qui ont envoyé une grande lumière sur ceux qui étaient assis dans les ténèbres! C'est pourquoi du fond de leurs cœurs ils crient à Jésus-Christ :

Vive, vive, dans nos cœurs, Christ, chef, Seigneur et roi!

Après les chants sur la place de la Seigneurie, la procession se remit en marche vers la cathédrale pour y implorer de nouveau la bénédiction de Dieu sur la République et y déposer les offrandes qui avaient été collectées en ce jour. Les jeunes *questori* (quêteurs) de la confrérie « des fils du Christ » montèrent sur les marches du grand autel, déjà couvert de dons somptueux, et ils y placèrent les vases de la collecte pleins de ducats et de pièces de monnaie, d'ornements d'or et d'argent, de joyaux, de bagues, et d'objets de prix de diverses sortes. Après cela, la procession revint à Saint-Marc, et sur la belle place qui se trouve devant cette église, les jeunes gens et les Dominicains, la tête ornée de guirlandes, dansèrent des rondes joyeuses, en chantant des hymnes et des cantiques.

Nous avons bien de la peine à comprendre, à approuver peut-être de telles manifestations de la piété, et Savonarole lui-même sentait le besoin de les justifier en s'appuyant sur des exemples bibliques, et en recommandant de ne s'y livrer que rarement : « Il est permis quelquefois, pour l'amour de Dieu, de sortir de sa gravité, disait-il. Vous avez l'exemple de David qui, lorsqu'on portait l'arche à Jérusalem, endossa un vêtement blanc, sauta et dansa de toute sa force, avec des cris de joie, en invitant les autres à faire comme lui (2 Sam., vi. 15, 16); et pourtant David était un grand roi et un grand prophète ! Michal, sa femme, le méprisa en le voyant dans cet état, et vous vous en moquez aussi, parce que vous n'avez pas étudié les Écritures. Elie, quand vint la pluie, se mit à courir et à sauter devant le roi, et pourtant il était prophète ! Mais voici qui est plus fort : Notre Sauveur n'est-il jamais devenu fou de cette manière ?... Eh bien, lisez saint Marc, au chapitre III, 21 : Jésus se livra à de tels transports que ses parents sortirent pour le contenir, croyant qu'il avait perdu l'esprit. Et que dirons-nous des apôtres qui jubilaient et chantaient quand l'Esprit-Saint fut venu ? Ceux qui étaient présents disaient : *Ils sont pleins de vin doux !* c'est-à-dire : ils sont ivres ! Allez, vous ne savez pas ce que peut inspirer l'amour de Dieu ! Comprenez-moi bien : je ne dis pas qu'il faille faire souvent de telles choses, mais je vous donne les raisons par lesquelles vous pourrez répondre aux sages de ce monde, et aux tièdes qui disent : « Cet homme, ce vieillard, ce prêtre, est devenu fou, il a crié dans les rues, il a porté la croix, il a sauté ! »

Ce furent en effet les adversaires de l'Évangile qui, toujours plus furieux de l'ascendant et des réformes de Savonarole, critiquèrent ou tournèrent en ridicule les innocentes réjouissances et les excès d'allégresse pieuse auxquels les jeunes gens, les religieux, et un grand nombre de citoyens s'étaient livrés en ce dimanche des Palmes. Les amis du prieur de Saint-Marc furent au contraire remplis de tels sentiments d'admiration pour cette fête chrétienne, que l'un d'entre eux en parle ainsi : « Ce jour fut vraiment merveilleux ! Jour plein de joie et d'exaltation, où tout le peuple semblait être devenu fou pour l'amour de Jésus, et où Florence était devenue une nouvelle Jérusalem ! » —

Ici se termine le récit que M. Théodore Paul a bien voulu nous envoyer et que vous aurez certainement lu avec intérêt, sinon avec une édification constante, car, à dire vrai, il n'y a pas moyen d'approuver, même exceptionnellement, de si étranges manifestations de la piété. Ces Dominicains couronnés de fleurs et dansant sur la place publique, sont aussi désagréables à voir qu'il l'est d'entendre dans une belle symphonie une note fausse qui en dérange l'harmonie. Je ne m'étonne pas que Savonarole ait voulu les excuser, car nous savons déjà qu'il n'était pas dans ses habitudes de reconnaître facilement les abus qu'avaient entraînés ses ordonnances. Mais il est pénible de le voir en appeler à l'exemple de Jésus-Christ. Il suffit de relire attentivement le chapitre III de l'Évangile selon saint Marc pour se convaincre que, si les parents de Jésus sortirent pour aller le chercher, ce fut, non pas parce qu'il se livrait à de tels transports qu'il paraissait avoir perdu la raison, mais simplement parce que la multitude le pressait et l'entourait tellement, avide qu'elle était d'entendre ses enseignements, qu'il « *ne pouvait pas même prendre ses repas;* » alors, quand ses frères, qui ne croyaient pas encore en lui, apprirent qu'il était près de tomber en défaillance, ils s'étonnèrent, ils furent scandalisés; et cela se conçoit. N'arrive-t-il pas tous les jours que les indifférents ou les incrédules, qui ne comprennent pas le zèle pour les âmes, conseillent un repos égoïste à ceux qui se disent constamment, comme saint Paul : « *Malheur à moi si je n'évangélise pas !* »

Pardonnez-moi cette digression. Je reviens à Savonarole.

IX

Malgré, ou plutôt à cause même de l'ascendant de Savonarole sur le peuple, plusieurs partis s'étaient formés contre lui.

Peu à peu ils s'enhardirent, et la ville se trouva divisée en plusieurs camps très-séparés. On désigna les disciples du réformateur sous le nom de *Piagnoni* ou *Pleureurs*, à cause, dit-on, des larmes qu'ils versaient en écoutant les prédications de ce père. Ses ennemis, tous ceux à qui sa sévérité paraissait outrée et ses exigences insupportables, furent surnommés les *Arrabbiati* ou *Enragés*; comme ils s'étaient groupés par compagnies, pour lutter contre Savonarole avec de plus grandes chances de succès, on les appelait quelquefois les *Compagnacci*. Quant aux partisans des Médicis, qui s'étaient tenus tranquilles tant qu'ils avaient craint les vengeances de la populace, ils levèrent la tête aussitôt que l'amnistie générale demandée par le prieur les eût rassurés, et ils composèrent un troisième parti, celui des *Palleschi*.

Les hostilités commencèrent, c'est-à-dire qu'elles continuèrent plus vives et plus fréquentes; car vous n'avez pas oublié que, dès le début de son ministère, Savonarole avait rencontré des adversaires d'autant plus animés contre lui qu'ils étaient plus tièdes pour Dieu. Tout d'abord, les dépôts d'objets précieux que beaucoup de citoyens avaient confiés au couvent de Saint-Marc, au moment de l'arrivée de Charles VIII, servirent de prétextes à d'injustes accusations de détournement. Pendant plusieurs mois la ville s'occupa de ces misérables essais de calomnie; puis le dégoût la prit, et on n'entendit plus parler de ces commérages. Ensuite, ce fut la seigneurie qui, dans la personne du gonfalonnier de justice, Philippe Corbizzi, s'éleva contre le réformateur. Corbizzi réunit chez lui des savants, des abbés, des théologiens, et les prévint qu'il comptait sur eux pour discuter avec le prieur. Sur l'heure même il fit mander celui-ci, qui ne savait seulement pas de quoi il était question. Un Dominicain, nommé Jean Carlo, s'offrit pour lui prouver qu'il avait tort de se mêler des affaires de l'État. Savonarole lui cita les saints, les Pères de l'Église, et les prophètes de l'ancienne loi, qui s'en étaient mêlés pour le moins autant que lui, et il affirma qu'il y avait des cas où le devoir d'un religieux était de s'occuper des choses de ce monde. Ses réponses ébranlèrent plusieurs des assistants, et l'assemblée se sépara sans se prononcer contre lui.

Ses ennemis se voyant impuissants à Florence se tournèrent vers Rome. Ils firent tant que le pape adressa à Jérôme, sans y joindre d'explication, l'ordre de quitter Florence pour prêcher où on l'enverrait. Il se prépara à obéir, mais il voulut faire ses adieux au peuple, et le peuple se montra tellement opposé au départ de son prédicateur favori que la seigneurie fut obligée d'implorer du souverain pontife la révocation de son bref. Alors les adversaires de Savonarole essayèrent de ruiner son influence en détournant de lui l'attention des Florentins, pour la reporter sur d'autres prédicateurs qu'ils allèrent chercher dans les ordres rivaux des Dominicains. Une religieuse même voulut s'immiscer dans ces débats : elle envoya par écrit ses remontrances au vicaire général, qui lui répondit sommairement qu'elle ferait mieux de tenir la quenouille que la plume. A cela se borna toute leur correspondance.

Dans l'intérieur de Saint-Marc, symptôme plus grave, un sourd mécontentement commençait à se manifester. On accepte facilement un joug sévère dans un moment d'enthousiasme, mais pour persévérer dans l'austérité il ne faut rien moins que la foi. Plusieurs religieux ne pouvaient plus supporter la discipline qu'ils avaient jadis accueillie avec joie; et puis, il y avait, à côté de Savonarole, deux moines qui s'attribuaient sur leurs frères une autorité difficile à subir, parce qu'elle n'était pas justifiée par la supériorité de leur caractère. « Fra Domenico Buonvicini, dit plus tard un des Dominicains de Saint-Marc, était un esprit borné, trop porté à croire les révélations, les songes des bonnes femmes et des cerveaux étroits et faibles. Ceux d'entre nous qui montraient quelque incrédulité vivaient dans un martyre continuel... Quant à Fra Silvestro, je le voyais passer tout le jour dans les cloîtres à bavarder dans des groupes de citoyens, ce qui faisait murmurer beaucoup de nos frères... Il avait toujours des étrangers plein sa cellule. » On ne comprend pas que Savonarole ait laissé ces hommes prendre des airs de maîtres dans le couvent. Faut-il donc croire que l'admiration sans bornes qu'ils avaient pour lui ait été la cause de sa faiblesse pour eux? Fut-il donc, lui aussi, sensible à ce point à la louange?... — Ne vous ai-je pas dit, en commençant ce récit, que je ne prétendais pas vous montrer un saint tout d'une pièce? Vous étonnerez-vous de ce que Savonarole n'ait été qu'un homme? alors vous n'êtes pas à la dernière de vos surprises, car vous verrez encore en lui bien des choses qui vous scandaliseront. Je vous le confesse même, si j'en étais libre je m'arrêterais peut-être ici, pour ne pas risquer de céder à une tentation que j'ai déjà plus d'une fois éprouvée, celle de chercher des excuses à toutes les faiblesses, à toutes les inconséquences et à toutes les erreurs qui se trouvent dans cette belle vie! Mais il faut aller jusqu'au bout.

Après tout, les fautes même des grandes âmes sont instructives.

Un second bref arriva de Rome ; le duc de Milan, Ludovic le More, l'avait sollicité d'Alexandre VI, à la prière des vingt *Accopiatori*, qu'une émeute populaire avait fait redescendre, six mois avant l'expiration de leur charge, au rang de simples citoyens, et qui accusaient Savonarole d'avoir fomenté ces troubles pour les renverser. Le pape intimait au père l'ordre de se rendre à Rome pour répondre aux accusations qu'on portait contre lui. Cette fois Savonarole ne se prépara pas à obéir ; il écrivit au pontife que sa santé ne lui permettait pas de partir, que d'ailleurs Florence avait besoin de lui, et qu'il ne devait pas s'exposer à être assassiné en route par ses ennemis ; il sollicitait donc un délai, et il renvoyait Alexandre à un ouvrage qu'il venait de terminer et qui, disait-il, le justifierait pleinement.

Pendant deux mois Alexandre VI prit patience ; enfin, il commanda encore à Jérôme, et d'une façon qui ne permettait pas la réplique, de venir à Rome immédiatement. Pour toute réponse, Savonarole remonta trois jours de suite en chaire, pour attaquer la corruption du clergé et les abus qui s'étaient introduits dans l'Église. Alors le pape irrité lui ôta, par un autre bref, le droit de prêcher. Savonarole voulut résister. Alexandre menaça d'interdire Florence, et la seigneurie, tout effrayée, obligea, quoique à regret, le réformateur à ne plus prêcher que dans l'enceinte de Saint-Marc, et à un nombre très limité d'auditeurs. Buonvicini le remplaça dans les églises de la ville, et le disciple obtint un immense succès, à cause du maître regretté dont il était un écho fidèle bien qu'affaibli.

Pendant ce temps fra Girolamo inspectait les couvents qui dépendaient de Saint-Marc. Il prêcha à Pise dans une de ses tournées, et la savante université de cette cité l'écouta avec émotion ; un des étudiants les plus brillants abandonna, à la voix de ce moine, toutes ses espérances d'avenir pour revêtir la robe blanche des Dominicains. Les hommes les plus instruits et les plus illustres de cette époque se rangeaient parmi ses disciples ; tels furent Pic de la Mirandole, Ange Politien, Jacques Nardi, le philosophe Georges Vespuccio, et bien d'autres que nous pourrions citer. Les grands esprits de ce siècle-là n'avaient pas, à ce qu'il paraît, cette répugnance pour le surnaturel dont ceux du nôtre se font gloire ; autrement ils n'auraient pas pu supporter ce prédicateur aux allures prophétiques, qui citait sans cesse la Bible, et dont la parole avait, à cause même de son respect pour la Parole divine, une si grande autorité.

La renommée de Savonarole passa les frontières de l'Italie ; à Londres, à Lyon, à Bruxelles, au fond de l'Allemagne, on s'entretint de lui, et le sultan Bajazet fit traduire en langue turque ses prédications sur le prophète Amos. Quant à Charles VIII. il se souvenait toujours de l'intrépide Dominicain, et lorsque, après avoir conquis Naples, il voulut repartir pour la France, il envoya Philippe de Comines, l'historien de Louis XI, demander au prophète de Florence s'il pourrait facilement effectuer son retour. Comines a raconté son entrevue avec Savonarole et, quoique peu porté par nature à l'enthousiasme, il semble qu'il ait été aussi sous le charme de cette parole puissante, et tout près de considérer fra Girolamo comme un prophète. « Plusieurs, dit-il, le blasmoient de ce qu'il disoit que Dieu luy avoit révélé, autres y ajoutèrent foy. De ma part, je le répute bon homme : aussi luy demanday si le roy pourroit passer sans péril de sa personne, veu la grande assemblée que faisoient les Vénitiens, de laquelle il savoit mieux parler que moy, qui en venois. » — « Je ne sçay, dit-il ailleurs, s'ils ont fait bien ou mal de l'avoir fait mourir, mais il a dit maintes choses vrayes, que ceux de Florence n'eussent sceu luy avoir dites. Et touchant le roy, et les maux qu'il dit luy devoir advenir, luy est advenu. »

Lorsque les Florentins apprirent que Charles VIII reprenait le chemin de la Toscane, ils craignirent qu'il ne voulût ramener les Médicis, et ils firent de grands préparatifs de défense ; les enfants même furent enrôlés dans l'armée. Toutes les précautions matérielles étant prises, on alla chercher en pompeux appareil, dans le village d'Imprunète, un prétendu portrait de la vierge Marie qui était, à ce que disait la tradition, une des œuvres de saint Luc, évangéliste et peintre. Cette image avait été jadis à

Florence, mais, ajoutait-on, elle s'était enfuie mystérieusement dans cet humble village qu'elle affectionnait. Lorsque la précieuse peinture eut été réintégrée de force dans la ville qu'elle avait abandonnée naguère, les Florentins, un peu rassurés déjà, prièrent Savonarole d'aller encore une fois auprès de Charles VIII, pour lui demander de ne pas passer par Florence et de lui rendre les terres qu'il avait à elle. Le roi consentit à ne pas rentrer dans la capitale de la Toscane ; quant à rendre Pise, il le promit sans doute, puisque Savonarole assura les Florentins, au retour de son ambassade, « que Charles lui avait fait des promesses formelles, et que de gré ou de force il les tiendrait ; » mais le fait est qu'il garda cette ville et que les Florentins l'accablèrent d'injures dans leur *Journal des événements contemporains*. Cependant Savonarole continua de conseiller à Florence de ne pas rompre avec son puissant allié pour entrer dans la ligue italienne, car il était persuadé que cette politique était pour la Toscane le seul moyen de conserver son indépendance et ses libertés reconquises ; mieux valait, pensait-il avec raison, s'appuyer sur un roi qui pouvait protéger de loin ses alliés, que sur un prince comme le duc de Milan qui leur imposerait sa volonté, et qui certainement s'efforcerait de détruire un gouvernement dont la vue pourrait donner à ses propres sujets le désir d'en avoir un semblable.

La seigneurie, qui était très-hostile à la France,

voulut convoquer une assemblée du peuple pour décider la question. Alors Savonarole invita les magistrat à venir l'entendre dans l'église de Sainte-Marie-de la-Fleur, et il prononça devant eux (le 28 juillet 1495), un discours qu'il est tout à fait impossible de trouver évangélique, de quelque façon qu'on s'y prenne. Il y eut dans ses paroles une violence de langage et de pensées qui effraye. Comment n'entendit-il par la voix du Seigneur lui dire sévèrement, à lui aussi : « *Vous ne savez de quel esprit vous êtes animé !* » lorsqu'il osa, du haut de la chaire chrétienne et à propos d'une assemblée à parlement, lancer des imprécations furieuses contre ceux qui ne suivaient pas la ligne politique qu'il conseillait ! « Votre parlement n'est qu'un instrument de ruine, s'écria-t-il, il faut le supprimer ! Peuple, n'es-tu pas le maître maintenant.. Eh bien, ne permets pas qu'on assemble le parlement... c'est, pour le peuple, la perte de tous ses droits. Retenez bien cela, et l'enseignez à vos fils... Quand donc tu entends la cloche qui t'appelle à parlement, lève-toi, tire ton épée, et dis à ceux qui te convoquent : Que voulez-vous ? Le conseil n'a-t-il pas tout pouvoir ? — Je voudrais que lorsqu'une seigneurie entre en fonctions, vous lui fissiez promettre par serment de ne pas vous assembler... L'un des seigneurs oserait-il se parjurer ?... je voudrais qu'il eût la tête tranchée... Je voudrais faire jurer à tous les gonfaloniers que s'ils entendent sonner à parlement, ils iront aussitôt mettre au pillage la maison des seigneurs... Quand les seigneurs veulent assembler le parlement, je voudrais qu'il fût convenu que, dès qu'ils metteront le pied sur la tribune, ils seront déchus de leurs fonctions, et que chacun aura le droit de les mettre en pièces... Si l'on veut prendre encore d'autres précautions, j'en serai charmé ; mais il faut, avant tout, faire ce que j'ai dit. »

D'autres précautions ? Lesquelles ? Qu'aurait-on pu faire de plus que de menacer ainsi du pillage et de la mort tous ceux qui persisteraient dans leur opinion sur la nécessité des assemblées à parlement! Vraiment, eût-on mille fois raison, on perd sa cause par de telles violences. Ce qu'il y a d'extraordinaire, c'est que Savonarole gagna la sienne, et que, quinze jours plus tard, la seigneurie abolit solennellement l'ancienne institution contre laquelle il avait protesté [1].

X

Le 8 septembre suivant, un traité fut conclu avec Charles VIII. Le roi promit de restituer à la Toscane tout le territoire qu'il avait reçu en garantie avant la conquête de Naples, et la Toscane s'engagea à lui

[1] Nous avons indiqué par avance ce triomphe du réformateur dans un chapitre précédent, en groupant toutes ses réformes politiques sans préoccupation chronologique, mais le détail de celle-ci méritait d'être raconté.

donner cent mille ducats. C'était acheter un peu cher l'alliance française; mais Savonarole et le peuple le voulurent ainsi, et la seigneurie n'osa pas résister.

Il est de fait qu'à cette époque c'était fra Girolamo qui dirigeait tout à Florence; ce peuple qu'il avait voulu affranchir ne faisait de sa liberté d'autre usage que de la jeter aux pieds du réformateur, et cela pour des bagatelles aussi bien que pour des choses d'importance. A la fin du carême de l'année 1496, Savonarole se plaignit hautement des obsessions perpétuelles dont il était l'objet : « Je vous ai dit, s'écria-t-il, que je ne voulais me mêler ni du gouvernement ni de vos intrigues; je veux seulement maintenir dans la ville la concorde universelle. Ne venez donc me recommander personne ; allez pour cela aux citoyens, aux magistrats : c'est leur affaire et non la mienne... Tout le monde vient à notre couvent. Je vous engage à ne pas dépasser l'église et le premier cloître, dans l'intérêt des frères qui seront ainsi moins dérangés dans leurs oraisons... Cependant, si vous venez à avoir quelque doute de conscience et que vous ayez besoin d'un conseil, je vous le donnerai très-volontiers.. Mais, pour tout le reste, ayez l'obligeance de ne plus nous importuner. »

Savonarole eut beau faire, le pli était pris. Quant à lui, il lui devint tous les jours plus difficile de rester dans les limites qu'il s'était sans doute tracées, mais dont son activité et son besoin naturel de domination le firent trop souvent sortir. Il était né pour la lutte, et il semble parfois qu'il y a en lui, du moins dans cette seconde partie de sa vie, sous les dehors de douceur et de sérénité que ses biographes sont unanimes à lui reconnaître, quelque chose d'agité, de surexcité, j'allais dire de maladif; et je l'aurais pu, car la surexcitation est bien une maladie de l'âme, qu'elle trouble, qu'elle épuise sans profit, et qu'elle éloigne de son Sauveur, sous prétexte de le mieux servir.

Le style même de Savonarole dans ses sermons de 1496 a quelque chose de fiévreux, si l'on en juge par les citations de M. Perrens. A cette époque, il emploie plus souvent encore le dialogue; demandes et réponses se succèdent rapidement, tantôt ironiques, tantôt violentes, toujours armées en guerre. Ce mode d'argumentation ne prouve au fond pas grand'chose; on ne met dans la bouche de son interlocuteur prétendu que les objections qu'on peut aisément renverser, et on est sûr d'avoir le dernier mot; aussi l'abus du dialogue fait-il quelquefois sourire dans les sermons de Jérôme, à qui il échappe de temps à autre plus d'une trivialité dans le feu de l'improvisation : « Ils prétendent, dit-il, que nos paroles sont des songes creux. Alors celles d'Amos, que nous vous expliquons, furent aussi des songes. — Je croirais, dit un autre, s'il ne se mêlait des affaires d'État. — Ne crois donc pas à Moïse, car il se mêla, lui aussi, des affaires d'État. — Vous me direz : Moïse était envoyé de Dieu. — Eh ! savez-vous si je ne le suis pas.

moi qui vous parle? — Oh! peut-être que tu n'as pas de mandat. — Oh! peut-être qu'il en a un. — Oh! s'il en avait? — Oh! s'il n'en avait pas? — Il s'est enfui, dit cet autre : on me l'a écrit de quelque ville d'Italie. — Et pourtant je suis encore ici. — Il veut donner des maîtres à Florence. — Vous ne voyez donc pas que je vous recommande toujours de soutenir le grand Conseil?... On ajoute que nous tenons la nuit des conciliabules à Saint-Marc. — De grâce, faites garder nos portes. Venez nous surprendre ; venez la nuit, en temps de pluie, dans les plus grands froids. »

Quant aux interdictions qui pouvaient venir de Rome, et que sollicitaient toujours ses adversaires, Savonarole n'en tenait pas plus compte que des *Arrabbiati*. Voici comment il s'exprimait sur ce sujet : « Vous croyez peut-être que j'ai reçu du pape l'ordre de ne plus prêcher? Détrompez-vous, il n'est point venu d'ordre, et, dans l'état présent des choses, il n'en peut venir, parce que ce serait un acte funeste. — Oh! ce n'est pas à toi, direz-vous, de prononcer là-dessus..., tu es bien présomptueux, frère ; tu crois être bien avisé !... Mais enfin, obéirais-tu ? — Je te déclare que si le pape venait à se laisser persuader faussement par les pharisiens, et me commandait de ne plus prêcher, comme cet ordre serait contraire à la culture de la vigne du Seigneur, je n'obéirais pas aux paroles, mais aux intentions..., et je croirais que cet ordre ne serait l'œuvre ni de la volonté ni de l'intention du pape. » Ce n'était pas encore la révolte ouverte, mais il s'en fallait peu.

On peut se demander comment, si près de Rome, on pouvait supporter dans la bouche d'un religieux un semblable langage... Il faut se rappeler que jamais la papauté ne fut plus abaissée moralement qu'à cette époque. Aucun souverain peut-être, dans les temps modernes, n'a commis des excès plus honteux que le pape Alexandre VI ; il ne faut pas s'étonner que les Florentins eussent une même estime pour un tel prélat.

Alexandre VI paraissait ne plus s'occuper de Florence, où cependant les partis se séparaient toujours plus profondément. Les *Piagnoni* et les *Arrabbiati* en vinrent aux menaces et aux coups ; les *Enragés* essayèrent à plusieurs reprises d'assassiner Savonarole, et les *Piagnoni* indignés organisèrent une escorte de volontaires qui accompagna partout le réformateur menacé. « Si vous me voyez tué ou chassé d'ici, dit-il avec calme à ses amis, persévérez dans la vérité et ne vous troublez pas. Considérez qu'il a été fait ainsi à tous ceux qui ont prophétisé avant moi. »—« Je ne puis vivre quand je ne prêche pas, » dit-il encore, et malgré l'opposition il termina ses prédications du carême.

Pendant ce temps de retraite et de pénitence, les disciples de Jérôme avaient redoublé d'austérités : la ville avait pris quelque chose de l'aspect d'un grand monastère, et les railleries de l'Italie incrédule l'avaient accompagnée dans ses exercices religieux ;

c'est Savonarole qui nous l'apprend : « Ne fait-on plus de carême à Florence, disent nos voisins?.. Florence a pris le froc ; ce peuple s'est fait moine !... Nous sommes la fable de l'Italie... — Çà, viens ici; ce que tu fais est-il bien ou mal ? Tu ne peux dire que ce soit mal de prier et de jeûner. Continue donc, puisque c'est bien, et laisse parler. » Ils continuèrent en effet, et avec une telle ardeur que Savonarole fut obligé d'intercéder auprès d'eux pour les confesseurs qu'ils assiégeaient sans merci, et qui étaient à bout de forces[1].

Dans les premiers jours d'avril, Alexandre VI se décida à prêter une attention sérieuse aux griefs des adversaires du prieur de Saint-Marc. Il réunit quatorze théologiens dominicains, et leur demanda si Savonarole ne devrait pas être poursuivi comme hérétique, schismatique, et révolté contre l'autorité pontificale ; sur leur réponse affirmative, il fit dire à la seigneurie, non pas de lui livrer Savonarole, mais seulement de veiller à ce qu'il ne parlât plus contre le Saint-Siège, et de l'empêcher de se mêler des affaires politiques. Grâce à cette modération du pontife, les choses demeurèrent dans le même état jusqu'en novembre, car la seigneurie laissa Jérôme dire ce qu'il voulut, et le pape n'eut pas l'air de savoir qu'il continuait comme par le passé, et que même il s'élevait avec plus de force que jamais contre l'usage impie de vendre les grâces spirituelles.

[1] Ce fut à la fin de ce carême qu'eut lieu la procession dont nous avons donné plus haut un récit détaillé.

les prières, les sacrements. Cependant, au moment où l'on s'y attendait le moins, un bref ordonna à Savonarole de réunir le monastère de Saint-Marc à une province nouvellement formée qui relevait de Rome ; c'était lui ôter son titre et ses droits de vicaire-général. Il fit alors ce qu'il avait annoncé : il résista. Et, comme si le chef de l'Église n'avait pas parlé, il se mit à prêcher l'Avent. Chose étrange, Alexandre VI prit encore patience !

Mais l'orage allait éclater, et les tribulations dont Savonarole menaça Florence pendant l'Avent de 1496, c'était sur lui que bientôt elles devaient fondre.

XI

Le dernier jour du carnaval de l'année 1497 fut marqué par une exécution qui a été diversement appréciée. La seigneurie qui était alors en fonctions était toute dévouée à Savonarole, et elle le laissa réaliser librement un projet qu'il avait formé depuis longtemps. Il s'agissait de détruire tous les objets que les inquisiteurs imberbes avaient enlevés aux Florentins. Un immense bûcher fut dressé sur une des places de la ville ; on y déposa d'abord les masques et les déguisements; les livres licencieux vinrent ensuite, quel que fût leur mérite littéraire;

puis ce fut le tour des miroirs, des parfums, des faux cheveux, et de toutes les fanfreluches de la toilette féminine; on plaça au sommet les instruments de musique, les échiquiers, les cartes, et enfin les tableaux ou les portraits inspirés par des souvenirs mythologiques ou par des sentiments mauvais. Un marchand vénitien offrit vainement 20,000 écus de ces richesses, que le feu consuma rapidement devant une foule encore docile à toutes les volontés du réformateur.

Qu'on ait livré à ce bûcher des livres qu'on aurait pu conserver, ou des toiles dont la perte est regrettable et dont la vue ne pouvait faire aucun mal, c'est possible. Il n'y a pas lieu de s'étonner que des enfants manquent de discernement, et le premier tort avait été de les établir juges de telles questions. Quoi qu'il en soit cependant, et au risque de passer pour un esprit bien étroit, je vous avouerai que je ne comprends pas la réprobation dont cet acte de la vie de Savonarole a été l'objet. Assurément, on ne peut pas penser qu'il ait cru qu'il suffirait de ce bûcher pour délivrer à tout jamais les Florentins de leur passion pour le jeu et pour les mascarades, les Florentines de leur désir de plaire, et tous ensemble des tentations qu'entraînent le goût ou l'exercice de la littérature et des arts; mais il voulut sans doute rappeler, d'une manière saisissante, que toute frivolité doit être bannie de la vie chrétienne, et puis aussi, que les arts et la littérature doivent être mis au service de Dieu, et que les employer à glorifier le mal, c'est les détourner de leur but. Eut-il donc si tort ? Quoi ! parce qu'un livre renferme de grandes beautés de style qui sont comme le vêtement somptueux d'une morale que les démons approuvent, faut-il l'accueillir ? Et parce que le dessin de ce tableau est d'une irréprochable pureté, faudra-t-il le conserver précieusement, malgré le trouble que sa vue peut mettre dans le cœur ? Non. Savonarole eut raison ; le talent ne doit jamais servir de passe-port au péché, et le poison qu'on boit dans une coupe élégamment ciselée n'en est pas moins un poison.

A cette même époque, Pierre de Médicis fit une dernière tentative pour reconquérir Florence. Il réunit un millier de partisans et s'achemina vers son ancienne cité ; comme il en approchait, des paysans le reconnurent et coururent donner l'alarme à la capitale, qui ferma ses portes et se prépara au combat. Ce combat, la petite armée de Pierre n'osa pas le livrer ; elle avait compté entrer la nuit, et profiter du premier moment de surprise des citoyens désarmés ; elle se retira donc devant un échec inévitable. Quelques années plus tard, Pierre de Médicis mourut misérablement.

Cependant Florence commençait à se lasser du joug qu'elle portait ; de temps en temps l'impatience la gagnait et on la sentait frémir sourdement, comme un coursier fougueux qui va s'irriter. Les prédicateurs hostiles aux Dominicains se remirent à attaquer Savonarole comme ils l'avaient fait jadis ; l'un d'eux déclara que le prieur de Saint-Marc avait le diable dans le corps, et fra Mariano de Ghinazzano dit publiquement au pape, devant qui il prêchait à Rome : « Retranchez, retranchez ce monstre de l'Église de Dieu, très-saint Père ! » Quant aux Arrabbiati, les injures ne leur parurent pas suffisantes, et ils imaginèrent mille grossiers procédés dont notre siècle rougirait, comme de placer sur le rebord de la chaire que devait occuper le réformateur des clous la pointe en l'air, et de les recouvrir d'une peau d'âne ; ou bien, de faire un grand tapage dans l'église au milieu même du sermon. Savonarole répondit avec une modération relative aux violences de langage des prêtres, et il ne parut pas même prendre garde aux outrages de ses adversaires de second ordre. Lorsque le tumulte devenait trop fort pendant sa prédication pour que sa voix pût le dominer, il congédiait l'assemblée en la bénissant et rentrait à Saint-Marc, protégé par ses fidèles Piagnoni ; alors, dans la chapelle du couvent, il reprenait, avec un admirable sang-froid, son discours interrompu.

Alexandre VI, qui n'avait pas oublié son bref du 7 novembre 1496 et qui attendait encore la réponse du vicaire-général, commençait à dire qu'il frapperait la Toscane d'une façon terrible si elle ne l'aidait pas à réduire au silence ce moine insoumis. « N'ayez pas peur, disait Savonarole ; il n'est venu aucune excommunication... ils ne voudront pas faire de folies ; dans tous les cas, laissez-les venir ; nous les ferons rougir de honte. »

Il vint cependant, le jour de l'anathème. Le 12 mai 1497, le pape excommunia le réformateur, à cause : 1° de son refus de se rendre à Rome ; 2° de son refus de réunir Saint-Marc à la province toscane et romaine ; 3° de ses doctrines perverses et hérétiques.

Des lettres de Rome apprirent à Jérôme ce que le pontife venait de faire, avant qu'il en eût reçu la communication officielle. Il aurait dû attendre avec le calme que donne une bonne conscience le bref annoncé, et se séparer alors définitivement de cette Rome qui jamais n'avait voulu écouter les voix saintes qui l'auraient ramenée à l'Évangile. Certes, le moment était venu de se montrer ferme, inébranlable, et de dire, comme plus tard Luther : « Je ne puis autrement. Que Dieu me soit en aide ! » O misère et inconséquences du cœur de l'homme, qui vous comprendra ? qui vous sondera ? Lorsqu'il fallait tout oser, Savonarole recula. Lui, si droit, si intègre jusque-là, il ne craignit pas de recourir à des équivoques et à des arguties pitoyables pour se justifier auprès du pape ; il lui écrivit sur-le-champ et essaya de lui démontrer qu'il n'avait pas désobéi à ses ordres en ne se rendant pas à Rome ; il alla même jusqu'à lui dénoncer fra Mariano de Ghinazzano comme ayant mal parlé du Saint-Siége pendant que lui, Savonarole, le défendait ! Il répondit mieux à l'accusation d'hérésie ; il en appela à ses sermons imprimés et à son grand ouvrage, *le Triomphe de la croix*; il assura qu'on n'y trouverait rien qui ne fût conforme à l'enseignement de l'Église. Il semble bien étrange, il faut l'avouer, que Savonarole ait cru sincèrement que l'Église de son temps était encore prête à dire avec lui, comme elle l'aurait fait à l'époque des Chrysostome et des Augustin : « La foi est un don de la grâce volontaire de Dieu, sans qu'elle soit méritée... Cette foi seule justifie l'homme, sans les œuvres de la loi... L'acte de justification est un acte de la pure miséricorde de Dieu, par la grâce et le mérite de Jésus-Christ. » Enfin, Jérôme déclara au pape qu'il ne pouvait pas consentir à la réunion de Saint-Marc et de Fiésole avec les autres couvents dominicains sans l'assentiment formel de ses religieux, et que ceux-ci le lui refusaient. C'était là encore un manque de droiture; il savait bien qu'il n'avait qu'un mot à dire pour que les communautés qu'il dirigeait se rangeassent à son avis.

Après avoir ainsi répondu par avance au bref que Rome allait lui envoyer, Savonarole s'adressa à tous les chrétiens et leur assura que l'excommunication dont il serait bientôt frappé n'aurait aucune valeur devant Dieu, parce qu'elle provenait d'une erreur de jugement. Plusieurs de ses amis composèrent dans le même sens des apologies de sa conduite, et le commissaire du pape, qui apportait à Florence la terrible bulle, n'osa pas aller plus loin que Sienne lorsqu'il apprit l'état de surexcitation des Piagnoni.

Il en envoya des copies ; et, sous le vain prétexte que le vicaire apostolique n'avait pas en personne apporté le bref pontifical, les partisans de Savonarole feignirent de le considérer comme non avenu.

M. Perrens appelle la suite de la vie du réformateur florentin « une lente agonie » et il n'a que trop raison, dans tous les sens. Laissez-moi donc passer rapidement sur les derniers faits de cette vie si bien commencée ; j'ai hâte d'arriver à l'heure suprême, où nous verrons ce grand serviteur de Dieu se relever.

Il y a dans toute existence d'homme un moment décisif, où il faut absolument choisir son chemin. Le malheur et la faute de Savonarole furent de vouloir marcher entre les deux voies qui s'ouvrirent devant lui. Il n'osa pas se séparer de Rome ; il ne voulut pas se soumettre à un pontife indigne de diriger l'Église chrétienne, et il s'engagea dans un sentier impraticable où il ne rencontra que des ronces, des buissons et des fondrières ; le bûcher auquel il aboutissait, Savonarole ne l'eût peut-être pas évité s'il eût rompu avec Rome pour suivre Jésus, car l'Italie n'aurait sans doute pas voulu se hasarder avec lui dans une route difficile et inconnue ; mais du moins il aurait accompli l'œuvre que Dieu lui avait donnée, car ce que le Seigneur exige de ses serviteurs, ce n'est pas le succès, c'est la fidélité.

Enhardis par l'appui de Rome, les Arrabbiati saisirent dès lors toutes les occasions de se montrer hostiles à Savonarole. Dans les rues on entendit, au lieu de ces pieuses *Laudes* que l'on chantait naguère, des chansons contre le couvent de Saint-Marc et contre son prieur. Chaque jour vit paraître quelque nouvel écrit plein d'injures et de calomnies. La seigneurie laissait faire, car elle était opposée au réformateur ; elle le prouva d'ailleurs en défendant aux Dominicains de suivre la procession de la Saint-Jean, à laquelle les religieux augustins et franciscains avaient déclaré ne vouloir prendre aucune part s'ils devaient y rencontrer des moines révoltés.

Les Piagnoni ne se tinrent pas pour battus ; ils firent circuler de maison en maison une pétition qui demandait au pape de rendre à Savonarole la liberté de prêcher ; elle était déjà couverte d'un nombre considérable de signatures lorsque la peste éclata dans Florence ; toute autre préoccupation fut alors ajournée. On était à la fin de juin et la chaleur contribua au rapide développement du fléau. Jusqu'au commencement de septembre on eut assez à faire à soigner les malades et à ensevelir les morts.

Pendant ces sombres journées, quelle fut l'attitude de Savonarole ? Si nous composions une légende, ou si une lacune dans les documents historiques nous laissait libre de refaire, d'après les probabilités, cette page perdue, nous représenterions certainement frère Jérôme allant de rue en rue à la recherche des mourants et leur portant sans crainte les consolations de l'Évangile... Mais les illusions ne sont pas possibles en présence d'une lettre dans laquelle Savonarole, après avoir parlé à un de ses frères de la terreur qui s'était emparée des religieux et de l'obligation où il avait été d'en envoyer un grand nombre hors de Florence, ajoute ces mots trop significatifs : « Nous sommes encore ici plus de quarante ; les citoyens pourvoient à notre subsistance et ne nous laissent manquer de rien. Comme nous ne sortons pas de la maison, ils nous envoient et nous portent ce qui nous est nécessaire. » Par un contraste qui n'étonnera aucun de ceux qui connaissent les contradictions incessantes qui sont dans les cœurs chrétiens, fra Girolamo eut à cette même époque la hardiesse d'écrire au pape, à propos d'un événement de famille qui avait beaucoup affligé ce pontife, et de lui parler de la foi qui seule peut consoler avec l'accent d'un maître qui enseigne un disciple ignorant. Il y a dans cette page quelque chose de saintement ému. Il s'oublie lui-même ; il ne songe plus à Saint-Marc ; il ne voit dans Alexandre VI qu'une âme à sauver. On a regardé cette démarche comme une tentative habile pour rentrer en grâce ; mais il faut convenir que ce n'était guère le moyen de faire sa cour au chef de l'Église que de lui dire, après l'avoir entretenu de la foi et de la paix qu'elle donne : « Ces choses, très-saint Père, je te les écris humblement, *à toi qui en es peu instruit* ; je fais ceci conduit par la charité, afin que tu aies une véritable et non pas une trompeuse consolation. »

Les partisans de l'ancien gouvernement n'avaient pas renoncé à l'espoir de voir revenir les Médicis; ils s'agitaient dans l'ombre. Lorsque, au mois de juillet, une nouvelle seigneurie composée de Piagnoni entra en fonctions, elle découvrit une grande conspiration à la tête de laquelle étaient cinq citoyens appartenant aux premières familles de Florence, et elle convoqua pour les juger un tribunal de près de deux cents membres qui prononça un arrêt de mort.

Les condamnés pouvaient en appeler au grand conseil, d'après la loi que Savonarole avait fait promulguer, en 1495, dans le but de sauvegarder les citoyens contre les abus de pouvoir ou les erreurs de jugement de la seigneurie; mais les chefs du parti populaire pensèrent que l'avenir de la république serait gravement compromis si le grand conseil faiblissait, et ils exercèrent une pression si forte sur la seigneurie qu'elle rejeta, contre toute justice, l'appel des condamnés. Savonarole dit plus tard qu'ayant été consulté dans cette affaire, il avait répondu que c'était au gouvernement de décider, que pour lui il était d'avis qu'on se contentât d'exiler les conspirateurs. Mais s'il avait donné ce conseil avec son autorité ordinaire il aurait sans doute été suivi. Il manqua à son devoir en n'usant pas de son influence pour faire profiter ses ennemis des bénéfices de la loi qu'il avait obtenue naguère; et leur sang retomba sur lui. Les Arrabbiati s'emparèrent de ce prétexte pour l'accuser auprès de Rome avec plus de véhémence que jamais, et ils firent savoir au pape qu'il avait continué à célébrer tous les exercices du culte malgré l'excommunication.

Le 16 octobre, un bref pontifical dépouilla fra Girolamo de sa dignité de vicaire-général, lui interdit toute prédication, annula la séparation de Saint-Marc accordée précédemment, et réunit ce couvent à ceux de la Lombardie. Un autre bref adressé à Savonarole seul lui promit un pardon complet s'il venait *sans escorte* à Rome. Le réformateur jugea, non sans raison probablement, qu'il y avait là un piége caché, et il se borna à envoyer au pontife une seconde justification de sa conduite, à peu près semblable à la première.

Il lui eût été facile cependant de recevoir l'absolution tout en demeurant à Florence; ce n'eût été qu'une affaire d'argent, car le cardinal François Piccolomini, celui-là même qui succéda à Alexandre VI dans le pontificat, lui offrit de la lui faire obtenir, à condition qu'il payerait pour lui une dette de cinq mille écus contractée à Florence et qui l'embarrassait fort. Il est superflu d'ajouter que Savonarole repoussa cette indigne proposition.

Pendant quelque temps il ne célébra la messe que pour lui seul; mais à Noël il reprit ses anciennes habitudes et un grand nombre de personnes reçurent la communion de sa main. La seigneurie qui entra en charge le 1ᵉʳ janvier 1498 lui était très-favorable: elle l'engagea à prêcher dans la cathédrale le 11 février suivant, ce qu'il fit, malgré les résistances d'une portion du clergé florentin; ce jour-là, Sainte-Marie-de-la-Fleur put à peine contenir la foule qui s'y porta, quoiqu'on eût élevé des gradins dans l'église afin d'avoir plus de place. Savonarole retrouva pour cette prédication toute sa hardiesse passée; il protesta vivement contre l'infaillibilité du pape, qu'il appela « un dogme impie qui dépouille la Divinité d'un de ses attributs les plus essentiels, pour le donner à un homme pécheur comme nous. » — « Combien, dit-il, n'y a-t-il pas eu de mauvais papes qui se sont trompés?... Un pape, direz-vous, peut se tromper en tant qu'homme, mais non en tant que pape. Cependant les décisions qu'ils prennent sont pleines d'erreurs... Les opinions des papes sont toutes contraires entre elles. » Quant aux excommunications, voici comment il en parla : « Ces excommunications sont aujourd'hui à bon marché, et chacun, pour quatre livres, peut faire excommunier qui il lui plaît. » — « Vous croyez que Rome me fait peur? ajouta-t-il. Je n'ai aucune peur : nous marcherons contre vous comme contre les païens ! »

Le dernier jour du carnaval fut marqué, comme l'année précédente, par une procession et par un auto-da-fé de tous les objets nouvellement confisqués par les *inquisitori*. La seigneurie voulut y assister et, lorsque les flammes s'éteignirent, les religieux dominicains, les novices, les prêtres, les vieillards, les laïques, tous couronnés d'oliviers, allèrent former, devant le couvent de Saint-Marc, trois rondes concentriques qui s'enroulèrent autour d'une croix plantée par les Piagnoni au milieu de la place.

Ce fut le dernier jour de triomphe de Savonarole. Les pouvoirs de la seigneurie expiraient le surlendemain, et celle qui la remplaça, sans être tout à fait hostile au Dominicain, crut devoir agir avec prudence et l'engager à ne plus prêcher hors de son couvent. Cela fait, elle supplia le pape de lever l'excommunication, et de rendre tous ses priviléges à fra Hiéronimo « qui avait cueilli plus de fruits dans la vigne du Seigneur qu'aucun autre de son temps. » Le pontife répondit qu'il ne donnerait au rebelle l'absolution apostolique que s'il venait à Rome, ou que s'il déclarait se soumettre au Saint-Siége. Il y avait là une concession; c'était comme un pas en arrière. Mais, dans le même temps, Savonarole écrivait aux souverains de l'Europe pour leur dénoncer le pape comme n'étant pas pontife, parce qu'il avait acheté son élection, et comme étant indigne de le devenir jamais; il assurait qu'il n'était pas chrétien, qu'il ne croyait pas même à l'existence de Dieu, et qu'il « dépassait le sommet de toute infidélité et de toute impiété. » Il demandait donc aux princes de convoquer un concile général qui déposât solennellement Alexandre VI. Sa lettre au roi de France fut saisie au passage par le duc de Milan qui l'envoya à Rome. Grande fut la colère du pape; il ne voulut plus entendre parler d'accommodement d'aucune sorte, et il signifia péremptoirement à la seigneurie de faire exécuter ses ordres si elle ne voulait pas attirer l'interdit sur Florence.

Il fallait se décider ; il n'y avait plus à balancer. La seigneurie effrayée s'adjoignit le conseil des quatre-vingts et choisit pour examiner la question avec eux vingt-cinq citoyens par quartier. Après une discussion de six heures on se retrouva au point de départ, ainsi que cela arrive souvent dans les assemblées délibérantes. On décida alors de faire juger l'affaire par douze citoyens pris par moitié dans chaque parti, et après s'être fait des concessions mutuelles ceux-ci parvinrent à s'entendre. Il fut arrêté qu'on défendrait à Savonarole de prêcher, mais qu'il pourrait faire des conférences à Saint-Marc devant un petit nombre d'auditeurs. Il fallut céder à la force. Cependant Savonarole déclara formellement dans son sermon d'adieu qu'il ne renonçait pas pour toujours à la prédication : « Quand Dieu voudra que je prêche, quand il m'inspirera, je prêcherai, s'écria-t-il. Vous le verrez. Par sa grâce, je m'affranchirai de toute crainte... Il est donc entendu que lorsqu'il plaira à Dieu, personne ne pourra me fermer la bouche... Jusque-là nous remplacerons le sermon par la prière. »

La seigneurie informa officiellement Alexandre VI qu'elle avait exécuté ses ordres, ce qui n'était vrai qu'à moitié, et le pontife se tint pour satisfait.

XII

Depuis longtemps l'ordre des Franciscains était rival de celui des Dominicains et saisissait toutes les occasions de le contrecarrer; aussi, lorsque Domenico Buonvicini avait prêché à Prato, en 1497, un moine franciscain s'était chargé de l'attaquer et de le contredire dans une autre église de la ville. Un jour même, emporté par son zèle, Francisco de Puglia avait proposé à son adversaire de se soumettre ensemble à l'épreuve du feu, afin de montrer de quel côté était la vérité. Buonvicini, tout dévoué à Savonarole et plein de confiance dans la doctrine qu'il avait entendue de lui, avait accepté sans hésitation; mais, au jour fixé, son antagoniste avait reculé sous un prétexte frivole. Se dérober ainsi à un nouveau *jugement de Dieu*, c'était reconnaître que la vérité était dans la bouche des Dominicains. Les Franciscains furent raillés impitoyablement par les disciples de Savonarole; on les poussa à bout, et ils se décidèrent, en avril 1498, à renouveler leur défi; ils demandèrent seulement que Savonarole lui-même entrât dans les flammes. Il avait souvent dit dans ses prédications qu'il était prêt à soutenir l'épreuve du feu; il avait été plus loin encore, puisqu'il avait proposé à un Franciscain une autre épreuve beaucoup plus décisive : il ne se serait agi de rien moins que de la résurrection d'un mort ! Mais lorsqu'il se trouva dans l'obligation de se décider immédiatement, il mit à son acceptation des conditions presque impossibles : il déclara que ce ne serait qu'en présence de tous les ambassadeurs des princes chrétiens qu'il entrerait dans les flammes, et que si, de plus, le pape s'engageait à le laisser commencer librement la réforme de l'Église à sa sortie du bûcher.

Cependant tout Florence était en émoi. Buonvicini, toujours plein d'ardeur, s'offrit pour accompagner son maître vénéré. Fra Francesco trouva également un compagnon, et de tous les côtés on vint se faire inscrire à Saint-Marc pour prendre part à l'épreuve. La seigneurie dut intervenir ; elle déclara que le franciscain ne traverserait le bûcher que si Savonarole consentait à partager le péril ; celui-ci céda, un peu à contre cœur, et le samedi 7 avril un bûcher long de 40 brasses, et divisé par un étroit sentier, fut élevé sur la place de la Seigneurie. La foule accourut, avide comme toutes les foules d'un spectacle nouveau, et bientôt elle vit paraître les moines franciscains ; les religieux de Saint-Marc arrivèrent peu d'instants après, à la suite de leur prieur qui portait le Saint-Sacrement. Tout était donc prêt ; mais alors on vit surgir des difficultés nouvelles ; les Franciscains exigèrent que Buonvicini se dépouillât de ses vêtements sacerdotaux qui, dirent-ils, avaient peut-être été enchantés par Savonarole. Après qu'il les eut quittés, ils voulurent qu'il déposât encore le crucifix qu'il tenait dans ses mains; Savonarole lui commanda de prendre le Saint-Sacrement à la place du crucifix; les Franciscains se récrièrent, disant qu'il serait horrible d'exposer l'hostie à être brûlée.

Pendant que les deux Ordres discutaient ainsi, et peut-être avec un égal désir de ne pas pouvoir s'entendre, la foule, qui ne voulait pas être déçue dans son attente, s'agitait et murmurait de ces délais dont elle ne connaissait pas les motifs. Les *Arrabbiati* assurèrent que c'était de Savonarole que venaient toutes ces lenteurs; ses amis soutinrent non moins vivement que c'était des Franciscains. Le tumulte commença, et un petit groupe d'*Arrabbiati* déterminés se fraya un passage jusqu'à Savonarole, qui ne dut la vie qu'à l'énergique intervention d'un *Piagnoni* nommé Marcuccio Salviati. On en était là, lorsqu'une grosse pluie vint se charger du dénoûment de cette affaire en rendant l'épreuve impossible. La seigneurie enjoignit à tous les moines de rentrer dans leurs couvents respectifs, et elle fut obligée de donner à Jérôme une escorte bien armée pour le protéger contre les violences de ses ennemis. Un de ses biographes assure même que ce ne fut qu'au Saint-Sacrement qu'il portait qu'il dut de ne pas être assassiné pendant le trajet.

La pluie passée il ne fut plus question de faire l'épreuve. Au fond, bien peu la désiraient dans les deux Ordres rivaux, et les Franciscains la redoutaient plus encore que les Dominicains, car ils craignaient que par quelque pacte diabolique, sinon par la puissance de Dieu, Savonarole ne sortit triomphant des flammes. Quant à lui, il est probable que, malgré les propositions insensées qu'il avait faites plus d'une fois du haut de la chaire, il se souvenait alors que, comme l'a si bien dit un de ses biographes, « lorsque les vrais serviteurs de Dieu ont voulu prouver la vérité des maximes évangéliques, ils n'ont pas imaginé la téméraire idée de tenter Dieu. »

Les *Piagnoni* s'assemblèrent pour délibérer sur ce qu'il y avait à faire en présence de l'attitude menaçante de Florence et du peu de secours qu'on pouvait espérer de la seigneurie; hésitante d'abord, elle semblait tout près de se montrer décidément hostile au prieur. Les chefs principaux furent d'avis de prendre les armes, mais comme ils ne purent pas faire prévaloir leur opinion, plusieurs d'entre eux quittèrent la ville ; c'était justement le moment où ils auraient dû y rester! Leur départ mit fin aux hésitations de la seigneurie; elle n'avait ni la volonté ni peut-être le pouvoir de protéger le réformateur contre la populace irritée, et elle crut faire assez pour lui en l'exilant, ce qui était une manière moins compromettante de lui sauver la vie.

Mais il n'était plus temps ; déjà les *Arrabbiati* se portaient en foule à Saint-Marc. Ils pénétrèrent dans l'église pendant les vêpres (c'était le 8 avril, dimanche des Rameaux), et lorsqu'on les en eut repoussés à grand'peine, ils commencèrent le siége du couvent. « Défendez-vous ! » cria Buonvicini aux religieux et aux laïques qui étaient restés dans le monastère. Étrange conseil, peu évangélique, et difficile à suivre, car où trouver des armes dans un couvent ? Il y en avait cependant un grand nombre, qu'on avait réunies récemment en prévision d'une attaque des *Compagnacci*. Après avoir essayé inutilement d'empêcher les religieux de combattre, Savonarole prit avec lui quelques frères plus dociles, ou moins résolus, et ils allèrent attendre en prières devant l'autel la fin de cette terrible journée.

Les *Arrabbiati* devinrent plus furieux à mesure que la résistance se montra plus énergique. Des maisons appartenant à des *Piagnoni* eurent aussi des siéges à soutenir, et François Valori périt sous les coups des *Enragés*. D'abord la seigneurie laissa faire, ensuite elle prit quelques mesures d'ordre insuffisantes et trop tardives, puis elle se rangea tout à fait du côté des *Arrabbiati*, et elle déclara que les laïques qui continueraient à combattre pour Saint-Marc seraient pendus. Cette menace priva immédiatement le couvent d'une partie de ses défenseurs. Les assaillants en profitèrent pour enfoncer les portes et pour se précipiter dans l'église.

Quelle scène que celle-là ! Représentez-vous ces moines prosternés dans le chœur, immobiles sous leurs longues robes blanches, et comme transportés par l'ardeur de leur prière dans une région sereine où les cris de rage des combattants et le cliquetis de leurs armes ne pouvaient plus les troubler. Et pourtant le danger était là, pressant, imminent; la faible grille de l'enceinte privilégiée les en séparait seule; quelques moments encore, et les autres religieux ne pourraient plus résister aux flots toujours grossissants de leurs ennemis.....

Enfin, il arriva deux ordres de la seigneurie qui firent cesser le combat : le premier enjoignait aux laïques restés fidèles à Savonarole de quitter sur l'heure le monastère, s'ils ne voulaient pas que leurs biens fussent confisqués; et ces hommes, qui n'avaient pas reculé devant le sacrifice de leur vie, se soumirent dès qu'ils virent leur fortune menacée. Le second ordre des magistrats concernait les Dominicains : on leur commandait de livrer aux commissaires du gouvernement Savonarole, Buonvicini et Maruffi; s'ils obéissaient, grâce entière leur était promise pour eux-mêmes : — « Nous voulons mourir avec lui ! » s'écrièrent-ils tout d'une voix. Les commissaires se retirèrent, mais alors un moine, qui seul avait tremblé pendant que les autres s'étaient pressés autour de leur prieur, fit tout haut la réflexion que le bon pasteur donne sa vie pour ses brebis, au lieu de les exposer à la mort pour lui. Ce fut assez pour Savonarole; il comprit son devoir et il fit aussitôt le sacrifice de sa vie. Lorsque les commissaires revinrent, en promettant au nom du gouvernement que Jérôme serait renvoyé à Saint-Marc aussitôt après son interrogatoire, il déclara qu'il était prêt à les suivre et, sans se troubler, il tendit les mains aux cordes dont on le lia comme un malfaiteur. Il fit de tendres adieux à ses religieux en les exhortant à persévérer dans la vérité ; puis il sortit de se couvent qu'il savait bien quitter pour toujours, car il ne se faisait aucune illusion sur la valeur des promesses de la seigneurie.

Cette foule qui était jadis suspendue à ses lèvres l'attendait furieuse et menaçante dans les rues de la ville ; elle poussa des clameurs sauvages en apercevant les prisonniers ; elle se précipita sur eux, et les efforts de leur escorte ne purent empêcher qu'ils ne fussent indignement injuriés et maltraités. O foule, tu es toujours et partout la même! C'était toi qui criais à Jérusalem : « Hosanna au Fils de David ! » et plus tard : « Crucifie-le, crucifie-le ! »

Savonarole parut le lendemain devant la seigneurie, qui lui demanda si tout ce qu'il avait dit lui avait été réellement inspiré par Dieu, comme il l'avait prétendu. Il répondit avec une ferme assurance qu'il le croyait. Elle ne put pas obtenir de lui une autre déclaration ; elle aurait voulu cependant qu'il confessât qu'il n'avait été qu'un imposteur ; aussi, au lieu de le renvoyer à Saint-Marc, selon sa promesse solennelle, elle le réintégra en prison, dans l'espoir qu'elle réussirait mieux un autre jour. Ensuite elle fit arrêter les principaux *Piagnoni* et nomma, pour les juger en même temps que les trois prisonniers, une commission de seize membres choisis parmi les ennemis de Jérôme ; bientôt le pape, qui avait été instruit de l'arrestation de Savonarole, leur adjoignit deux chanoines.

Les interrogatoires se succédèrent à de courts intervalles. Mais fra Girolamo répondait toujours dans le même sens, de quelque façon qu'on s'y prit. Alors on eut recours à la torture, selon l'usage barbare de ce temps-là, et chaque fois qu'on appliqua Jérôme à la question, il avoua tout ce qu'on voulut ; devant la douleur physique, son énergie morale l'abandonnait. Que ceux qui peuvent dire en toute certitude que la plus vive angoisse de la chair ne parviendrait pas à faire sortir de leurs lèvres un aveu contraire à leurs convictions, se scandalisent des défaillances du réformateur ! Je n'en ai pas le courage, et je comprends qu'on soit plus ferme devant la mort que devant la torture.

Dès que Savonarole se retrouvait dans sa prison, il gémissait de sa faiblesse, en demandait pardon à Dieu, et rétractait en présence de ses juges tout ce qu'il avait dit à ses bourreaux. Chaque jour ce fut à recommencer.

On avait eu besoin d'un homme habile pour rédiger le procès, car ce n'était pas chose aisée que de coordonner les paroles incohérentes et souvent contradictoires que la souffrance arrachait aux accusés, de manière à en faire ressortir leur culpabilité. La seigneurie n'avait pas cherché longtemps ; un misérable, nommé Ser Ceccone, s'était offert à lui fournir le réquisitoire formidable qu'elle désirait. C'était un ancien partisan des Médicis qui avait été gravement compromis dans la dernière conspiration en faveur de Pierre, et qui, ne sachant comment se dérober aux poursuites du gouvernement, était allé implorer de Savonarole un asile qui lui avait été généreusement accordé. Voilà comment il paya son hospitalité !

Lorsque la rédaction de Ser Ceccone fut terminée, on lui donna une grande publicité, et dans le premier moment, les *Piagnoni* stupéfaits des réponses de Savonarole se demandèrent, avec une indéfinissable angoisse, si vraiment ils avaient été le jouet d'un imposteur ; mais en lisant plus attentivement cette relation, ils en découvrirent la fausseté. On assure qu'il y eut un autre compte rendu des interrogatoires, très-exact, et par conséquent très-différent de celui de Ceccone ; que la seigneurie le confia à Jean Berlinghieri qui le conserva précieusement, et qui ne le montra, dans la suite, qu'à un très-petit nombre de personnes, parmi lesquelles fra Benedetto, de Saint-Marc, et le père Marco della Casa qui affirment l'avoir lu. Malheureusement Berlinghieri brûla ce document avant de mourir, afin de ne pas compromettre ceux qui avaient participé au procès. Quoi qu'il en soit, le récit de Ceccone est seul venu jusqu'à nous, et ce n'est qu'avec la plus grande réserve que nous pouvons profiter des renseignements qu'il contient.

Le 19 avril, la commission convoqua à sa séance plusieurs dignitaires de l'Église, six religieux de Saint-Marc et quelques citoyens notables, pour leur faire entendre l'acte d'accusation. Savonarole refusa absolument de le signer, et lorsqu'on lui demanda s'il ne reconnaissait pas la vérité de ce qu'on venait de lire, il répondit seulement : « Ce que j'ai écrit est vrai. » Il voulut sans doute dire par là que ce serait dans ses sermons et dans ses autres ouvrages qu'il faudrait chercher ses convictions, et non pas dans ce réquisitoire mensonger.

Les pouvoirs de la seigneurie allaient expirer, et le sort des prisonniers n'était pas encore décidé. Elle n'osa pas terminer cette grave affaire, et elle se borna à sévir contre les *Piagnoni* les plus attachés à Jérôme; elles les condamna à l'exil ou à de grosses amendes; ensuite, elle fit sortir du grand conseil deux cents citoyens dévoués au prieur et fit nommer des *Arrabbiati* à leur place. Sûre alors que son œuvre serait continuée, elle se retira.

La seigneurie nouvelle se hâta d'écrire au pape pour lui demander l'autorisation de condamner Savonarole. Du 19 avril au 19 mai le gouvernement florentin et le gouvernement pontifical se disputèrent le prisonnier. Enfin, Rome voulut bien se contenter d'envoyer à Florence, pour la représenter, le père Romolino et le père Turriano, général des Dominicains. Elle tenait beaucoup à ne pas être étrangère à la mort du moine audacieux qui avait osé lui dire la vérité.

L'accusé déclara devant ses deux nouveaux juges que la souffrance seule lui avait arraché ses rétractations, et qu'il protestait d'avance contre tout désaveu qu'on pourrait obtenir de lui de la même manière. Alors, pour la septième fois, on le mit à la torture, et pour la septième fois aussi il se rétracta ! Silvestro avoua tout ce qu'on voulut. Quant à Buonvicini, il fut épargné dans cette dernière épreuve, et peut-être lui aurait-on fait grâce de la vie, si quelqu'un n'était pas venu dire aux commissaires pontificaux que condamner seulement Savonarole et Silvestro serait une faute grave, parce que Buonvicini reprendrait certainement l'œuvre de son maître : — « Un mauvais moine de plus ou de moins, peu importe, » dit froidement Romolino, et fra Domenico fut condamné à mort avec Savonarole et fra Silvestro. On ne donna, contre l'usage, aucune publicité à ce jugement, qui fut prononcé dans la grande salle du conseil en l'absence des magistrats et des accusés.

Le 22 mai, on annonça aux prisonniers qu'ils n'avaient plus que quelques heures à vivre. A cette nouvelle, depuis longtemps attendue, Savonarole demeura calme. Le soir, on lui envoya un prêtre pour passer avec lui la dernière nuit. — « Je ne viens pas, lui dit en entrant le père Niccolini, recommander la résignation à celui qui a su ramener tout un peuple dans les voies de la vertu. » — « Faites votre devoir, » répondit simplement Jérôme, et, après s'être confessé et avoir prié longuement, il s'endormit, la tête appuyée sur les genoux du prêtre tout surpris de le voir sourire dans son sommeil.

La grande angoisse était passée; la coupe d'amertume était acceptée. Pendant tout le mois que s'étaient prolongées les négociations entre Rome et Florence, celui qui avait tant exhorté les autres s'était prêché à lui-même, et surtout il avait fait le silence dans son âme pour écouter le divin Consolateur. Que s'était-il passé en lui dans ces heures suprêmes, si proches de la dernière, où toutes ses illusions, s'il lui en restait, avaient dû s'évanouir à la lueur de l'éternité qui s'avançait, comme les vapeurs qui obscurcissent les vallées se dissipent aux premiers rayons du soleil? Sans doute il mesura les faiblesses, les inconséquences, les péchés de sa vie, et c'est pour cela qu'il paraphrasa si longuement le psaume LI qui s'adaptait probablement mieux que tout autre à son état personnel. Ce commentaire est pour nous comme un miroir où nous pouvons regarder son âme. « Malheureux que je suis, s'écrie-t-il, abandonné de tout le monde, moi qui ai péché contre le ciel et contre la terre, où irai-je? et qui me soulagera dans ma misère? Je n'ose lever les yeux vers le ciel, je l'ai trop offensé ! Je ne vois aucun asile pour moi sur la terre, je l'ai trop scandalisée. Que faut-il donc que je fasse ? Faut-il que je me désespère ? A Dieu ne plaise ! Mon Sauveur est plein de compassion, c'est à lui que j'aurai recours ; il ne dédaignera pas l'ouvrage de ses mains ; il ne rejettera pas son image ! Accablé de tristesse, les yeux pleins de larmes, je viens donc à vous, Dieu plein de bonté ; vous êtes mon unique espoir !... Mon Dieu ! détournez votre vue de dessus mes péchés, et effacez toutes mes offenses. Ne me rejetez pas, Seigneur ! moi qui passe les jours et les nuits à crier et à pleurer en votre présence ; mon Jésus, ne me confondez pas, je n'ai d'espérance qu'en vous, je n'attends le salut que de vous. » Dieu ne résiste pas à de telles supplications, et ceux qui l'appellent ainsi le possèdent déjà. Bientôt ce fut un autre psaume que Savonarole se mit à méditer, ce psaume XXXI que traverse un rayon d'espérance et qui, s'il n'est pas encore un chant de triomphe, semble être l'aurore de la délivrance. Malheureusement, on lui enleva plume et papier ; mais nous y avons seuls perdu, et le Seigneur écrivit sans doute ce commentaire dans le cœur de son serviteur. Voilà pourquoi le sommeil de sa dernière nuit était si paisible. Jésus l'avait pris dans ses bras.

Le 23 mai au matin les trois condamnés reçurent la communion avant d'être conduits sur la place où l'échafaud les attendait ; ils devaient être pendus et leurs corps livrés aux flammes. Lorsque fra Benedetto Pagagnotti, évêque de Vaison, dépouilla Savonarole des ornements sacerdotaux dont on l'avait revêtu quelques instants auparavant : « Je te sépare, lui dit-il, de l'Église militante et de l'Église triomphante. » — « De l'Église triomphante ! Non, répondit le martyr, cela n'est pas en votre pouvoir ! »

Silvestro mourut le premier; Buonvicini le suivit; puis vint le tour de Savonarole. « Il mourut, dit Guiccardin, convaincu de son innocence et pénétré des plus vifs sentiments de charité. Soutenue par la foi, sa fermeté ne se démentit point. » On prétend qu'il dit seulement : « Ah ! Florence, que fais-tu aujourd'hui ! »

Après la mort du réformateur, ses disciples furent poursuivis, insultés, persécutés pendant plusieurs mois. Quelques Dominicains restés fidèles à sa mémoire furent exilés ; les autres renièrent lâchement leur maître pour obtenir leur pardon de Rome. Le désordre se glissa peu à peu dans le couvent, pendant qu'il s'étalait au grand jour dans la ville. Jamais Florence ne s'était encore livrée avec autant d'emportement à ses mauvaises passions. Elle ne rougit plus alors, dit M. Perrens, « que d'avoir cru aux paroles de fra Hieronimo et désiré la réforme de la cour de Rome. » Tous les manuscrits de Savonarole furent saisis et enfermés à l'archevêché, en attendant que le pape ordonnât leur destruction. Mais Alexandre VI, par une inconséquence qu'on ne s'explique pas, ne les condamna pas, et, quelques mois plus tard, on imprima librement à Florence et à Venise les œuvres du prieur de Saint-Marc.

Ce fut là le commencement d'une réaction favorable à sa mémoire. Le 23 mai 1499, jour anniversaire de son supplice, de courageux *Piagnoni* semèrent des fleurs sur l'emplacement de l'échafaud, et nul n'osa les en empêcher. Jusqu'à la fin du xviiie siècle ce pieux usage se perpétua. A Rome même on frappa, dès l'année 1500, des médailles en l'honneur de fra Girolamo où il était appelé *bienheureux martyr*. Les successeurs d'Alexandre VI refusèrent de le déclarer hérétique. Enfin, le pape Paul IV assembla une congrégation qu'il chargea d'examiner toutes ses œuvres; après six mois d'étude et de discussion, elle déclara que la doctrine de Savonarole était irréprochable.

Si l'on demandait à Rome comment l'infaillibilité d'Alexandre VI et celle de Paul IV ont pu se contredire ainsi, il est probable qu'elle serait embarrassée pour l'expliquer. Nous ne nous chargerons pas non plus de trouver la solution d'un problème aussi difficile. Aussi bien, qu'importe le jugement de Rome ! qu'importe l'opinion des hommes ! Le Seigneur connaît les siens, et la gloire éternelle attend, au sortir de la grande tribulation, « *tous ceux qui ont lavé et blanchi leur robe dans le sang de l'Agneau.* »

LA CONVERSION DE LUTHER

I

Au v⁰ siècle, être un moine ou être un saint c'était, pour la multitude, une seule et même chose. Au xvi⁰, il n'en était plus ainsi. L'enthousiasme populaire s'était refroidi à mesure que les ordres monastiques avaient dégénéré, et au profond respect qu'ils inspiraient naguère avait succédé, depuis longtemps déjà, une hostilité moqueuse. Il suffirait pour s'en convaincre de s'arrêter devant une cathédrale gothique, et de regarder ces grimaçantes têtes tonsurées que leur capuchon rejeté en arrière fait reconnaître pour des religieux; autour d'eux des évêques impassibles, appuyés sur leur crosse, paraissent ne pas voir ces figures étranges et ne pas s'émouvoir des discours, non moins étranges assurément, qui doivent sortir de ces bouches qu'un rire nerveux contracte. Il semble que l'artiste inconnu qui a sculpté l'édifice ait voulu placer sur ses murs une silencieuse protestation contre les désordres de l'Église, et se faire ainsi l'interprète de la pensée de son époque, en stigmatisant tout à la fois le caractère des moines et l'indifférence de leurs conducteurs spirituels. Au xvie siècle on alla plus loin encore : on dit tout haut ce qu'on s'était contenté de penser dans les siècles précédents : « Satan rougirait de songer à faire ce qu'un moine ose entreprendre » était un proverbe fort à la mode en Allemagne. Qu'on était loin du temps des Benoît et des Colomban ! ce temps où c'était par la supériorité de leur foi et de leur développement intellectuel que les moines exerçaient sur leurs contemporains une influence dominatrice.

Les fortes études étaient dédaignées ; l'ignorance paraissait être la compagne inséparable de la soumission à l'Église. La Bible était oubliée ou bien outragée. « Le Nouveau Testament, disait un moine du seizième siècle, est un livre rempli de serpents et d'épines. Le grec est une nouvelle langue récemment inventée, dont il faut bien se garder. Quant à l'hébreu, il est certain que tous ceux qui l'apprennent deviennent juifs à l'instant même. » En présence de tels dangers il n'est pas surprenant qu'un évêque de Dunsfeld se soit félicité de ne savoir ni l'une ni l'autre de ces langues ! « Laissez donc ces enfantillages, ces inepties qui ne conviennent pas à un homme grave, » disait le cardinal Bembo à un théologien qui traduisait l'épître aux Romains. Ce prélat traduisait pourtant aussi quelquefois la Bible, mais il la traitait avec aussi peu de ménagements qu'un professeur le devoir mal fait de son élève. Il corrigeait le Saint-Esprit, afin de donner à la Parole de Dieu un parfum mythologique de bon goût. Dire : *Remettre les péchés*, était bon pour les pêcheurs illettrés du lac de Génézareth ; il disait, lui : *Fléchir les mânes et les dieux souverains*. Le Christ, *Fils de Dieu*, c'était trop simple ; il fallait dire : *Minerve sortie du front de Jupiter*. Quant au Saint-Esprit, il devenait *le souffle du Zéphyre céleste*.

Pendant que la Parole inspirée était ainsi méconnue, abaissée, ou défigurée, par contre l'homme mortel était toujours de plus en plus élevé. Le culte des reliques avait pris des proportions inouïes. Jadis le pape saint Grégoire le Grand avait censuré fortement les Grecs, parce qu'ils transportaient d'un lieu à l'autre les ossements des saints ; on l'avait oublié, et ce n'était plus seulement sur des tombeaux qu'on se prosternait, mais aussi devant des reliques apocryphes, ridicules, impossibles, telles que *l'haleine de saint Joseph*, conservée précieusement à Schaffhouse *dans le gant de Nicodème*.

Tout cela n'empêcha pas un jeune docteur en philosophie d'aller frapper à la porte du couvent des Ermites de Saint-Augustin de la petite ville d'Erfurt, et de demander à y être admis pour toujours. Qu'avait donc ce jeune homme ? La veille encore il se distinguait parmi tous ses condisciples par son intelligence vive et profonde, par son éloquence naturelle, par sa brillante imagination; l'avenir était beau pour lui, plein d'espérances et de promesses... Pourquoi renoncer à la fortune et à la gloire, en échangeant la robe de docteur contre le froc du moine?... Peut-être il était las de la vie? Sans doute il avait été trompé dans ses affections, il avait vu ses bonnes intentions méconnues, l'envie s'était attachée à ses pas, et un immense dégoût de toutes choses pesait sur son âme!... Non. Ce jeune homme n'avait que vingt-deux ans, et ce n'est pas à cet âge qu'on a pu expérimenter le néant de la vie; on ne la connaît pas alors; on n'a fait que l'entrevoir, comme on apercevrait les longues galeries d'un palais par une porte à demi fermée, et on ne peut être désabusé que des choses dont on a joui. On n'est pas fatigué de la route lorsqu'on n'a marché qu'aux heures matinales où les oiseaux chantent sous la feuillée humide de rosée. Il faut attendre pour oser se plaindre d'avoir atteint quelque longue plaine desséchée qu'on doit traverser sous les rayons brûlants du soleil de midi, et traverser seul, car les compagnes qu'on avait en partant, les charmantes espérances, les poétiques rêveries, les belles illusions se sont toutes attardées en chemin; les unes, en poursuivant les papillons bleus; les autres, en écoutant chanter l'alouette, ou bien, en cherchant dans l'herbe touffue la fleur du paradis qui donne le bonheur... Elles ne reviendront jamais... Il faut marcher sans elles... Et c'est alors seulement, ô vie mortelle, ô désert, que ceux qui avaient mis en toi leur seul espoir ont le droit de soupirer et de douter de tes promesses !

Mais le jeune docteur n'avait que vingt-deux ans. D'ailleurs il ne connaissait la vie que par son aspect le plus sérieux, et ce n'est pas ce qui est sérieux qui lasse le cœur. Son enfance s'était écoulée au sein d'une famille pieuse ; ses plus anciens souvenirs lui montraient son père, à genoux le soir devant son berceau, demandant ardemment à Dieu de se servir un jour, pour la propagation de la vérité, du faible enfant qui reposait là. Sa jeunesse s'était passée à étudier sans que pourtant sa vive intelligence fût jamais captivée par ses études au point de négliger la prière. « Bien prier, disait-il, est plus qu'à moitié étudier, » et chaque matin il ne manquait pas de sanctifier d'avance, par la méditation et par l'élévation de son âme à Dieu, son travail de la journée.

Ce qui troublait le cœur de l'ancien élève de l'université d'Erfurt, c'était une inexprimable angoisse que ceux-là seuls peuvent comprendre qui l'ont eux-mêmes éprouvée : — Si mon âme m'était redemandée aujourd'hui, serait-elle sauvée ? — Telle était la terrible question qui se posait à lui. Il connaissait Dieu, il savait qu'il est la sainteté même et qu'il a le mal en horreur. Il se connaissait lui-même, il savait qu'il était pécheur ; surtout depuis qu'en cherchant un livre dans la bibliothèque de l'université, il avait trouvé une Bible, et qu'elle avait déployé devant sa conscience réveillée toutes les exigences de la loi. Comment un pécheur pourrait-il entrer dans le ciel ? Sans doute en devenant saint. Mais comment se dégager tout de bon du péché ?

Depuis longtemps déjà ces pensées se dressaient sans cesse devant le jeune étudiant épouvanté, lorsque deux événements successifs étaient venus leur donner une nouvelle force. Un de ses amis avait péri assassiné, et il s'était dit : « Où serais-je à présent si j'étais mort à sa place ? » Peu de temps après il avait été surpris par un orage, dans les montagnes ; la foudre était tombée à ses côtés ; la mort elle-même l'avait donc effleuré ! Alors, au milieu des tonnerres, des éclairs, et du déchaînement de tous les éléments, moins tumultueux encore que l'orage qui grondait au fond de son âme, enveloppé d'angoisses, il avait fait vœu, s'il sortait vivant de ce danger, de se donner entièrement à Dieu, et d'entrer dans un cloître. Le cloître lui était soudainement apparu comme un pont jeté entre son péché et la sainteté de Dieu. Il avait pensé qu'il y trouverait ce moyen si longtemps cherché de purifier son âme, de la transformer, de la rendre digne de son Créateur. Il fallait pour cela quitter sa famille, ses amis, et renoncer à ses espérances d'avenir... Mais qu'importe la vie et ses charmes à qui n'ose regarder en face l'éternité !

Voilà pourquoi, dans la soirée du 17 août 1505, le docteur Martin Luther allait frapper à la porte du couvent des Ermites de Saint-Augustin.

II

A peine entré dans le cloître, le nouveau venu fut employé par ses supérieurs à faire tout ce qui était pénible, désagréable ou fastidieux. S'agissait-il de nettoyer les cellules, on s'adressait au frère Martin ; de balayer l'église, de remonter l'horloge, d'ouvrir et de refermer sans cesse la lourde porte du couvent, c'était encore à lui qu'on avait recours. Puis, lorsqu'il pensait qu'il allait enfin jouir de quelques heures de repos qu'il consacrerait à l'étude, on venait le relancer dans sa retraite en lui disant que « ce n'était pas en étudiant, mais en mendiant, qu'on se rendait utile dans un cloître. » — « Avec le sac, et par la ville ! » criait-on autour de lui. Sans répliquer, le jeune moine sortait de la maison et s'en allait demander, de porte en porte, dans les rues d'Erfurt, des aumônes qu'on ne lui accordait pas toujours.

Était-ce bien là la vie qu'il avait rêvée ? Non, sans doute ; mais, telle quelle, il l'accepta sans peine ; après tout, ne disait-on pas que l'obéissance aveugle, les humiliations répétées, et le brisement de la volonté, étaient les échelons qui conduisaient à la sainteté monacale ? Luther n'était pas une de ces âmes qui ne se donnent qu'à demi à ce qu'elles croient être le devoir. Il avait voulu être moine pour gagner le ciel, et il ne recula devant aucune des conséquences de sa détermination.

Toutefois, après s'être bien assuré de la soumission absolue de l'ancien docteur, le prieur des Augustins confia à un autre frère les soins matériels dont il était accablé, et il put se livrer aux études théologiques qui l'attiraient. Les œuvres de saint Augustin devinrent sa lecture favorite ; tout ce que disait l'évêque d'Hippone sur la corruption du cœur, Luther l'expérimentait si tristement ! et cette grâce divine dont il affirmait toujours la nécessité, Luther l'appelait si ardemment ! Mais dans les écrits des Pères de l'Église, comme dans la Parole de Dieu elle-même, le jeune moine, uniquement préoccupé « d'escalader le ciel » par ses œuvres méritoires, ne voyait alors que deux choses : la misère de l'homme et la sainteté de Dieu, c'est-à-dire la certitude d'une inévitable et éternelle condamnation. Il redoubla d'efforts pour arriver à la parfaite domination de lui-même ; il dépassa, en les exagérant, les austérités prescrites par la règle ; il en vint, par exemple, à passer parfois quatre jours sans manger et sans boire ; lorsque enfin, exténué, à demi mort d'inanition, il se décidait à rompre le jeûne, un hareng et un peu de pain composaient son meilleur repas. Sa conscience toujours agitée, toujours craintive, devint d'une délicatesse qui alla jusqu'au scrupule, cette terrible maladie spirituelle qui n'accorde à celui qui en est atteint ni trêve, ni repos, ni merci, qui lui montre toutes ses actions avec un verre grossissant et qui, après l'avoir fait passer par la mélancolie et le découragement, le conduit et l'abandonne au désespoir.

Ce fut ce qui arriva à Luther. D'abord il s'efforça de réparer toutes ses omissions. Il recommençait les mêmes prières jusqu'à ce que son esprit s'y donnât tout entier ; il répétait avec soin toutes celles qu'il se souvenait d'avoir oubliées, ou mal faites, les jours précédents. Si quelque tentation survenait, il se hâtait d'aller l'avouer à son confesseur. Mais il retrouvait là toutes ses angoisses. Comment pouvoir distinguer la tentation, qui vient du dehors, du consentement de la volonté, qui constitue le péché ? D'ailleurs, être tenté n'est-ce pas toujours être à demi vaincu, et y a-t-il vraiment tentation lorsqu'il n'y a pas dans l'âme un attrait pour le péché proposé ?... La contrition parfaite, cette amère douleur, cette horreur des fautes commises, était-il bien sûr de l'avoir ? Ne se faisait-il pas illusion à lui-même ?... Son confesseur ne comprenait pas tant de scrupules ; il pensait que lorsqu'on avait prié, jeûné, dit ses heures, et que par là-dessus on avait mendié pour le couvent, on pouvait avoir l'esprit en repos ; il s'étonnait, et renvoyait son pénitent en lui disant, pour toute consolation, que lui seul seul était assailli par ces tentations de désespoir.

Repoussé des hommes, le pauvre moine se tourna vers les saints; il invoqua les vingt et un patrons qu'il s'était choisis dans le ciel, et surtout la vierge Marie. Mais d'aucun côté le secours imploré ne se trouvait. Les cieux étaient d'airain.

Il y a pourtant un nom par lequel on peut obtenir grâce. Hélas! ce doux nom n'éveillait dans l'esprit de Luther qu'une indicible terreur. Tout enfant il pâlissait déjà d'épouvante en l'entendant prononcer. Jésus-Christ ne lui apparaissait que comme le Juge des vivants et des morts; il ne se le représentait que debout sur les nuées, ayant à ses pieds les âmes frémissantes que les démons vont entraîner avec eux dans l'abîme, et il ne savait pas encore que le Christ ne sera le Juge sans miséricorde que de ceux qui ne l'auront pas voulu pour Sauveur.

Les jours succédèrent aux jours sans apporter à cette âme torturée une lueur même d'espérance. Enfin, lorsqu'il eut tout essayé, qu'il eut compris le néant de ses efforts et le péché de ses meilleures œuvres, Luther tomba dans le désespoir. On le vit errer silencieusement dans le cloître, pâle, défait, les joues creuses, l'œil noyé dans la tristesse. Ses frères le crurent possédé par l'esprit de ténèbres, et s'éloignèrent de lui. Ainsi, nulle consolation. Il s'enfermait dans sa cellule pendant des jours entiers, ne pouvant plus supporter la vue même de ceux qui l'entouraient. Une fois, qu'il était resté plus longtemps que de coutume dans sa retraite, un moine, nommé Edemberger, qui avait pour lui de la sympathie, conduisit à sa porte quelques jeunes gens qui se mirent à chanter un de leurs plus beaux cantiques. Luther, qui était évanoui, reprit connaissance en entendant ces douces voix qui parlaient du ciel. Mais ce n'était que pour souffrir qu'il revenait à la vie. Le ciel qu'il avait espéré mériter lui échappait, il le sentait bien. « Ce n'est pas moi ! ce n'est pas moi ! » s'écria-t-il dans la chapelle même, pendant qu'on lisait dans l'Évangile le récit de la guérison miraculeuse d'un homme possédé d'un démon. Il pensait sans doute qu'un tel miracle ne se renouvellerait pas pour lui. — « Voici, soupirait-il dans la tristesse de son âme, toutes mes bonnes œuvres sont vaines ! »

C'était là que Dieu l'attendait. Il se connaissait enfin ! Il avait sondé son cœur, ce cœur « *désespérément malin par-dessus toutes choses ;* » il savait ce que c'est que le péché. Il lui restait à apprendre ce qu'est Jésus-Christ pour le pécheur.

III

Quelles que fussent les erreurs qui s'étaient glissées dans l'Église, elle renfermait pourtant encore des âmes profondément attachées à leur Sauveur et cherchant en lui seul tout espoir de salut et toute consolation. Pendant que les docteurs du Moyen Age s'étaient égarés dans les subtilités, et qu'ils étaient arrivés à ne plus apercevoir les grandes vérités évangéliques, pour avoir concentré toutes les forces de leur intelligence sur des dissertations sans fin et sur des distinctions puériles, une école d'un esprit tout opposé s'était élevée à côté d'eux. Le mysticisme, *la mystique*, comme on disait alors, était le nom de cette tendance. Ce n'était pas une doctrine à part, une théologie nouvelle ; c'était une des faces de la doctrine chrétienne. Mais la vérité doit être vue dans son ensemble ; vouloir en contempler un seul côté, à l'exclusion des autres, c'est s'exposer à des erreurs ou à des dangers.

Les mystiques, attristés par les désolations, les ténèbres, les ruines de leur époque, cherchaient un refuge dans le Seigneur. Ils aspiraient à quelque chose de plus, s'il est possible, que l'union avec Dieu ; ils voulaient parvenir à un état idéal dans lequel l'âme est tellement une avec lui qu'elle n'a plus ni volonté ni désir, et qu'elle s'abandonne sans réserve et sans effort à la volonté suprême et adorée. L'amendement de la vie, la prière, la confession, le jeûne, les mortifications, la communion, étaient considérés par eux non pas comme la vie chrétienne, mais comme des moyens d'y parvenir ; c'était là le chemin ; ce n'était pas le but. En cela les mystiques avaient raison. Mais ils s'éloignaient de l'Évangile en attribuant à la sanctification ce qui est la conséquence de la foi : c'est la foi en Christ qui produit la paix et l'amour ; c'est elle qui unit l'âme rachetée à son Dieu ; et non pas les œuvres, même les plus spirituelles. Il y avait donc dans les écrits des mystiques peu de place pour la croix de Jésus-Christ ; et il y en avait peu aussi pour la Parole de Dieu ; ils la citaient cependant, mais leur souveraine ambition était d'entendre la voix divine leur parler directement dans le secret de leur cœur, fermé à tous les bruits de la terre. Malgré ses imperfections et ses dangers, la mystique consolait les âmes angoissées ; elle leur enseignait à contempler le Sauveur, et en le contemplant elles apprenaient peu à peu à le connaître tout entier.

Au xv° siècle cette tendance s'était transformée graduellement ; elle était devenue plus simple, plus évangélique surtout. Au lieu d'aspirer à une sorte de révélation intime supérieure à la Révélation écrite, elle s'était mise à chercher dans celle-ci sont point d'appui et sa lumière, et elle avait trouvé l'un et l'autre dans la doctrine du salut par la foi en Christ crucifié. Un des hommes en qui se personnifiait au seizième siècle le mysticisme ainsi modifié était le vicaire général de l'ordre des Augustins, le docteur Jean de Staupitz. Lorsqu'il vint visiter le monastère d'Erfurt, il y avait déjà près de deux ans que Luther se consumait en efforts stériles pour parvenir à la sainteté.

Le supérieur des Augustins était un homme doux,

bienveillant, d'une grande distinction de manières et cependant d'un abord facile. Il était sincèrement désireux de conduire à Christ les âmes qui lui étaient confiées. Il ne tarda pas à remarquer Luther parmi tous les frères et à s'apercevoir qu'il se passait en lui quelque chose d'extraordinaire. Dès lors il s'efforça de gagner sa confiance ; il lui témoigna de l'intérêt, de la sympathie ; il l'encouragea dans ses études, le recommanda au prieur, et rechercha toutes les occasions de causer avec lui. Luther, ému par tant de bonté, n'osait pourtant pas encore ouvrir son cœur. On ne l'avait pas compris jusqu'alors, et Staupitz ne répondrait-il pas, comme les autres, à ses aveux : « Je n'ai jamais rien éprouvé de semblable, vous seul êtes ainsi troublé ! »

Un jour que, assis à la table commune, le pauvre moine demeurait sombre et immobile en face des aliments auxquels il ne touchait pas, Staupitz lui dit affectueusement : — « Pourquoi êtes-vous si triste ? frère Martin. » — « Ah ! que deviendrai-je » ? s'écria Luther. — « Je ne sais pas, reprit Staupitz, quelles sont les tentations qui vous assaillent. Mais je sais une chose, c'est qu'elles vous sont plus nécessaires que quoi que ce soit dans le monde. » Puis il l'engagea à méditer assidûment la Parole de Dieu, et pour lui en faciliter la lecture il lui fit présent d'un exemplaire du saint volume. Il y avait bien dans le couvent une Bible enchaînée qu'il avait lue et relue, mais il ne pouvait pas l'emporter dans sa cellule et la consulter nuit et jour. Sa joie fut donc bien grande en recevant ce pieux cadeau ; ce fut aussi pour lui un véritable soulagement que d'entendre le supérieur même de son Ordre lui recommander par-dessus toute autre étude celle de cette Parole qu'il était parfois tenté d'abandonner, lorsqu'il voyait le peu de cas qu'on en faisait autour de lui, et que les autres moines venaient lui dire : « Laisse donc là ce livre hérétique, cette masse informe, obscure, et difficile à comprendre ! »

Enfin Luther se décida à découvrir l'état de son âme à Staupitz. Il lui confessa ses péchés, ses scrupules, ses tentations, ses angoisses, ses vaines résolutions toujours renouvelées de vivre saintement, et l'amertume de son découragement. « Il ne me sert de rien, lui dit-il, d'être entré dans cet Ordre sacré... Je suis encore envieux, impatient, colère. Je vais avec des doutes à l'autel, et c'est avec des doutes que je le quitte. » Son étonnement fut extrême lorsqu'il entendit son guide spirituel lui répondre simplement : « Regardez à Christ qui a donné son sang pour vous. Moi aussi, j'ai fait plus de mille fois le vœu d'être un saint, et je ne l'ai jamais tenu. Maintenant je ne le jure plus, car je sais que je ne le tiendrais pas. Si Dieu ne veut pas user de grâce envers moi pour l'amour de Christ, je périrai; car ni mes vœux ni mes bonnes œuvres ne sauraient me faire subsister devant lui. »

Que ce langage était différent de celui auquel

les autres confesseurs de Martin l'avaient accoutumé ! On lui avait toujours parlé de mérites à acquérir, de ciel à gagner, de péchés à expier par des pénitences et des mortifications ; on l'avait enlacé, enserré, étouffé, dans des pratiques minutieuses ; on lui avait enseigné, non pas à regarder sérieusement son âme en face et à porter courageusement la sonde dans tous ses replis, mais à se reprocher la plus légère erreur, même involontaire, dans les observances extérieures, tout autant que le plus grand péché... Et voilà Staupitz qui lui disait, au contraire, lorsqu'il s'accusait de cette façon-là : « Si voulez que Christ vous aide, ne venez pas à lui avec ces misères d'enfant, et de la moindre vétille ne faites pas un péché mortel. » Peu à peu il arriva à comprendre que la vraie confession évangélique. celle qui répond réellement à un besoin des âmes pieuses, ne consiste pas dans une sèche et froide énumération de péchés classés et étiquetés, mais qu'elle est une expansion de l'âme contrite et humiliée qui cherche son Dieu, et qui ne consent à soulever tous les voiles qui l'enveloppent que parce qu'elle a une sainte terreur de conserver, à son insu, quelque chose qui déplaise à celui qu'elle veut servir fidèlement. Quant à Staupitz, il avait une longue habitude de la direction spirituelle et il l'exerçait dans un esprit de sagesse et de prudence ; il ne se perdait pas dans les détails ; et, au lieu de chercher à dominer les consciences, il s'efforçait de les amener à la liberté qui est en Jésus-Christ. Jésus-Christ crucifié! c'était là le centre et la base de son enseignement. Il y revenait toujours.

La vive imagination de Luther lui était souvent en piége; elle lui montrait les scènes terribles du Jugement dernier, alors que les réprouvés diront aux montagnes : « *Tombez sur nous et cachez-nous ! Voici le grand jour de la colère de l'Agneau. Qui pourra subsister ?* » Il se voyait à la gauche du souverain Juge; il se disait que nul être humain ne pouvant lui donner l'assurance qu'il était du nombre des prédestinés, jamais la joie du salut ne pourrait entrer dans son cœur. A tout cela Staupitz répondait : « Pourquoi vous tourmenter par ces hautes spéculations? Regardez aux plaies de Jésus-Christ, au sang qu'il a répandu pour effacer vos péchés. C'est là que la grâce de Dieu vous apparaîtra... Écoutez le Fils de Dieu qui vous donne l'assurance de votre salut en vous disant : « *Mes brebis entendent ma voix: je les connais. et elles me suivent Elles ne périront jamais. Nul ne les ravira de ma main.* » — « Tenez-vous simplement à la Parole de votre Sauveur, » ajoutait le vicaire général. Luther était ébranlé, consolé même par moments, mais pas encore convaincu.

Staupitz visitait assez souvent le couvent d'Erfurt, et dans l'intervalle de ses visites le jeune moine lui retraçait fidèlement par lettres ce qui se passait dans son âme. « O mon péché! mon péché! mon péché ! » lui écrivit-il une fois. — « Vous voudriez vraiment, lui répondit Staupitz, n'être qu'un pécheur en peinture! et pour vous Christ n'est aussi qu'un Sauveur en peinture. Considérez-vous donc comme un vrai pécheur, et Lui comme un vrai Sauveur. Sachez qu'en nous donnant son Fils, Dieu ne plaisante pas et ne joue pas la comédie... Ce n'est pas Dieu qui est irrité contre vous, c'est vous qui êtes irrité contre Dieu. » Ces sévères paroles troublèrent sans doute Luther, et le scandalisèrent peut-être tout d'abord, mais assurément elles durent lui être salutaires. Staupitz, qui connaissait bien le cœur humain, savait tout ce qu'il y a d'orgueil froissé dans cette prétendue humilité qui porte l'âme à refuser obstinément le pardon qui lui est offert, sous prétexte qu'elle en est indigne. Être sauvé par grâce, entrer dans le ciel par la même porte que Marie-Madeleine et le brigand converti, renoncer pour jamais à l'espoir d'obtenir, à force de vertus, une petite place à part dans le paradis : voilà ce qui a toujours été la principale pierre d'achoppement pour le pécheur inconverti ; et cette résistance, aussi tenace qu'elle est insensée, il ne faut rien moins que le Saint-Esprit pour la vaincre.

D'autres doutes encore s'élevaient dans le cœur de Luther. Il craignait de se faire illusion sur la réalité de sa repentance. Avait-il vraiment une profonde horreur du péché? Était-ce bien de toute son âme qu'il y renonçait pour toujours? Et dans son repentir n'y avait-il pas plus de crainte de l'enfer que d'amour pour le Seigneur ? Un mot de Staupitz fut pour lui comme un trait de lumière : « Il n'y a, lui dit-il, de repentance véritable que celle qui commence par l'amour de Dieu. Pour que vous puissiez être rempli d'amour pour le bien, il faut que vous commenciez par aimer Dieu. » Jusque-là il avait confondu la repentance légale, qui vient de la connaissance que la loi donne du péché, avec la repentance évangélique, cette tristesse profonde, mais mêlée de joie, qui suit le pardon, et qui est produite par la contemplation de l'amour infini du Sauveur. « Il me sembla alors, dit plus tard Luther, que c'était Jésus-Christ lui-même qui me consolait par ces douces paroles. Auparavant, quoique je m'efforçasse d'exprimer à Dieu un amour que je ne ressentais pas, il n'y avait pour moi dans l'Écriture aucune parole plus amère que celle de *repentance...* Oh! que les préceptes de Dieu deviennent doux quand on les lit dans les plaies précieuses du Sauveur, et non pas seulement dans les livres ! »

Mais Staupitz s'éloigna encore une fois du couvent d'Erfurt, et Luther se retrouvant seul en face de lui-même, vit revenir peu à peu toutes ses terreurs, toutes ses angoisses, tous ses doutes ; tant il est vrai que ce qu'il y a de plus difficile à faire, ce n'est ni de macérer son corps, ni de renoncer à sa volonté, ni de sacrifier les joies de la terre, ni même d'aller au martyre dans une heure d'enthousiasme, mais seulement de consentir à n'être qu'un pauvre pécheur, sauvé par pure grâce.

IV

Tant de secousses successives, tant de brusques passages de la crainte à l'espérance et de l'espérance au désespoir, et une perpétuelle tension d'esprit sur un même objet, ne pouvaient manquer d'ébranler profondément la santé du jeune augustin. Il tomba malade. Pendant qu'il souffrait en silence dans sa cellule, un vieux moine vint le trouver, dans la seule intention de lui donner une marque de sympathie et de lui adresser, au besoin, quelques paroles d'encouragement. Mais le cœur de Luther était trop plein; il ne put contenir les émotions qui le troublaient, et il les confessa à son charitable visiteur. Celui-ci était une âme simple qui s'en tenait au Symbole des Apôtres et n'allait pas au delà chercher des difficultés. « *Je crois à la rémission des péchés,* » dit-il gravement; et comme le malade répétait ces paroles d'un ton qui montrait l'effort qu'il faisait pour y mettre son cœur : « Il ne faut pas seulement, s'écria le vieillard, croire que les péchés sont pardonnés à David ou à Pierre : c'est là ce que croient les démons. Le commandement de Dieu est que nous croyions qu'ils nous sont remis à nous-mêmes. » Cette exhortation alla droit au cœur de Luther. Elle ne renfermait rien cependant que Staupitz ne lui eût déjà dit. Mais cette fois le Saint-Esprit illumina pour lui la bonne nouvelle du salut par la grâce.

Cette longue lutte était donc finie ! Luther était vaincu par son Sauveur. Il renonçait à conquérir le ciel. Il croyait que « *le sang de Jésus-Christ purifie de tout péché,* » et il entendait retentir dans son âme cette parole qui avait jadis répandu la joie dans le cœur de la pécheresse prosternée aux pieds de Jésus : « *Va en paix. Tes péchés te sont pardonnés.* » Noël arriva bientôt après, et, dans cette chapelle où si souvent le désespoir s'était placé entre lui et son Dieu, Luther put unir avec transport sa voix à celles des moines qui chantaient, avec toute l'Église, le cantique de réjouissance qui commence ainsi : « Bienheureuse faute qui nous a valu un tel Sauveur ! »

Maintenant devons-nous croire que Luther ne connut plus désormais que la paix, la joie, les saints ravissements, et que toutes ses tentations s'évanouirent pour toujours, comme disparaissent dans les légendes, aux premiers rayons du soleil levant, les spectres menaçants qui se dressent dans la nuit sombre ?... Non. Luther eut encore des combats à soutenir, et bien des défaillances spirituelles. Mais qu'importe ? Il avait aussi le mot qui met les tentations en fuite et qui répond à tous les troubles de l'âme. « *Le juste vivra par la foi,* » répétait-il après saint Paul, dès qu'il se sentait envahi de nouveau par ses sombres terreurs d'autrefois.

Et plus tard, lorsque le pape osa donner son approbation et son appui aux marchands d'indulgences qui vendaient, en son nom, les bonnes œuvres que les saints avaient faites *de trop* à tous ceux qui n'en avaient pas fait assez, lorsque son envoyé osa dire : « Le Seigneur notre Dieu n'est plus Dieu ; il a remis tout pouvoir au pape, » et qu'il ajouta : « Les indulgences sont le don le plus précieux et le plus sublime de Dieu, » plaçant ainsi l'homme pécheur à la place du Dieu-Sauveur ; ce fut encore cette parole qui donna à Luther la force d'élever sa faible voix, pour protester, au nom de l'Évangile dédaigné et du Christ repoussé, contre l'orgueil insensé des pauvres pécheurs, et contre l'aveuglement de ceux qui les conduisaient dans l'abîme.

Toute la théologie de Luther, comme toute la réformation qu'il a accomplie dans l'Église, est résumée dans cette courte déclaration de la Sainte-Écriture : *« Le juste vivra par la foi. »*

FIN.

TABLE DES MATIÈRES

LA REINE RADEGONDE.

I. — Le christianisme des Franks. — Les fils de Clovis. — Guerre contre la Thuringe. — Une fiancée de huit ans. — Éducation de Radegonde. — Son mariage. — Sa répulsion pour son mari et sa tendresse pour les pauvres. — Les impatiences de Clotaire I*er*. — Traîner sa croix n'est pas la porter. — Mort du frère de Radegonde. — Profonde douleur de la reine. — Le port, c'est le cloître! — Départ pour Noyon. — Les scrupules de l'évêque Médard. — Radegonde consacrée à Dieu. — Fureur de Clotaire. — Intervention de l'évêque Germain. — Construction du monastère de Poitiers. — Il faut obéir et non pas choisir.................. Page 1

II. — Radegonde dans le cloître. — Occupations des religieuses. — L'enfance de l'art dramatique. — Le poëte Fortunatus. — Souvenirs et regrets. — L'imagination a ses dangers. — Amitié de Radegonde pour Junien, abbé de Mairé. — Ils meurent le même jour. — Testament de Radegonde. — Qu'importe le chemin!.................. Page 16

LE CHOIX D'UNE CROIX.

Le jeune voyageur. — Son découragement et ses plaintes. — Une autre croix! — Hésitations. — Il choisit. — Ce que c'était que cette croix-là.................. Page 27

LES PREMIERS MOINES DE LA GAULE.

I. — Aspect de la Gaule au vi⁰ siècle. — Les grandes forêts. — Un anachorète modèle. — Est-ce un homme? Est-ce une bête sauvage? — Les vertus chrétiennes supposent la société. — Saint Martin de Tours. — Les premiers moines. — Prier par procuration. — Travaux de défrichement. — Ce qu'il faut avoir pour comprendre la nature. — Vie intellectuelle des monastères. — Alors et aujourd'hui. — La règle de saint Benoît. — L'amitié dans le cloître. — Comment les monastères ont changé peu à peu d'esprit et d'habitudes. — La légende de saint Antoine et du cordonnier. — N'avons-nous rien à apprendre des premiers moines?.......................... Page 31

II. — « *Malheur à moi si je n'évangélise!* » — Photin et Irénée. — Patrice. — Les communautés lettrées de l'Irlande. — Saint Grégoire le Grand et la grammaire. — Saint Ouen et les *poètes scélérats*. — La tendance littéraire. — Faut-il proscrire l'usage pour éviter l'abus? — Arrivée de Colomban. — Les Franks avaient grand besoin d'être évangélisés. — Ce qui s'était passé à la mort de Martin de Tours. — Un saint lancé par une fenêtre. — Le château d'Annegray. — Les monastères fondés par Colomban. — La rude vie qu'on y menait. — Légendes. — La règle de Colomban. — Sa lutte contre les évêques. — Sa lettre au pape. — Rome supportait alors ce qu'elle anathématiserait aujourd'hui. — Colomban poëte. — Sa lutte contre les Mérovingiens. — Thierry et Brunehaut. — Colomban exilé à Besançon. — Il revient à Luxeuil. — Les envoyés de Thierry. — Colomban forcé de retourner en Angleterre. — Son voyage. — Son caractère. — Arrivée à Nantes. — Le pilote part sans lui. — Il se dirige vers la Neustrie. — Accueil de Clotaire II. — Il se rend à Bregents. — Il est haï et persécuté. — Le dieu Woden et la bière. — Saint Gall et les démons du lac de Constance. — Songe de Colomban. — Départ de Bregents. — Reproche injuste de Colomban à son disciple Gall. — Le roi des Lombards. — Construction du monastère de Bobbio. — Colomban travaille avec les ouvriers. — Sa lettre à Clotaire II. — Sa mort. — Le secret de son activité et de son énergie. — Si nous ne cherchions pas des âmes dans l'histoire vaudrait-il la peine de l'étudier?.................................... Page 45

LE MOINE ET L'OISEAU.

LÉGENDE.

Un lecteur qui a trop lu les romans contemporains. — Les vertus de Pierre Forschegrund. — A force de raisonner, on déraisonne. — Le mystère de l'Éternité. — Forschegrund veut interroger la nature. — Ses questions au soleil, au ruisseau, au papillon et à l'abeille. — Nulle réponse. — Douleur et prière. — Un virtuose comme il y en a peu. — Forschegrund reprend le chemin de son couvent. — Ce que lui disent alors l'abeille, le papillon, le ruisseau et le soleil. — Un frère portier bien étonné. — « *Mille ans sont devant toi comme un jour et un jour comme mille ans.* »................................ Page 69

UNE EXCURSION AU CHATEAU DE MONTSÉGUR.

I. — Ce qui est plus doux qu'un voyage. — Nous aimons à jouer aux héros d'aventures. — Une ville à l'aspect *Moyen Age*. — L'Ariége et ses allures. — Esclarmonde de Foix. — Les conférences du château de Pamiers. — Une grande dame renvoyée à ses fuseaux. — L'albigéisme était-il une branche du christianisme? — Doctrines cathares. — Le sacrement unique des Albigeois. — Le monde matériel n'existe pas! — Apologies et différences entre le catholicisme et le catharisme. — Les pérégrinations dans les astres. — Le salut est une affaire de temps. — M. de Lamartine et l'albigéisme. — La poésie est une sirène. — Les cathares et l'Évangile selon saint Jean. — Causes du succès de leurs doctrines dans le Midi.......... Page 77

II. — De Pamiers à Mirepoix. — Un château en ruines. — Hiérarchie cathare. — Le culte. — Les femmes dans l'Église cathare. — La reconstruction de Montségur.......... Page 92

III. — De Mirepoix à Lavelanet. — Aspect du pays. — Montferrier. — Un rêve d'égoïste. — De Montferrier à Montségur. — L'*Aire de l'Espagnol* — Légendes. — Ascension. — Description des ruines. — Ce qu'on voit de là-haut. — La croisade des Albigeois. — L'inquisition. — Le sacerdoce cathare à Montségur. — « *L'eau de l'angoisse et le pain de la tribulation.* » — Le bûcher. — La pitié pour les vaincus ne doit pas fausser le jugement. — Le XIIIe siècle et le XIXe. — Ce qui ne passera pas.................. .... Page 97

LE CHEVALIER AU BARIZEL.

LÉGENDE.

Un baron comme il n'y en a plus. — L'ermite de la forêt. — Une corneille en courroux. — Trois conditions au salut. — Une confession sommaire. — Le barizel merveilleux. — Ni de l'eau ni de l'or. — Fureur du baron. — Une seule larme ! — Le secret du solitaire. — Le chant des Anges................. Page 115

FRANÇOIS D'ASSISE.

Bossuet et François d'Assise. — Tout est vanité. — Une voix mystérieuse. — La fiancée de François. — Un pèlerinage à Rome. — « Répare ma maison ! » — François quitte sa famille. — La Porziuncula. — Une lecture de l'Évangile. — Premières prédications. — Douceur de François. — Ses disciples sont injuriés. — Le pontife-roi. — Le premier cloître des *Mineurs*. — Leur règle. — François et les pauvres. — Obéir comme un cadavre. — Les *Clarisses* et leur règle. — Comment on vivait alors dans les monastères. — Missions. — Les exhortations de François. — Il part pour l'Égypte. — Son entrevue avec Malek-al-Kamel. — Retour. — Stricte observance de la pauvreté. — Ce qu'un Mineur peut posséder. — Nouvelles missions. — Sept martyrs. — Le Tiers-Ordre. — Légendes. — « Frère l'âne. — Derniers jours de François. — Son humilité. — Ses adieux à ses religieux. — Sa mort. — La légende des alouettes. — Les stigmates. — Une demi-resurrection. — Saint François devient le second Christ du Moyen Age. — Un confesseur repris par son pénitent. — Pourquoi François d'Assise n'a pas réformé l'Église romaine. — Le mysticisme et ses dangers. — François d'Assise et la croix de Jésus-Christ. — Le dictionnaire religieux du xiiie siècle. — Un songe d'Innocent III. — Prenons garde à nous-mêmes. — Pourquoi ne voit-on pas de nos jours de grands mouvements religieux ? — L'enthousiasme de l'austérité. — La paix et la pénitence. — L'individualisme et ses conséquences. — Un Tiers-Ordre protestant. — Un appel auquel on n'a pas répondu.................................. Page 125

LE RETOUR DE BOS DE BÉNAC.

LÉGENDE DES PYRÉNÉES.

La captivité du sire de Bénac. — Le plus cruel des démons. — Un ami qui pourrait bien être un ennemi. — Rien qu'un plat de noix ! — Un voyage aérien. — Les Pyrénées. — Les trois fileuses du Bergonz. — Une cloche plus haute qu'une cathédrale. — Le pic du Midi. — Décidément Bos de Bénac est en mauvaise compagnie. — Une fête au château de Bénac. — Comment Satan tient ses promesses. — Un mari chassé de sa demeure. — Une course insensée. — « Reviens ! » — Le Tentateur commence à parler sans ambages. — Le *Dies iræ*. — Un combat terrible. — Une grande victoire, et même deux.. Page 161

SAVONAROLE.

I. — Jugements divers sur Jérôme Savonarole. — Une chose très rare. — Comment Savonarole parlait de la grâce. — Un christianisme facile. — Un genre de musique qui ne ressemble pas à l'Évangile. — On ne s'appuie que sur ce qui résiste... Page 177

II. — Premières années de Savonarole. — La conversion n'est pas toujours un coup de théâtre de la grâce. — Caractère de

Savonarole. — Ses illusions sur l'état de l'Église et son étonnement douloureux en la voyant telle qu'elle était. — Sixte IV. — La littérature en chaire. — Les mœurs du clergé. — Indignation de Savonarole. — Ses premiers écrits. — Il entre dans un couvent. — Les causes de sa détermination. — Les anachronismes involontaires.................... Page 182

III. — Noviciat. — Premiers essais de prédication. — Savonarole et la philosophie. — Faire un sage avec une seule parole. — Comment les Dominicains de Bologne considéraient l'Ancien Testament. — Savonarole et la Sainte-Écriture. — Les treize soldats de Mantoue. — Pourquoi Savonarole n'était pas éloquent en chaire. — La véritable éloquence. — « *Nul n'est prophète en son pays!* » — Savonarole est envoyé à Florence. — Un protecteur mystérieux........................ Page 190

IV. — Le monastère de Saint-Marc. — Les religieux artistes. — Fra Angelico. — Savonarole *lecteur*. — Il pense à réformer l'Église. — Les trois idées qu'il développait dans ses discours. — Un songe remarquable. — Le *bientôt* de l'Apocalypse. — Savonarole prédicateur. — Ses qualités et ses défauts. — Comment il préparait ses sermons. — Succès. — Un parallèle qui scandaliserait beaucoup de gens. — Jérôme est nommé prieur de Saint-Marc.................................. Page 198

V. — Florence et les Médicis. — Savonarole et Laurent le Magnifique. — Tentatives de corruption. — Diviser pour régner. — Un prédicateur qui jette ses larmes à son auditoire. — Une joûte oratoire. — Maladie de Laurent de Médicis. — Un médicament singulier. — Un sonnet demi-chrétien, demi-païen. — Les angoisses spirituelles de Laurent. — Il appelle Savonarole. — Trois conditions à l'absolution demandée. — La pierre d'achoppement. — Mort de Laurent. — Mort du pape Innocent VIII. — Alexandre Borgia achète la tiare. — Son couronnement. — Pierre de Médicis. — Savonarole prêche l'Avent (1492). — Son brusque départ pour Bologne. — Ses lettres à ses religieux. — Une grande dame qui arrivait trop tard à l'église. — La vie de Savonarole est menacée. — Il retourne à Florence....................................... Page 209

VI. — Austérité de Savonarole. — Comment il avait réglé sa vie. — Sa sérénité constante. — Nous voudrions être à la fois chrétiens et mondains. — Réforme du couvent de Saint-Marc. — Difficultés. — La règle. — Savonarole directeur spirituel. — Les récréations des religieux. — La séparation de Saint-Marc sollicitée et obtenue. — Jérôme est nommé vicaire-général des couvents toscans. — Il s'élève contre les désordres de la cour de Rome. — Alexandre VI cherche à l'apaiser. — Le chapeau rouge qu'ambitionnait Savonarole. — Charles VIII s'apprête à passer les Alpes... Page 221

VII. — Pierre de Médicis et les ambassadeurs du roi de France. — Irritation des Florentins. — Lâcheté de Pierre. — Il est chassé de Florence. — Le premier pas de Savonarole dans les affaires publiques. — Son entrevue avec Charles VIII. — L'armée française entre à Florence. — Nouvelle intervention du prieur de Saint-Marc. — Florence ne sait que faire de sa liberté reconquise. — Beaucoup d'avis et peu de besogne. — La seigneurie appelle Savonarole à son aide. — Le nouveau gouvernement. — Savonarole a-t-il été un démagogue? — Jésus-Christ roi de Florence. — Jérôme commence à faire fausse route. — Un fragment de sermon. — Nouvelles modifications dans le gouvernement... Page 233

VIII. — Florence ramenée aux pratiques religieuses. — La doctrine évangélique de la communion. — Les joueurs. — Les femmes renoncent à la parure. — Les fêtes du carnaval. — La milice des *fils de Jésus-Christ*. — Des enfants inquisiteurs! — Un dimanche des Palmes à Florence. — D'étranges manifestations de la piété. — Le chapitre III de l'Évangile selon saint Marc... Page 245

IX. — Les *Pleureurs* et les *Enragés*. — Commérages. — Deux Dominicains aux prises. — Efforts des ennemis de Savonarole pour le perdre auprès du pape. — Premier bref pontifical contre lui. — Les disciples favoris de Jérôme. — Deuxième bref. — Alexandre VI perd patience. — La prédication est interdite à Savonarole. — Il se rend à Pise. — Une conversion. — De grands esprits qui croyaient au surnaturel. — La renommée de Savonarole s'étend au loin. — Un sultan qui fait traduire les sermons d'un moine. — Charles VIII reprend le chemin de la Toscane. — Saint Luc évangéliste et peintre. — Savonarole va trouver Charles VIII. — A propos des assemblées à parlement.. Page 261

X. — Traité avec le roi de France. — Le prieur de Saint-Marc dirige tout à Florence. — Il abuse du dialogue dans ses sermons. — Florence ressemble à un grand monastère. — Un bref auquel on ne s'attendait pas. — L'Avent de l'année 1496.. Page 270

XI. — Un auto-da-fé artistique et littéraire. — Le talent peut-il servir de passe-port au péché? — Pierre de Médicis essaye de reconquérir Florence. — Il se retire sans coup férir. — Les ennemis de Savonarole commencent à parler haut. — Fra Mariano. — L'opposition augmente chaque jour. — Alexandre VI excommunie Savonarole. — Qui sondera le cœur de l'homme! — Réponse de Savonarole au pape. — La faute du réformateur de Florence. — La peste éclate. — Lettre de Savonarole à Alexandre VI. — Conspiration en faveur des Médicis. — Savonarole refuse de se rendre à Rome. — Une absolution estimée cinq mille écus. — Comment Savonarole parlait de l'infaillibilité papale. — Dernier jour de triomphe. — Savonarole écrit aux princes de l'Europe. — Colère du pape. — La seigneurie obéit à demi aux ordres d'Alexandre VI.. Page 276

XII. — Les deux Ordres rivaux. — Un nouveau *jugement de Dieu*. — L'épreuve du feu. — Une pluie tombée très à propos. — Attitude menaçante de Florence. — Le siége du couvent de Saint-Marc. — Les assaillants se précipitent dans la chapelle. — « *Le bon berger donne sa vie pour ses brebis.* » — Le peuple injurie et maltraite Savonarole. — Jérôme devant la seigneurie. — La torture. — Une hospitalité mal récompensée. — L'acte d'accusation. — Rome et Florence se disputent le prisonnier. — La condamnation. — Dernière nuit. — Le psaume LI et le psaume XXXI. — Dernières paroles de Savonarole. — Le bûcher. — Florence après la mort du réformateur. — Réaction. — Le pape Paul IV déclare la doctrine de Savonarole irréprochable. — Comment deux papes infaillibles ont-ils pu se contredire? — Le Seigneur connait les siens........ Page 290

LA CONVERSION DE LUTHER.

I. — Les cathédrales. — Les moines au xvi⁰ siècle. — Le culte des reliques. — Un jeune docteur en philosophie. — Comment un pécheur peut-il être sauvé? — Un orage dans les montagnes, un orage dans l'âme. — Les ermites de Saint-Augustin. Page 305

II. — Luther dans le cloître. — Il veut escalader le ciel. — Le scrupule. — La contrition parfaite. — Vingt et un patrons! — Jésus-Christ juge des vivants et des morts. — Luther tombe dans le désespoir. — Le néant des bonnes œuvres.................................... Page 311

III. — La scholastique et la *mystique*. — La mystique modifiée. — Jean de Staupitz. — Ses conseils à Luther. — La Parole de Dieu. — Staupitz directeur de Luther. — La vraie confession évangélique. — Une humilité qui n'est que de l'orgueil. — La repentance légale et la repentance évangélique. — Ce qui est plus difficile que d'aller au bûcher............ Page 315.

IV. — Luther tombe malade. — « *Je crois à la rémission des péchés.* » — Le salut par grâce. — La joie de Noël. — « *Le juste vivra par la foi* »................................ Page 324

FIN DE LA TABLE.

GRASSART, LIBRAIRE ÉDITEUR

3, rue de la Paix, et rue Saint-Arnaud, 4

A PARIS

EXTRAIT DU CATALOGUE[1]

ABBADIE (Jacques). Traité de la vérité de la religion chrétienne, 2 vol. in-12.   3 »

ABELOUS (L). Les Catacombes de Rome, avec grav., in-12.   1 50
—— Nouveau catéchisme évangélique, in-12.   » 75
—— Guillaume le Taciturne, in-12.   1 50
—— Les jeunes Martyrs de la Réformation, in-12.   1 50
—— Lettre sur les mariages que quelques réformés contractent avec des catholiques romains, in-12.   » 25
—— Récits populaires. Le Major Grüber, le Galérien, in-12. 1 50
—— Vie de Gustave-Adolphe, avec grav., in-12.   1 »

ABRIC-ENCONTRE (Mme). Les Channing, par Mrs. Wood, traduit de l'anglais, 2 vol. in-12.   6 .
—— Les femmes de la Réformation, 1 vol. in-12.   2 50

ARNAUD (Eugène). Commentaire sur le Nouveau Testament, 4 vol. in-12.   16 »
—— L'instinct religieux. La raison et Jésus-Christ, in-8.   » 50

ASTIÉ (J.-F.). Esprit d'Alexandre Vinet. Pensées et réflexions

---

[1]. Le Catalogue général est envoyé franco aux personnes qui en font la demande.

extraites de tous ses ouvrages et de quelques manuscrits inédits, rangées dans un ordre méthodique et précédées d'une préface, 2 vol. in-12. 7 »

—— Explication de l'Évangile selon saint Jean, in-8, 3 livraisons. 9 »

—— Histoire de la république des États-Unis depuis l'établissement des premières colonies jusqu'à l'élection du président Lincoln, 1620-1860, 2 forts vol. in-8. 12 »

—— Le Réveil religieux des États-Unis (1857-1858), d'après les principales publications américaines et anglaises, in-12. 1 50

BARNES (Albert). Notes explicatives et pratiques sur les Actes des apôtres et l'Épître aux Romains, publiées par Nap. Roussel. in-8. 5 »

—— Notes explicatives et pratiques sur les deux Épîtres de saint Paul aux Corinthiens, publiées par N. Roussel 1 vol, in-8. 3 »

BARTHOLMÈSS (Christian). Histoire critique des doctrines religieuses de la philosophie moderne, 2 vol. in-8. 12 »

—— Histoire philosophique de l'académie de Prusse, depuis Leibniz jusqu'à Schelling, mais particulièrement sous Frédéric le Grand, 2 vol, in-8. 12 »

—— Jordano Bruno, 2 vol. in-8. 12 »

BASTIE (C). Sermons 1re série. in-12. 3 50

BAUX-LAPORTE. Histoire populaire du Protestantisme, in-12. 2 »

B. D. (Mme). Histoire de France à l'usage des écoles protestantes, in-12, avec trois cartes coloriées. 3 »

BECK-BERNARD (Mme Lina). Le Rio Parana. Cinq années de séjour dans la république Argentine, 1 vol. in-12. 3 »

BERSIER (Eug.) Sermons, in-12. 3 50

BONNECHOSE (Émile de). Histoire d'Angleterre, depuis les temps les plus reculés jusqu'à l'époque de la Révolution française 4 vol. in-8. 28 fr. (Ouvrage couronné par l'Académie française.)

—— Lettres de Jean Huss, écrites durant son exil et dans sa prison, avec une préface de Martin Luther, traduites du latin en français et suivies d'une notice sur les œuvres de J. Hus, in-12.   1 »

—— Les Réformateurs avant la Réforme (xve siècle) : Jean Huss Gerson et le concile de Constance, 2 vol. in-12.   6 »

Bonnet (Jules). Aonio Paleario. Étude sur la Réforme en Italie, in-12.   3 »

—— Calvin au val d'Aoste (Mémoire lu à l'Académie des sciences morales et politiques), in-8.   1 »

—— Lettres de Jean Calvin, recueillies pour la première fois et publiées d'après le manuscrit original, 2 vol. in-8.   12 »

—— Olympia Morata. Épisode de la renaissance en Italie, in-12.   3 »

—— Récits du seizième siècle, 1 vol. in-12.   3 50

Bonnet (Louis). Le Bienfait de Jésus-Christ crucifié envers les chrétiens. Ouvrage célèbre du xvie siècle, récemment retrouvé à Cambridge, traduction de l'ital. et précédé d'une introduction historique, in-12, 2e édition.   1 »

—— Communion avec Jésus, ou la Cène du Seigneur, in-12. Prix.   1 50

—— L'homme banni d'Eden. Méditations sur le 3e chapitre de la Genèse, suivies de développements exégétiques, in-8.   3 »

—— La Vie chrétienne. Exposition pratique de la première Épître de saint Pierre, trad. librement de l'angl. de R. Leighton, et précédée d'une préface et d'une notice biographique, 2 vol. in-12.   6 »

Bost (A). Histoire ancienne et moderne de l'Église des frères de Bohême et de Moravie, depuis son origine jusqu'à nos jours, 2 vol. in-12.   3 »

—— Lettres de Félix Neff, formant, avec quelques additions, la seule biographie complète qui ait paru sur ce missionnaire, 2 vol. in-8, avec quatre gravures sur acier.   10 »

—— Mémoires pouvant servir à l'histoire du réveil religieux des Églises protestantes de la Suisse et de la France, et à l'intelligence des principales questions du jour. 3 vol. in-8. 10 »

—— Visite dans la partie des hautes Alpes de France qui fut le champ des travaux de F. Neff, in-8. 2 50

Bost (Jean-Augustin). Dictionnaire de la Bible, ou Concordance raisonnée des saintes Écritures, 1 vol. in-8. 21 »

—— Histoire des Papes (Petit Abrégé de l'), au point de vue de leur infaillibilité et de leur unité, in-12. » 75

Bovet (Félix). Voyage en terre sainte, in-12. 3 »

Bremer (Mlle). Vie de famille dans le nouveau Monde, 3 vol, in-16. 10 50

—— Les Voisins, in-16. 3 50

—— Voyage dans l'ancien Monde, Palestine et Turquie, in-16. Prix. 3 »

Brown (John). Rab et ses amis, traduit de l'anglais par C.-B. Derosne, 1 vol. gr. in-8, orné de 7 belles gravures sur acier, reliure anglaise. 5 »

Bungener (F). Calvin, sa vie, ses œuvres et ses écrits, in-12 Prix. 3 50

—— Un sermon sous Louis XIV, suivi de *Deux soirées à l'hôtel Rambouillet*, in-12, 3 50

—— Trois sermons sous Louis XV, 3 vol. in-12. 7 50

Coquerel père (Ath). Sermons, 1er et 2e recueil, in-18. 6 »

— 3e recueil, in-12. 3 50

— 4e — in-8. 6 »

— 5e — in-12. (Oraison dominicale). 3 50

— 6e — in-12. 3 50

Coquerel fils (Ath). Les Beaux-Arts en Italie, in-12. 3 50

—— Sermons et Homélies, 2 vol. in-12, chacun. 3 50

Darby (J.-N.) Études sur la parole destinées à aider le chrétien dans la lecture du saint Livre, par J. N. Darby, ont paru :

Ancien Testament, 3 vol, in-12. 11 »
Les Psaumes, in-12. 3 »
Nouveau Testament, 7 vol, in-12 :
  I Matthieu. Marc. 2 25
  II Luc. Jean. 2 50
  III Actes des Apôtres et Romains. 1 75
  IV Corinthiens, Galates, Éphésiens. 2 »
  V Phil. Colos. Thessal. Timothée. 2 25
  VI Tite. Philémon et Hébreux. 1 25
  VII Jacques, Pierre, Jean, Jude. 1 25

DIODATI (Edouard). Méditations sur Éphésiens, in-8. 5 »

DWIGHT (H.-G.-O.). Le Christianisme en Turquie, in-12. 3 »

FÉLICE (G. de). Deux conférences sur Calvin, in-8. 1 »

—— Droits et devoirs des laïques dans la situation présente des Églises réformées de France. Trois conférences, in-18. » 50

—— Histoire des Protestants de France depuis l'origine de la Réformation jusqu'au temps présent, 1 fort volume in-12. Prix. 3 »

—— Histoire des Synodes nationaux des Églises réformées de France, 1 vol. in-12. 3 »

—— La Voix du colporteur biblique, in-18. » 75

GAUTHEY (L.-F.-F.). L'année évangélique. Méditations et prières pour le culte de chaque jour, à l'usage des familles, des assemblées chrétiennes et des écoles du dimanche, 2 vol. in-8. Prix. 12 »

GIESELER (Dr J.-B.-L.). Histoire des dogmes, traduit de l'allemand par Bruch et Flobert, in-8. 10 »

GODET (F). Commentaire sur l'évangile selon saint Jean, 2 vol, in-8. 13 50

—— Histoire de la Réformation et du refuge dans le pays de Neufchâtel, in-12. 3 50

Gonthier (A). Exercices de piété pour la communion, in-48. » 75
Reliure percaline. 1 25
— — doré sur tranche. 1 50
— chagrin, doré sur tranche. 3 25

Gotthelf (J). Anne-Babi. 2 volumes in-12. 6 »
—— Les Joies et Souffrances d'un maître d'école trad., de l'allemand et précédées d'une Notice biographique de l'auteur, par Max Buchon. 2 vol. in-12. 3 50
—— Ulric le valet de ferme, Nouvelle édition. in-12. 3 »

Grand-Pierre (J.-H). Doctrine chrétienne, Sermons, in-8. 5 »
—— Les Enseignements et les exemples des Pères de l'Église réformée, sermon prêch. à Paris à l'occasion du 3e jubilé séculaire des Églises réformées de France, in-8. » 50
—— Le Guide du fidèle à la table sacrée, ou Méditations sur la communion de la sainte Cène, 5e édition. Grand in-18. 1 75
—— Installation de M. le pasteur Grand-Pierre dans l'église réformée de l'Oratoire Saint-Honoré, le 15 juin 1856. in-8. Prix. » 60
—— Le Protestantisme dans la société, ou la Foi protestante justifiée du reproche de favoriser les tendances antisociales. in-8. » 75
——Quelques mois de séjour aux États-Unis d'Amérique, in-12. Prix. 1 75
—— Tristesse et Consolation, ou l'Évangile prêché sous la croix. Méditations dédiées aux affligés. Gr. in-18. 2 »

Guers (E). Israël aux derniers jours de l'économie actuelle, ou Essai sur la Restauration prochaine de ce peuple, suivi d'un Fragment sur le Millénarisme. in-8. 6 »

Guizot. Méditations sur l'essence de la religion, in-8. 6 »

Hase (Karl). Histoire de l'Église, traduite de l'allemand par A. Flobert, 2 vol. in-8. 15 »

Hodge (Ch.). Commentaire sur les Romains, 2 vol. in-8. 7 50

Hugues. (J.-P). Histoire de l'Église réformée d'Anduze, depuis son origine jusqu'à la révolution française, 1 vol. in-8. 7 50

Janin. Fulton Georges et Robert Stephenson, ou les bateaux à vapeur et les chemins de fer, 1 vol. in-12. 3 50

Krummacher (F.-G.). Élie le Thisbite, traduit de l'allemand, 3 vol. in-12. 6 75
Tome   I. Élie réformateur.
—   II. Élie au mont Carmel ; Élie en Israël.
—   III. Élie dans la gloire.

Lambert (H.). Dictionnaire des parallèles, concordance et analogies bibliques, ou Table méthodique des versets ou textes de l'Écriture sainte, classés d'après leurs sens, et réunis sous des titres généraux par ordre alphabétique, présentant un exposé analytique des principes, des doctrines, des préceptes et des faits de l'Écriture, et renfermant la collection la plus complète des parallèles, 2e édition, corrigée et augmentée de 48 pages de texte, un vol. in-12, impression très-soignée sur beau papier. — Prix broché. 5 »
Reliure percaline. 6 »

Lavater. Journal d'un observateur de soi-même, in-12. 2 25

Lobstein (F.). L'Anatomie du cœur. Quinze méditations. in-18. 1 »
—— L'Année chrétienne, ou une Parole sainte méditée pour chaque jour, in-12. 3 »
—— Dernières méditation (Œuvres posthumes), in-18. 1 50

Long (Mme). Emma ou la prière d'une Mère, in-12. 1 50
—— Une Histoire contemporaine, in-12. 2 50
—— Lettres à une jeune Mère, in-18. 1 25

Long (Catherine). Sire Rolland Ashton. Histoire contemporaine traduit librement de l'anglais, in-12. 3 50

Macé (Jean). Arithmétique du Grand-Papa. Histoire de deux petits marchands de pommes, in-12. 3 »

—— Contes du Petit Château, in-12. 3 »

—— Histoire d'une bouchée de pain. Lettres à une jeune fille sur la vie de l'homme et des animaux, in-12. 3 »

MALAN (César). Vendelin, ou le catholique romain devenu catholique, in-12. 1 25

—— Le véritable Ami des Enfants et des Jeunes Gens, 4 vol. in-12, avec 16 jolies gravures sur acier. 6 »

MARNIX DE SAINT-ALDEGONDE (Ph. de). Tableau des différents de la religion, précédé d'une introduction générale Edgard Quinet, et suivi d'une notice biographique et bibliographique, 4 vol. in-8. 18 »

MARRYAT (le capitaine). Le petit Sauvage, traduit de l'anglais, 2 vol. in-12. 3 50

MATTER. Histoire du Christianisme et de la Société chrétienne, 4 vol. in-8. 20 »

—— La Morale, ou la Philosophie des mœurs, in-12. 4 »

—— La Philosophie de la religion, 2 vol. in-12. 8 »

—— Du vrai type de l'éloquence sacrée, in-8. » 60

MAY (E.-J.). Les Heures d'école du jeune Louis, in-12. 3 50

—— Le Prieuré de Dashwood, in-12. 3 50

—— Saxelfort, in-12. 3 50

—— La Vieille Houillière, in-12. 3 »

MERLE D'AUBIGNÉ (J.-H.). Histoire de la Réformation du xvi⁰ siècle, 5 vol. in-12. 16 »

—— Histoire de la Réformation en Europe au temps de Calvin, 3 vol. in-8, (Genève et France). 22 50

—— Le Protecteur, ou la République d'Angleterre aux jours de Cromwell, in-8. 8 »

MESTRAL (A. de). Commentaire sur l'Exode, in-8. 4 »

—— Commentaire sur la Genèse, in-8. 4 »

—— Commentaire sur le livre des Psaumes, 2 vol. in-8. 16 »

Monod (Adolphe). Les Adieux d'Adolphe Monod à ses amis et à l'Église, 1 vol. in-8. 3 »
— — *Le même*, 1 vol. in-12. 2 »
—— Lucile, ou la Lecture de la Bible, in-12. 2 »
—— Sermons. — 1re série. Lyon, in-8. 5 »
     2e série. Montauban, in-8. 5 50
     3e série. Paris, 2 vol. in-8. 11 »

Monod (Mme Gustave). Le culte de famille. Méditations et prières pour chaque jour de l'année, 1 vol. in-8. 6 »

Mulock (Miss). Le Chef de famille, traduit de l'anglais par Mme de Witt, 2 vol. in-12. 5 »
—— John Halifax, gentleman, traduit de l'anglais par Amédée Pichot, 2 vol in-12. 6 »

Muret (Th.). Histoire de Jeanne d'Albret, reine de Navarre, précédée d'une étude sur Marguerite de Valois, sa mère, in-12. Prix. 4 »
—— Paroles d'un Protestant, in-18. » 15
50 exemplaires. 5 »

Naville (Ernest). La Vie éternelle. Sept Discours, in-18. 2 »

Necker de Saussure (Mme). L'Éducation progressive, ou Étude du cours de la vie, 2 vol. in-12. 7 »

Newton (Jean). Omicron, ou Quarante et une lettres sur des sujets religieux, traduit de l'anglais, 2 vol. in-18. 2e édition. Prix. 3 »
—— Vie du Rév. J. Newton, 1 vol. in-18. 3 50

Olivier (Juste). Les Chansons lointaines, poëmes et poésies, seconde édition, augmentée d'un cinquième livre, enrichie d'un portrait de l'auteur, de gravures sur acier, de mélodies inédites et d'airs populaires. Grand in-8. 6 »
—— Les deux Voix, in-8. 8 »
—— Héléna. Nouvelle, in-18. 1 25
—— Luze Léonard, ou les Deux promesses, idylle tragique, in-12 3 50

Olivi (Urbain). Adolphe Mory, in-12. 4 »
— — Les deux Neveux, in-12. 3 50
— — La Fille du Forestier, in-12. 4 »
— — L'Hiver, in-12. 3 50
— — Les Jours de soleil, in-12. 3 50
— — Le Manoir du vieux clos, in-12. 4 »
— — Les Matinées d'automne, in-12. 5 »
— — Récits de chasse, in-12. 4 »
— — Récits du village, in-12. 2 25

Olshausen (H.). Authenticité du Nouveau Testament. Ouvrage traduit de l'allemand par A. Réville, ministre du saint Évangile, in-12. 2 »

Ostervald. Les Devoirs des Communiants, augmenté de la *Conduite du Chrétien*, in-12. » 75

— — Nourriture de l'Ame, ou Recueil de prières pour tous les jours de la semaine, pour les principales fêtes de l'année, et sur différents sujets intéressants, etc. Nouvelle édition, in-8. Prix. 1 75

Parry (Edward). Vie du contre-amiral sir Edward Parry, traduit de l'anglais, in-12. 2 50

Peyrat (Napoléon). Histoire des Pasteurs du Désert, depuis la révocation de l'édit de Nantes jusqu'à la Révolution française, 1685-1789, 2 vol. in-8. 12 »

— — Histoire de Vigilance, esclave, prêtre et réformateur des Pyrénées au ve siècle, in-12. 1 50

Peyrat (Mme Nap.). A Travers le moyen-âge, 1 vol. in-12. 3

Porchat (Jacques). Histoire de France à l'usage de la jeunesse, in-18. 1 25

— — La Montagne tremblante, in-18. 1 »

— — Récits et tableaux de la vie souabe, par Mme Ottilie Wildermuth, in-12. 3 50

Poulain (N.). Qu'est-ce qu'un christianisme sans dogmes et sans miracles, ou Étude critique d'une théologie prétendue nouvelle, par M. Poulain, pasteur, 1 vol. in-12. 2 50

—— Réponse à Trois Lettres de M. Albert Réville, sur la Nouvelle théologie, in-12. 1 »

PRESSENSÉ (Mme Ed. de). Le Journal de Thérèse, in-12. 2 50

—— La Maison blanche, histoire pour les écoliers, in-12. 2 50

—— Rosa, 3e tirage, in-12. 1 50

PRESSENSÉ (Ed. de). L'Église et la Révolution française. Histoire des relations de l'Église et de l'État, de 1789 à 1802, in-8 Prix. 6 »

—— Histoire des trois premiers siècles de l'Église chrétienne.
    Première série, 2 vol. in-8. 12 »
    Deuxième série, 2 vol. in-8. 12 »
L'ouvrage aura 6 volumes.

—— Le Pays de l'Évangile. Notes d'un voyage en Orient, in-12, avec une carte. 3 »

—— Le Rédempteur. Discours. 2e édition, in-12. 2 »

PUAUX. L'Anatomie du Papisme, in-12. 1 »

—— Essai sur la religion des gens du Monde, in-12. 2 50

—— Histoire de la Réformation française, 7 vol. in-12. 21 »

—— La Raison en face du tombeau de Jésus-Christ, in-12. 3 »

—— La Vie de Calvin, in-12. 1 25

—— La Voix de Jérusalem, in-12. 3 50

RANYARD (M^{rs}). L'Anneau nécessaire, ou Colportage de la Bible par les femmes (en anglais : *Missing Link*), extrait de l'anglais par Mlle Riliet de Constant, in-12. 2 »

RÉMUSAT (Ch. de). De la Réforme et du Protestantisme, in-8. Prix. 1 25

REUSS (E.). Histoire de la théologie chrétienne, 2 vol. in-8. 15 »

—— Histoire du canon des saintes Écritures, in-8. 6 »

RILLIET (Albert). Les Livres du Nouveau Testament, in-8. 12 »

ROCHAT (Aug.). Dieu invitant les pécheurs à se repentir et à croire, les indécis à se décider, et ceux qui savent à pratiquer, in-8. 4 »

—— Discours et méditations sur diverses portions de la Parole de Dieu, in-8. 6 »

—— Méditation sur le Déluge, suivie d'un recueil de lettres, in-8. 6 »

—— Une Voix chrétienne pour tous les jours de l'année, in-12. Prix. 5 »

Roussel (Napoléon). A l'École des Fourmis, 1 vol. in-12. 1 25

—— Bibliothèque coloriée pour la jeunesse, 4 vol. in-12 carré, ornés chacun de 6 gravures coloriées, tirées à part, reliés en percaline, titre doré sur plat.

Chaque volume se vend séparement :

Les Oiseaux. 3 »
Les Animaux. 3 »
Les Champs. 3 »
La Bible. 3 »
  Chaque volume doré sur tranche. 3 50

—— Controverse amicale, 1 vol. in-18. » 65

—— Le Cri du missionnaire chrétien. Prédications évangéliques, in-12. 1 25

—— Culte domestique pour tous les jours de l'année, ou 365 courtes Méditations sur le Nouveau Testament. Nouvelle édition, ornée de dix gravures sur acier, 2 vol. grand in-8. 9 »

—— Le Culte du Dimanche, ou 52 simples discours destinés aux Églises et aux familles privées de pasteur, in-8. 5 »

—— Les Dictons du peuple et les Réponses de Jésus-Christ, in-18. 1 25

—— Élans de l'âme vers Dieu. Nouvelle édition ornée de belles gravures représentant la Cène d'après Léonard de Vinci, in-8. Prix. 3 25

—— L'Évangile expliqué aux petits (selon saint Marc), 2 vol. in-12, ornés de 18 gravures sur bois. 4 »

—— Les Femmes du Nouveau Testament, 1 vol. petit in-4, imprimé sur beau papier glacé, texte encadré, et orné de 11 belles gravures sur acier d'après les grands maîtres. Édition de luxe. 12 »

—— Illustration de la jeunesse, par N. Roussel. Ouvrage orné de 60 gravures, 1 vol. grand in-8. . 3 »

—— Le Jeudi de l'École du Dimanche. Anecdotes recueillies dans l'histoire de tous les siècles et de tous les pays, in-18. Prix. » 80

—— Méthode naturelle et premier livre de lecture, in-12. » 30

—— De mon balcon à Cannes, in-12, orné de 4 gravures. 1 75

—— Les Nations catholiques et les Nations protestantes, comparées sous le triple rapport du bien-être, des lumières et de la moralité, 2 vol. in-8. 10 »

—— Peintures et Poésies évangéliques pour la jeunesse, 2 séries de 16 cartes, gravures coloriées d'un côté, poésies de l'autre :

    La Vie de Jésus-Christ. 1 60
    Les Paraboles de Jésus-Christ. 1 60

—— Prières d'un enfant, in-18. » 50

—— Les Psaumes médités, 1 vol. in-18. 1 50

—— Qui est Jésus-Christ ? in-12. 2 »

—— Traités Roussel (Nouveau choix de). Nouvelle édition, in-12. Prix. 2 75

—— Vaudois et Vallées du Piémont, visitées en 1854 par Baptiste Noël et Nap. Roussel; notes rédigées et publiées par le révérend Baptiste Noël, in-12. 1 25

ROUSSEL (E.). La Petite Suzanne, ses six anniversaires, ses serviteurs et ses maîtres, in-12, 4 gravures. 4 »

ROUGEMONT (Fr. de). La Croix du Rigi, in-12. 1 25

—— L'Homme et le singe, in-12. » 60

—— Melchisédec, in-12. 1 50

—— Le Peuple primitif, 3 vol. in-12. 15 »

—— Socrate et Jésus-Christ, in-12. » 60

SARDINOUX (A). Le Christ et l'Église, recueil d'études théologiques et pratiques, 2 vol. in-8. 4 »

—— Heures de recueillement chrétien, par A. Toluck, traduit
de l'allemand, 2 vol. in-18. 5 »

Schæffer (Ad.). Essai sur l'avenir de la tolérance, in-12. 3 50
—— De l'influence de Luther sur l'éducation, in-8. 4 »

Secrétan (Charles). La Raison et le christianisme, in-12. 3 50
—— Recherches de la Méthode qui conduit à la vérité, in-12. 3 50

Sherwood (Mme). Histoire de la famille Fairchild, traduit de
l'anglais et précédé d'une préface par A. Rochat, 3 vol. in-12.
Prix. 8 »
—— Histoire de Lucie Clare, traduit de l'anglais, in-12. » 75

Sinclair (Cath.). Laure et Henri, traduit de l'anglais par Mlle Rilliet de Constant. Nouvelle édition illustrée, in-12. 4 »

Stowe (Mme Becher). La Case de l'Oncle Tom, ou Vie des nègres
en Amérique, traduit de l'anglais, 2 vol. in-12. 2 »

Tournier (L.) Les Enfantines. Poésies pour des enfants de divers
âges, in-18, cart. 1 25

Triqueti (de). Les Ouvriers selon Dieu et leurs Œuvres, suite
de discours adressés par H. de Triqueti aux jeunes apprentis.
10 séries en 9 volumes, in-18, ensemble. 6 75
Chaque série se vend séparément. » 75

Tucker (Miss). Le Christianisme sous les tropiques, in-12. 3 »

Verney (Lady). Pensées pratiques sur Isaïe, in-8. 4 »

Viguié (Ariste). Histoire de l'Apologétique dans l'Église réformée
française, in-8. 3 »
—— Sermons, 1 vol. in-12. 3 »

Vinet (Alexandre). Chrestomatie française, ou Choix de morceaux tirés des meilleurs écrivains français, ouvrage destiné
à servir d'application méthodique et progressive à un cours
régulier de langue française, 3 vol. in-8. Édition de Lausanne.
Prix. 18 »
—— Le même, édition de Bruxelles, 3 vol. in-8. 14 »
—— Discours sur quelques sujets religieux, in-12. 3 »

—— Nouveaux Discours sur quelques sujets religieux, in-12. Prix. 2 50
—— L'Éducation, la Famille et la Société, in-8. 6 »
—— Essais de philosophie morale et de morale religieuse, suivis de quelques essais de critique littéraire, in-8. 6 »
—— Essai sur la manifestation des convictions religieuses, et sur la séparation de l'Église et de l'État envisagée comme conséquence nécessaire et comme garantie du principe, in-8. Prix. 5 »
—— Études évangéliques, in-12. 2 50
—— Nouvelles Études évangéliques, in-12. 2 75
—— Études sur Blaise Pascal, in-8. 4 »
—— Études sur la littérature française au XIXe siècle, 3 vol. in-12. 10 50
—— Histoire de la littérature française au XVIIIe siècle, 2 vol. in-8. 10 »
—— Histoire de la Prédication parmi les réformés de France au XVIIe siècle, in-8. 6 »
—— Homilétique, ou Théorie de la prédication, in-8. 7 50
—— La Liberté des Cultes, in-8. 6 »
—— Liberté religieuse et Questions ecclésiastiques, in-8 7 50
—— Méditations évangéliques, in-12. 2 50
—— Moralistes des XVIe et XVIIe siècles, in 8. 4 »
—— Poëtes du siècle de Louis XIV, in-8 6 »
—— Théologie pastorale, ou Théorie du ministère évangélique, in-8, 2e édition. 5 »

VIVIEN (Louis). Job, les Psaumes, les Proverbes et l'Ecclésiaste de la Parole de Dieu, traduit de l'hébreu, in-32. 1 »

VULLIET (A.). Esquisse d'une histoire universelle envisagée au point de vue chrétien.
—— Histoire ancienne, grecque et romaine, 1 vol. in-12. 3 »
—— Histoire du moyen âge, 1 vol. in-12. 3 »
—— Histoire moderne, 1 vol. in-12. 3 »
—— Esquisse d'une nouvelle Géographie de France : 1re partie,

Géographie physique de la France; 2e partie, Géographie historique, politique et industrielle de la France, 1 vol. in-12. Prix. 2 50

—— Esquisse d'une nouvelle Géographie physique, 3 vol. in-12. Prix. 7 50

WICHERN. Amélie Sieveking, in-8. 5 »

— — in-12. 3 »

—— Foi et charité. Nouveaux récits, in-12. 1 50

WITT (Mme Cornélie de). Le bon vieux Temps, ou les premiers protestants en Auvergne, traduit de l'anglais, in-12. 2 50

—— Un Missionnaire à la ville et dans les champs, par l'auteur des *Tribulations de Mme Palissy*, traduit de l'anglais, 1 vol. in-12. 2 50

—— Les petits Brins de Fil, ou Fil-Embrouillé, Fil-d'Argent et Fil-d'Or, par l'auteur de la *Petite Suzanne*, in-12, illustré de 4 gravures. 3 »

WITT née GUIZOT (Mme de). Le Chef de Famille, par miss Mulock, traduit de l'anglais, 2 vol. in-12. 5 »

—— Contes d'une mère à ses petits enfants, in-12 avec gravures. 3 »

—— La Création. Lettres d'un père à ses enfants, traduit de l'anglais, orné de 6 gravures sur acier, in-12. 4 50

—— L'Histoire Sainte racontée aux enfants, 1 beau vol. in-12. Prix. 3 50

—— Petites Méditations chrétiennes à l'usage du culte domestique, 1 vol. in-8. 5 »

—— Nouvelles Petites Méditations chrétiennes à l'usage du culte domestique, 1 vol in-8. 5 »

—— Les Petits Enfants, contes d'une mère, in-12 avec gravures. Prix. 3 »

YONGE (Miss). La Chaîne de Marguerites, traduit de l'anglais par Mlle Rilliet de Constant, 2 vol. in-12. 7 »

—— Les deux Tuteurs, in-12. 3 50

—— L'Héritier de Reedliffe, traduit de l'anglais., 2 vol. in-12. Prix. 6 »
—— Kenneth, ou l'arrière-garde de la Grande-Armée, traduit de l'anglais par Thomas, in-12. 3 50
—— Le Procès. Nouveaux anneaux de la Chaîne de Marguerites, 2 vol. in-12. 7 »
—— Le Souhait d'Henriette, ou l'Esprit de domination, in-12. Prix. 3 »
—— Violette (en anglais *Heartsease*), traduit de l'anglais, 2 vol. in-12. 6 »

LIVRES SAINTS

BIBLES MARTIN. Gr. in-8. Bruxelles parall. bas. 10 fr. — mi-chagrin, 16 fr. — chagrin. 20 »
—— In-8. Bruxelles. bas 6 fr. — chagrin. 11 »
—— in-20. Bruxelles. bas. 2 fr. 50 — basane dorée 3 fr. — chagrin. 6 »
—— in-18. Londres Bagster, toile 6 fr. mar. uni 17 fr. mar. Turq. 20 »
—— in-18. Londres Bagster avec 110 grav. sur acier mar., uni. 24 fr. Maroquin de Turquie. 27 »
BIBLES OSTERVALD. In-8. basanes. 5 »
—— in-12. parallèles Mackensies bas. dor. 5 »
—— in-12. Bruxelles parallèles bas. dor. 5 fr. — chagrin. 8 »
—— in-12 édition Bagster, Londres, toile 13 fr. — chagrin. 23 »
—— in-18. édition populaire toile 1 fr. 75 — toile dorée. 2 »
—— in-12. nouvelle édition basane 3 fr. — chagrin. 5 »
BIBLES SACI. In-8. Paris, basane. 4 50
—— in-8. Bruxelles, basane 6 fr. — chagrin. 11 »
BIBLE. Nouvelle version revue sur les Originaux, avec ou sans apocryphes, chronologie, parallèles et variantes, in-4. br. 13fr. —basane. 20 »

NOUVEAUX TESTAMENTS MARTIN. In-12. Bruxelles, gros caractères 1,2 rel. 1 50
—— in-18. Bruxelles, parallèles, basane dorée. 2 50

NOUVEAUX TESTAMENTS OSTERVALD. Gr. in-8. basane, gros carac. pour vieillards, basane. 4 50
—— in-18. édition du Jubilé, basane 3 fr. 50 — chagrin. 5 50
—— in-32. 1/2 rel. 80 c. — basane dorée. 1 25
—— avec psaumes, en plus » 25
—— in-32, édition Bagster, Londres, toile 4 fr. 50 chagrin 8 »

NOUVEAUX TESTAMENTS DE SACI. In-12. 1/2 rel. » 75

Le Nouveau Testament de Notre-Seigneur Jésus-Christ, version revue sur l'original par J. Matter et R. Cuvier avec le concours de plusieurs pasteurs in-32. broché 1 fr. 25 — 1/2 rel. 1 fr. 50 chagrin tr. dorée. 4 50

RECUEIL de psaumes et cantiques à l'usage des Églises réformées. Un beau volume in-12 renfermant 70 psaumes, 112 cantiques et la liturgie. Musique à quatre parties. Prix :

Broché	2 fr. 50 avec supplément.	3 50
Demi-percaline	3 fr. 25 — —	4 25
Toile pleine	3 fr. 75 — —	4 75
— — tr. dorée	4 fr. 50 — —	5 50
Demi-chagrin —	5 fr. » — —	6 »
Maroquin —	8 fr. 50 — —	9 50

LE MÊME. Édition in-32, à une seule voix :

Broché	2 fr. 25 avec supplément	3 25
Demi-percaline	2 fr. 50 — —	3 50
Toile pl. tr. dorée	4 fr. » — —	5 »
Maroquin —	5 fr. 25 — —	6 25
Velours —	6 fr. 50 — —	7 50
Le supplément seul. in-12 ou in-32		1 »

LE MÊME. In-18, sans musique.
Broché 1 fr. 25 — avec supplément 1 50

LE MÊME. In-18, musique en chiffres broché. 2 »

LE MÊME, In-18. musique à tous les versets — avec sup. broché. 4 »
— Choix d'exemplaires garnis avec fermoir — Coins-jouc, etc.

LIVRE D'ORGUE, à l'usage des Eglises et des familles, contenant tous les airs du *Recueil de Psaumes et Cantiques* pour les Églises réformées. 1 vol, in-4. oblong. Broché. 15 »

RECUEIL DE CANTIQUES à l'usage des Églises évangéliques de France (Confession d'Augsbourg), in-18. Musique au premier verset. broché 2 25
   1/2 chagrin tr. dorée 5 fr. — chagrin. 7 »

IMITATION DE JÉSUS-CHRIST, trad. du latin de Thomas A. Kempis, appropriée à toutes les communions chrétiennes :
   In-48 br. 1 fr. 50. — Toile dorée 2 fr. 75 — chagrin. 4 50
   In-32 br. 1 fr.   —   — Jaspée 2 »
   In-18 — 1 fr. 75 —   — dorée 3 fr. 25 — chagrin. 6 »
   In-12 gros caractères, 3 fr. — demi-chagr. 6 fr. — 10 50

PAIN QUOTIDIEN POUR LES CHRÉTIENS. Passages choisis de la Bible, et un verset de cantique pour chaque jour de l'année. Édition de luxe, texte encadré. In-48 br. » 75
Reliure toile. 1 25
   —   — dorée 1 50
   —   portefeuille, dorée 2 50
   —   chagrin   — 3 25

DISTRIBUTIONS

DE PRIX ET RÉCOMPENSES DANS LES ÉCOLES.

La LIBRAIRIE GRASSART publie chaque année un Catalogue spécial des ouvrages qui conviennent le mieux pour les distributions de prix. Elle a en magasin, à cet effet, une collection de près de 400 volumes bien choisis, reliés en percaline, titre doré sur le plat, ou cartonnés avec couverture gaufrée or, — du prix de 30 c. à 5 fr. l'exemplaire.

Elle a toujours en magasin un grand assortiment de Bibles et Nouveaux Testaments publiés par les Sociétés Bibliques, qu'elle vend au même prix que ces Sociétés.

Elle a un dépôt des publications de la Société des Livres religieux de Toulouse, et enfin un assortiment complet de toutes les Nouveautés importantes de sa spécialité qui paraissent en France et en Suisse.

Elle fournit sans délai et au même prix que les éditeurs tous les ouvrages qui lui sont demandés.

PUBLICATIONS
OF THE
RELIGIOUS TRACT SOCIETY
OF LONDON

La Librairie Grassart tient un grand assortiment des publications de la Société des Traités religieux de Londres, livres et traités; plus particulièrement livres pour la jeunesse. Par des arrangements pris avec ladite Société, ces publications se vendent à Paris au même prix qu'à Londres. La remise d'usage est accordée à MM. les Pasteurs, Instituteurs et Libraires.

Le Catalogue de cette Société est envoyé *franco* à toutes les personnes qui en font la demande.

Journaux de la Société des Traités religieux de Londres.

THE SUNDAY AT HOME
A FAMILY MAGAZINE FOR SABBATH READING.
Servi mensuellement par cahier de 64 pages.

Prix pour un an............................ 10 fr.

THE LEISURE HOUR
A FAMILY JOURNAL OF INSTRUCTION AND RECREATION
Servi mensuellement par cahier de 64 pages.

Prix pour un an............................ 10 fr.

THE CHILD'S COMPANION
AND JUVENILE INSTRUCTOR
With Engravings. — Mensuel.

Prix pour un an............................ 2 fr. 50 c.

THE COTTAGER
IN TOWN AND COUNTRY

Prix pour un an............................ 2 fr. 50 c.

Outre les ouvrages de la Société, la Librairie Grassant se charge de procurer *toutes les publications anglaises, livres et journaux*. Un envoi de Londres lui arrive au commencement de chaque mois. Les demandes qui lui parviennent avant le 25 sont remplies au commencement du mois suivant.

Imprimerie L. TOINON et Cᵉ, à Saint-Germain.

www.ingramcontent.com/pod-product-compliance
Lightning Source LLC
Chambersburg PA
CBHW050746170426
43202CB00013B/2314